网络赋权：移动互联网应用平台中新型权利的司法保护研究

Network Empowerment: Research on Judicial Protection of New Type Rights in APP Platform

童海超 著

方志出版社
Publishing House of Local Records

图书在版编目（CIP）数据

网络赋权：移动互联网应用平台中新型权利的司法保护研究 / 童海超著 .-- 北京：方志出版社，2017.10

ISBN 978-7-5144-2629-8

Ⅰ . ①网… Ⅱ . ①童… Ⅲ . ①互联网络—科学技术管理法规—研究—中国 Ⅳ . ① D922.174

中国版本图书馆 CIP 数据核字（2017）第 266234 号

网络赋权：移动互联网应用平台中新型权利的司法保护研究

著　　者：童海超
责任编辑：朱　姝

出 版 人：冀祥德
出 版 者：方志出版社
地址　北京市朝阳区潘家园东里 9 号（国家方志馆 4 层）
邮编　100021
网址　http://www.fzph.org
发　　行：方志出版社图书经销中心
电话　（010）67110500
经　　销：各地新华书店
排　　版：北京纺印图文设计制作有限公司
印　　刷：北京中科印刷有限公司

开　　本：700×1000　1/16
印　　张：17.75
字　　数：272 千字
版　　次：2017 年 10 月第 1 版　2017 年 10 月第 1 次印刷

ISBN 978-7-5144-2629-8　**定价**：89.00 元

序　言

博士后制度在我国落地生根已逾30年，已经成为国家人才体系建设中的重要一环。30多年来，博士后制度对推动我国人事人才体制机制改革、促进科技创新和经济社会发展发挥了重要的作用，也培养了一批国家急需的高层次创新型人才。

自1986年1月开始招收第一名博士后研究人员起，截至目前，国家已累计招收14万余名博士后研究人员，已经出站的博士后大多成为各领域的科研骨干和学术带头人。这其中，已有50余位博士后当选两院院士；众多博士后入选各类人才计划，其中，国家百千万人才工程年入选率达34.36%，国家杰出青年科学基金入选率平均达21.04%，教育部“长江学者”入选率平均达10%左右。

2015年底，国务院办公厅出台《关于改革完善博士后制度的意见》，要求各地各部门各设站单位按照党中央、国务院决策部署，牢固树立并切实贯彻创新、协调、绿色、开放、共享的发展理念，深入实施创新驱动发展战略和人才优先发展战略，完善体制机制，健全服务体系，推动博士后事业科学发展。这为我国博士后事业的进一步发展指明了方向，也为哲学社会科学领域博士后工作提出了新的研究方向。

习近平总书记在2016年5月17日全国哲学社会科学工作座谈会上发表重要讲话指出：一个国家的发展水平，既取决于自然科学发展水平，也取决于哲学社会科学发展水平。一个没有发达的自然科学的国家不可能走在世界前列，一个没有繁荣的哲学社会科学的国家也不可能走在世界前列。坚持和发展中国特色社会主义，需要不断在实践和理论上进行探索、用发展着的理论指导发展着的实践。在这个过程中，哲学社会科学具有不可替代的重要地位，哲学社会科学工作者具有不可替代的重要作用。这是党和国家领导人对包括哲学社会科学博士后在内的所有哲学社会科学领域的研究者、工作者提出的殷切希望！

中国社会科学院是中央直属的国家哲学社会科学研究机构，在哲学社会科学博士后工作领域处于领军地位。为充分调动哲学社会科学博士后研究人员科研创新积极性，展示哲学社会科学领域博士后优秀成果，提高我国哲学社会科学发展整体水平，中国社会科学院和全国博士后管理委员会于2012年联合推出了《中国社会科学博士后文库》（以下简称《文库》），每年在全国范围内择优出版博士后成果。经过多年的发展，《文库》已经成为集中、系统、全面反映我国哲学社会科学博士后优秀成果的高端学术平台，学术影响力和社会影响力逐年提高。

下一步，做好哲学社会科学博士后工作，做好《文库》工作，要认真学习领会习近平总书记系列重要讲话精神，自觉肩负起新的时代使命，锐意创新、发奋进取。为此，需做到：

第一，始终坚持马克思主义的指导地位。哲学社会科学研究离不开正确的世界观、方法论的指导。习近平总书记深刻指出：坚持以马克思主义为指导，是当代中国哲学社会科学区别于其他哲学社会科学的根本标志，必须旗帜鲜明加以坚持。马克思主义揭示了事物的本质、内在联系及发展规律，是“伟大的认识工具”，是人们观察世界、分析问题的有力思想武器。马克思主义尽管诞生在一个半多世纪之前，但在当今时代，马克思主义与新的时代实践结合起来，愈来愈显示出更加强大的生命力。哲学社会科学博士后研究人员应该更加自觉坚持马克思主义在科研工作中的指导地位，继续推进马克思主义中国化、时代化、大众化，继续发展21世纪马克思主义、当代中国马克思主义。要继续把《文库》建设成为马克思主义中国化最新理论成果的宣传、展示、交流的平台，为中国特色社会主义建设提供强有力的理论支撑。

第二，逐步树立智库意识和品牌意识。哲学社会科学肩负着回答时代命题、规划未来道路的使命。当前中央对哲学社会科学愈发重视，尤其是提出要发挥哲学社会科学在治国理政、提高改革决策水平、推进国家治理体系和治理能力现代化中的作用。从2015年开始，中央已启动了国家高端智库的建设，这对哲学社会科学博士后工作提出了更高的针对性要求，也为哲学社会科学博士后研究提供了更为广阔的应用空间。《文库》依托中国社会科学院，面向全国哲学社会科学领域博士后科研流动站、工作站的博士后征集优秀成果，入选出版的著作也代表了哲学社会科学博士后最高的学术研究水平。因此，要善于把中国社会科学院服务党和国家决策的大智库功能与《文库》的小智库功能结合起来，进而以智库意识推动品牌意识建设，最终树立《文库》的智库意识和品牌意识。

第三，积极推动中国特色哲学社会科学学术体系和话语体系建设。改革开放30多年来，我国在经济建设、政治建设、文化建设、社会建设、生态文明建设和党的建设各个领域都取得了举世瞩目的成就，比历史上任何时期都更接近中华民族伟大复兴的目标。但正如习近平总书记所指出的那样：在解读中国实践、构建中国理论上，我们应该最有发言权，但实际上我国哲学社会科学在国际上的声音还比较小，还处于有理说不出、说了传不开的境地。这里问题的实质，就是中国特色、中国特质的哲学社会科学学术体系和话语体系的缺失和建设问题。具有中国特色、中国特质的学术体系和话语体系必然是由具有中国特色、中国特质的概念、范畴和学科等组成。这一切不是凭空想象得来的，而是在中国化的马克思主义指导下，在参考我们民族特质、历史智慧的基础上再创造出来的。在这一过程中，积极吸纳儒、释、道、墨、名、法、农、杂、兵等各家学说的精髓，无疑是保持中国特色、中国特质的重要保证。换言之，不能站在历史、文化虚无主义立场搞研究。要通过《文库》积极引导哲学社会科学博士后研究人员：一方面，要积极吸收古今中外各种学术资源，坚持古为今用、洋为中用。另一方面，要以中国自己的实践为研究定位，围绕中国自己的问题，坚持问题导向，努力探索具备中国特色、中国特质的概念、范畴与理论体系，在体现继承性和民族性，体现原创性和时代性，体现系统性和专业性方面，不断加强和深化中国特色学术体系和话语体系建设。

新形势下，我国哲学社会科学地位更加重要、任务更加繁重。衷心希望广大哲学社会科学博士后工作者和博士后们，以《文库》系列著作的出版为契机，以习近平总书记在全国哲学社会科学座谈会上的讲话为根本遵循，将自身的研究工作与时代的需求结合起来，将自身的研究工作与国家和人民的召唤结合起来，以深厚的学识修养赢得尊重，以高尚的人格魅力引领风气，在为祖国、为人民立德立功立言中，在实现中华民族伟大复兴中国梦征程中，成就自我、实现价值。

是为序。

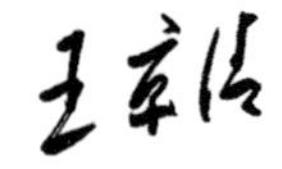

中国社会科学院副院长

中国社会科学院博士后管理委员会主任

2016 年 12 月 1 日

摘 要

移动互联网应用程序（APP），是指通过预装、下载等方式获取并运行在移动智能终端上，向用户提供信息服务的应用软件。随着移动互联网的普及，APP 成为手机等移动智能终端用户不可或缺的日常工具。与传统的计算机互联网平台相比，移动互联网应用平台（以下简称 APP 平台）是一个全新的网络空间，移动互联网应用平台中催生的新型权利层出不穷。人民群众在享受 APP 平台中新型权利带来的利益的同时，其享有的新型权利也更加容易遭受侵害，不法分子滥用 APP 平台中新型权利的现象十分突出，一些不法分子甚至利用 APP 从事犯罪活动。相当一部分侵犯移动互联网应用平台中新型权利的案件，在第一时间以诉讼的形式涌入人民法院，人民法院如何充分发挥民事审判、刑事审判和行政审判的职能作用，保护移动互联网应用平台中的新型权利（以下简称 APP 权利），成为一个亟待研究的课题。

本书认为，以 APP 权利为代表的新型网络权利有着“非法兴起”的特点，APP 权利往往不是现行法律规定的法定权利，甚至突破了现行法律的管理规范。互联网技术的进步是无法阻挡的，由互联网技术进步给人民群众带来的“权利红利”，是一种具有合法性的社会需求，不应当受到法律的阻碍。

互联网的发展历程就是一个在传统权利基础上不断生成新型网络权利的过程。我国正处于从互联网向“互联网 +”升级的阶段，“互联网 +”的本质是给人民群众增加了新的权利。

本书把互联网技术发展赋予人民群众新型权利的过程称为“网络赋权”。APP 权利最终得以确立有两种途径：一是立法的确立方式；二是司法的确立方式。人民法院面对社会公众加强移动互联网应用平台中新型权利保护的迫切司法需求，应当发挥“司法反哺立法”“实践反哺理论”的重要作用，在司法实践中“先行先试”，通过创新司法理念、创新裁判规则和创新审判机制，有效保护移动互联网应用平台中的新型网络权利。

本书的主要结论如下：

1. 移动互联网技术的快速发展引发了经济社会的巨大变革，在移动互联网应用平台中催生了一系列的新型网络权利。

2. 互联网正处于从计算机互联网到移动互联网的代际更迭时期，网络应用正在从网站主导向APP主导变迁，APP技术的发展促进了从传统经济到分享经济的经济转型。“互联网+”的本质是给人民群众增加了新的权利，互联网技术发展的历程是一个“网络赋权”的过程。

3. APP权利主要可以分为两种类型：一是APP平台创设出的新型权利，如默示许可权、应用选择权、应用名称权、移动支付权、移动打车权、移动医疗权、移动快递权、图形用户界面（GUI）权等；二是APP平台对传统权利的拓展，如行踪保密权、合理使用权、网购反悔权、信息保护权、信息网络传播权等。

4. 随着APP的普及，涉及APP的犯罪呈高发态势。APP领域的刑事案件可以分为四种类型：一是以APP为对象的犯罪；二是以APP为工具的犯罪；三是以APP为空间的犯罪；四是以APP为起因的犯罪。

5. 我国正在制订或修改的相关法律应当考虑APP空间新型权利的保护问题，如《中华人民共和国著作权法》应当增加“默示许可”的规定，《中华人民共和国反不正当竞争法》应当增加“移动互联网应用程序名称”等新型网络商业标识的规定。

6. 人民法院审理APP案件的指导思想应当是以“互联网+”的全新思维方式，积极创新司法理念、创新裁判规则、创新审判机制，有效保护APP领域的新型网络权利。

关键词：移动互联网应用程序；网络赋权；新型权利；司法保护；裁判规则

Abstract

Mobile internet application is a software that obtains and runs on mobile intelligent terminals and provides information service by preloading or downloading or other measures. With the popularity of mobile internet, applications have become an indispensable tool for the people who own smart phones and other mobile devices. Compared with the traditional computer internet platform, mobile internet application platform is a new internet space in which new rights emerge endlessly. People can enjoy the rights in the mobile internet application platform (referred to in this article simply as APP platform), at the same time the new types of rights they enjoy are vulnerable to be abused. The phenomenon of lawbreaker abusing the new rights in the APP platform is very prominent. Some of them even use APPs to engage in criminal activities. At the first time a number of cases about infringing the new types rights in mobile internet application platform flow into the people's court in the form of litigation. So it is an urgent research issue to find out how people's court should play a functional role in the civil trial, the criminal trial and the administrative trial to protect the new types of rights (referred to in this article simply as APP rights).

This paper holds that the APP rights have the characteristics of "illegal appearance". APP rights are not the legal rights in the existing laws, even breaking through the standardized management of the current laws. The progress of Internet technologies is irreversible, and it brings the "dividend of right" to the masses, which is a legal social need. For this reason, the progress should not be hindered by the law.

New types of rights are generated in the development process of internet continuously on the basis of traditional rights. Our country is going through an upgrade from Internet to Internet Plus. The essence of Internet Plus is to give new rights to the people.

This paper called the process during which the development of internet technology gives people new rights "network empowerment". APP rights can be established in the end in two ways, one is from the legislation, and the other is from the justice. People's Court should play a vital role in the process of "the judicial feedback legislation" and "the theory of practice feedback" to meet the people's urgent needs of strengthening the protection of new APP rights. People's Court should carry out and try new measures in judical practice to effectively protect application rights by innovating the judicial concept, innovating rules and innovating the trial mechanism.

The conclusions of this paper include:

1. Mobile internet is a new internet era rather than an extension of internet and brings great economic and social changes along with the high-speed development, and we can find a variety of new rights in the mobile internet application platform.

2. There is a period in which internet changes from computer internet to mobile internet. The primary network application gets a revolution from the websites to mobile APP. Application technology conversion accelerates the economic transformation from the traditional style to the sharing economy. The essence of internet Plus is to give people new rights. And the process of the development of internet technology is the process of network empowerment.

3. Application rights can be divided into two mainly parts: the first one is new rights, just like the right of implied license, the right of application selection, the right of application name, the right of mobile payment, the right of mobile taxi, the right of mobile health care, the right of mobile transmit, the right of graphical user Interface and so on; the second one is the extension of traditional rights in the application platform, just like the right of keeping personal track secret, the right of fair using, the right of rescission during online shopping, the right of communication through information network and so on.

4. As applications become increasingly popular, there are too many criminal cases related to APP. They can be divided into four classes: firstly, the application is the crime target; secondly, the application is the crime tool; thirdly, the application is the crime space; fourthly, the application is the crime reason.

5. At present the relevant laws we are enacting or revising should consider the rights protection in the application platform, such as we should enhance the regulation about new implied license to the Copyright Law, we should enhance the regulation of internet business brands in Anti-unfair Competition Law.

6. The guiding principle of People' s Court in dealing with the case about application should focus on the Internet Plus thought, and we should bring new ideas in the justice, create new judicial rule and create new trial mechanism for protecting APP rights effectively.

Keywords: mobile internet application; network empowerment; new types of rights; judicial protection; judicial rules

目 录

导 论 …… 1
一、概念界定 …… 1
二、分析框架 …… 20
三、研究方法 …… 23
四、创新之处 …… 24

第一章 移动互联网应用平台中新型权利的研究背景 …… 26
第一节 APP 平台中的乱象 …… 26
一、侵犯知识产权 …… 26
二、非法窃取个人信息 …… 27
三、利用 APP 从事非法经营 …… 29
四、传播恶意软件和病毒软件 …… 30
五、违法开展新闻信息服务活动 …… 31
第二节 APP 司法问题的时代背景 …… 31
一、代际转型：从 PC 互联网到移动互联网 …… 31
二、应用变迁：从网站主导到 APP 主导 …… 33
三、网络赋权：从传统权利到网络权利 …… 34
第三节 APP 平台对传统网站的沿袭与变革 …… 37
一、APP 平台对传统网站的历史沿袭 …… 37
二、APP 平台对传统网站的本质变革 …… 39

第二章 移动互联网应用平台中新型权利的类型化研究 …… 43
第一节 新型权利的创设 …… 43
一、默示许可权 …… 43
二、应用选择权 …… 46

三、应用名称权 …… 49
四、移动支付权 …… 51
五、移动打车权 …… 53
六、移动医疗权 …… 55
七、移动快递权 …… 58
八、图形用户界面（GUI）权 …… 59
第二节　传统权利的拓展 …… 61
一、行踪保密权 …… 61
二、合理使用权 …… 63
三、网购反悔权 …… 64
四、信息保护权 …… 66
五、信息网络传播权 …… 67

第三章　我国移动互联网应用平台案件的实证研究 …… 69
第一节　知识产权民事案件 …… 69
一、著作权案件 …… 69
二、商标权案件 …… 88
三、不正当竞争案件 …… 92
四、专利权案件 …… 98
第二节　一般侵权民事案件 …… 106
一、手机预装 APP 无法卸载纠纷 …… 106
二、名誉权纠纷 …… 111
三、APP 平台的商品（服务）侵权纠纷 …… 115
第三节　诉前行为保全案件 …… 118
一、APP 诉前行为保全的法律适用问题 …… 121
二、APP 诉前行为保全程序的完善 …… 126
第四节　行政案件 …… 130
一、移动打车 APP 平台和网约车的法律地位问题 …… 131
二、分享经济条件下互联网新型商业模式的合法性问题 …… 133
三、“互联网 +”时代的 APP 平台中新型权利的保护问题 …… 136
第五节　刑事案件 …… 137
一、以 APP 为犯罪对象 …… 137
二、以 APP 为犯罪工具 …… 149

三、以 APP 为犯罪空间 …… 164
四、以 APP 为犯罪起因 …… 171

第四章 我国移动互联网应用平台的法律保护问题 …… 173

第一节 APP 的立法问题 …… 173
一、APP 立法的考察 …… 173
二、APP 立法的不足 …… 176
三、APP 立法的建议 …… 180

第二节 APP 的执法问题 …… 182
一、管理规则的空白领域 …… 182
二、监管方式的群众路线缺失 …… 182
三、行政执法与司法保护的衔接不畅 …… 183

第三节 APP 的司法问题 …… 184
一、司法解释的针对性有待提高 …… 184
二、典型案例的经验总结有待加强 …… 186
三、APP 案件的裁判规则有待明确 …… 190

第五章 移动互联网应用平台中新型权利保护的司法创新 …… 193

第一节 审理 APP 案件的指导思想 …… 193
一、党的十八大，十八届三中全会、四中全会、五中全会的精神 …… 193
二、最高人民法院审理互联网案件的要求 …… 195

第二节 APP 案件审理的司法创新 …… 196
一、司法理念创新：网络赋权的“互联网 +”思维 …… 197
二、裁判规则创新：实体规则创新和程序规则创新 …… 199
三、审判机制创新：技术调查官制度的发展与完善 …… 217

结 语 …… 231

参考文献 …… 232
一、中文著作 …… 232
二、中文论文 …… 234
三、中文报纸 …… 241
四、外文译著 …… 244

五、研究报告 …… 245
六、电子文献 …… 246
索　引 …… 254
第六批《中国社会科学博士后文库》专家推荐表1 …… 257
第六批《中国社会科学博士后文库》专家推荐表2 …… 259

Contents

Introduction ········· 1

Ⅰ Concept Definition ········· 1
Ⅱ Analysis Framework ········· 20
Ⅲ Research Methods ········· 23
Ⅳ Innovation ········· 24

Chapter 1 The Research Background of New Type Rights of Mobile Internet Application Platform ········· 26

Ⅰ Mobile Internet Application Platform Confusion ········· 26
ⅰ Infringing Upon Intellectual Property ········· 26
ⅱ Illegally Stealing Personal Information ········· 27
ⅲ Illegal Business Dealing through Mobile Internet Application ········· 29
ⅳ Spreading Malware and Virus Software ········· 30
ⅴ Spreading Illicit News ········· 31
Ⅱ The Background of Application Judicial Problem ········· 31
ⅰ Intergenerational Transition: From Traditional PC Internet to Mobile Internet ········· 31
ⅱ The Change of Application: From Website to Application ········· 33
ⅲ Network Empowerment: From Traditional Power to Network Power ········· 34

Ⅲ The Following and Change from Website to Application Platform …… 37
ⅰ The Following from Website to Application Platform …………………… 37
ⅱ The Change from Website to Application Platform ……………………… 39

Chapter 2 The Classcification Research on New Type Rights of Mobile Internet Application ……………………………………… 43

Ⅰ The Creation of New Type Rights ……………………………………… 43
ⅰ The Right of Implied Permissions ……………………………………… 43
ⅱ The Right of Application Choice ……………………………………… 46
ⅲ The Right of Application Naming ……………………………………… 49
ⅳ The Right of Mobile Payment ………………………………………… 51
ⅴ The Right of Mobile Taxi Service ……………………………………… 53
ⅵ The Right of Mobile Health Treatment ……………………………… 55
ⅶ The Right of Mobile Express Delivery ………………………………… 58
ⅷ The Right of Graphical User Interface ………………………………… 59
Ⅱ The Development of Traditional Rights ……………………………… 61
ⅰ The Right of Whereabouts Secret …………………………………… 61
ⅱ The Right of Fair Use Privilege ……………………………………… 63
ⅲ The Right of Online Shopping Rescission …………………………… 64
ⅳ The Right of Information Protection ………………………………… 66
ⅴ The Right to Network Dissemination of Information ………………… 67

Chapter 3 The Empirical Research of China' s Mobile Internet Application Cases ………………………………………………… 69

Ⅰ Civil Cases of Intellectual Property Right …………………………… 69
ⅰ Copyright Cases ……………………………………………………… 69
ⅱ Trademark Cases ……………………………………………………… 88
ⅲ Unfair Competition Cases …………………………………………… 92

ⅳ Patent Cases …… 98
Ⅱ Civil Cases of General Tort …… 106
ⅰ Cannot Unload Dispute …… 106
ⅱ Reputation Dispute …… 111
ⅲ Goods or Services Infringement Disputes in APP Platform …… 115
Ⅲ Pre-litigation Preservation Cases …… 118
ⅰ The Application of Application Interim Act Preserving …… 121
ⅱ To Improve the Procedural Application Interim Act Preserving …… 126
Ⅳ Administrative Cases …… 130
ⅰ The Legal Status of Mobile Taxi Application and Carhailing Service …… 131
ⅱ Under Sharing Economy Legitimacy of New Kind of Business Model …… 133
ⅲ The New Rights Protection in APP Platform in Internet Plus Age …… 136
Ⅴ Criminal Cases …… 137
ⅰ Application is Criminal Target …… 137
ⅱ Application is Criminal Tool …… 149
ⅲ Application is Criminal Space …… 164
ⅳ Application is Criminal Reason …… 171

Chapter 4 Legal Protection Issue of Mobile Internet Application Platform …… 173

Ⅰ Legislation of App …… 173
ⅰ The Investigation of App Laws …… 173
ⅱ The Disadvantages of App Laws …… 176
ⅲ The Suggestions of App Laws …… 180
Ⅱ The Law Enforcement Problems of App …… 182
ⅰ The Gap of Management Rule …… 182
ⅱ The Methods of Supervision to the Absence of Mass Line …… 182

iii The Bad Cohesion between Administrative Law Enforcement and Judicial Protection ········ 183
Ⅲ The Judicial Problems of Application ········ 184
i Targets of Judicial Interpretation Needs to Be Improved ········ 184
ii Experience of Typical Cases Needs to Be Improved ········ 186
iii The Referee Rules of Application Needs to Be Cleared ········ 190

Chapter 5 The Judicial Innovation of New Rights of Mobile Internet Application ········ 193

Ⅰ The Guiding Ideology to Hear the Application's Cases ········ 193
i The Spirit of the 18th National Congress of the Communist Party of China and the 3rd, 4th and 5th Plenary Sessions ········ 193
ii The Demand of the Supreme People's Court to Judge Internet Cases ········ 195
Ⅱ Judicial Innovation in the Application Cases Trial ········ 196
i The Judicial Concept Innovation: Internet Plus Thought of Network Empowerment ········ 197
ii The Referee Rules Innovation: The Innovation of Entity Rule and Procedural Rules ········ 199
iii The Trial System Innovation: The Development and Completeness of Technical Researchers' System ········ 217

Conclusion ········ 231

Reference ········ 232

Ⅰ Monographs in Chinese ········ 232
Ⅱ Chinese Research Papers ········ 232
Ⅲ Chinese Newspapers ········ 234

Ⅳ Translated Monograph 241
Ⅴ Research Reports 244
Ⅵ Electronic Documents 245

Index 254

Recommendation 1 257

Recommendation 2 259

导　论

一、概念界定

（一）移动互联网应用程序（APP）

1. APP 是什么

在《APP 一代：网络化科学的新时代》一书中，被誉为“多元智能理论之父”的美国哈佛大学教授霍华德·加德纳（Howard Gardner）和凯蒂·戴维斯（Katie Davis）提出了“APP 一代”（APP Generation）的概念，他们认为，“APP 一代”这个称谓“可谓最好地概括数字媒体所带来的种种变化的特别之处”①。两位作者根据人与 APP 的关系，将 APP 的用户分为“APP 依赖者”和“APP 使用者”这两种类型，并且深入研究了 APP 这一代人的生活与前 APP 时代人的生活的巨大差异，他们指出：“成长在我们这个时代的年轻人不仅只沉迷于 APP，他认为世界就是由 APP 构成的整体，生活本身也是一系列 APP 的有序集合，或许，在许多情况下，它就是个从摇篮到坟墓贯穿一生的 APP。APP 可以满足人类的任何需求，若有人需要一种 APP，这个 APP 马上就被一些人（也许就是那些有需求的人）设计出来。”② 当然，APP 对世界的影响不仅是人们生活方式的改变，如果说互联网是 20 世纪人类历史上最伟大的发明，深刻地改变了人类的生产方式和生活方式，已经成为人类的“第二社会”和“第二空间”，有力地推动了经济社会的发展以及人类文明的进程，那么进入

① ［美］霍华德·加德纳、［美］凯蒂·戴维斯：《APP 一代：网络化科学的新时代》，李一飞、金阳译，电子工业出版社 2015 年版，第 6—7 页。

② 同上书，第 7—8 页。

21世纪以后，随着移动互联网的普及，APP将给世界带来巨大的变革，可以预见的是：21世纪将是APP的时代。

APP究竟是什么？APP是英文Application的简称，也就是应用程序的意思。2008年7月11日，苹果公司正式发布预装有iOS 2.0.1版本操作系统的iPhone 3G手机，在该型号手机的操作系统中首次预装了App Store。App Store，是苹果公司为其iPhone、iPad、iPod Touch等系列产品预装的移动应用程序发布平台，一般简称为“应用商店”，允许用户在该平台中自行选择下载各类应用程序。随着苹果公司App Store经营的成功，其他公司陆续跟进推出了自己的应用商店，其中比较著名的应用商店有微软的Marketplace、谷歌的Google Play Store、诺基亚的Ovi Store、黑莓的BlackBerry App World等。随着智能手机、平板计算机等移动智能终端的普及，APP逐渐成了一个流行的用语。因此，通俗地说，APP是指苹果手机或安卓等操作系统的手机等移动终端安装的应用程序，概言之，APP主要是指智能手机等移动终端预装的应用程序以及第三方应用程序。

关于APP的概念，目前还是众说纷纭，没有一个统一的概念，甚至连APP的中文名称都没有一个统一的标准。“百度百科”认为，APP即“应用程序”，是英文Application的缩写，一般指手机软件，是手机完善其功能，为用户提供更丰富的使用体验的主要手段。① “360百科”认为，“APP指的是智能手机的第三方应用程序”②。“腾讯数码”认为，“APP”这个已经非常流行的英文单词，事实上是“Application”（应用程序）的英文简称，我国有时将其称为“A-P-P”，“A-P-P”虽然是一个错误的读法，但在某种程度上也突出了APP的专属定义，即“移动智能平台的应用程序”③。2014年11月26日，北京市互联网信息办公室（以下简称北京市网信办）、首都互联网协会召集新浪、搜狐、网易、百度、凤凰、优酷、土豆、奇虎360、京东等50多家移动客户端、APP应用商店、APP

① 参见百度百科“APP”词条，https://baike.baidu.com/item/%E6%89%8B%E6%9C%BA%E8%BD%AF%E4%BB%B6/7973966? fr = aladdin&fromid = 6133292&fromtitle = APP，2017年7月17日。

② 参见360百科“APP”词条，https://baike.so.com/doc/594384-629238.html，2017年7月17日。

③ 参见腾讯数码：《苹果公司认为它们改变了“App”的定义》，http://digi.tech.qq.com/a/20131206/015855.htm，2017年7月17日。

工厂签署了《北京市移动互联网应用程序公众信息服务自律公约》和《维护 APP 信息服务秩序、发挥 APP 积极社会作用承诺书》，在《北京市移动互联网应用程序公众信息服务自律公约》中，APP 指的是“移动互联网应用程序”[①]。2015 年 5 月，国家版权局发布的《2015 年全国新闻出版（版权）打击侵权假冒工作要点》提出：“把智能移动终端第三方应用程序（APP）等新型传播方式纳入监管范围……针对应用程序（APP）等移动互联网领域版权保护提供技术解决方案，遏制新媒体侵权盗版行为。”2015 年 11 月 18 日，工业和信息化部发布的《移动智能终端应用软件（APP）预置和分发管理暂行规定（征求意见稿）》则将 APP 的中文全称定义为“移动智能终端应用软件”。2016 年 6 月 28 日，国家互联网信息办公室在其发布的《移动互联网应用程序信息服务管理规定》中，将 APP 的中文全称定义为“移动互联网应用程序”，其是指通过预装或下载等方式获取并在移动智能终端上运行并向用户提供信息服务的应用程序软件。按照上述定义，APP 的中文简称均是“应用程序”，然而，APP 的中文全称，则有“智能手机的第三方应用程序”“移动智能平台的应用程序”“智能移动终端第三方应用程序”和“移动互联网应用程序”等多种表述。笔者认为，显而易见的是，APP 不仅应用于智能手机之中，也广泛应用于平板电脑等移动智能终端平台，不仅手机生产厂商之外的第三方厂商开发了大量的 APP，而且相当一部分手机生产厂商自身也在开发 APP，因此，APP 的定义，不应仅局限于“智能手机的应用程序”或“第三方应用程序”。

移动互联网的产业链基本上可以分为移动终端层、移动软件层和移动应用层这三个层级。其中，移动应用层主要包括运营商、分销商、内容提供商（Content Provider，可简称为 CP）和服务提供商（Service Pro-

---

① 参见《50 多家移动客户端、APP 应用商店于 26 日签署〈北京市移动互联网应用程序公众信息服务自律公约〉》，http://www.soft6.com/news/201411/27/247841.html，2017 年 7 月 17 日。又可参见《北京市移动互联网应用程序公众信息服务自律公约全文》，http://ishare.iask.sina.com.cn/f/1qn2LOf7oYTd.html，2017 年 7 月 17 日。

vider，可简称为 SP）等。[①]

在笔者看来，要界定 APP 的概念，首先应当研究“移动互联网”是什么。移动互联网（mobile internet）是移动通信和互联网结合的产物，是互联网的技术、平台、商业模式和应用与移动通信技术结合并实践的活动的总称。[②] 笔者认为，从移动互联网的概念进而可以推论出：APP 是指通过移动互联网络和移动终端设备，向用户提供网络内容服务或网络应用服务的应用程序，其全称应当是“移动互联网终端应用程序软件”，一般可以简称为“移动互联网应用程序”或者“应用程序”。APP 在本质上是 APP 提供者提供的一种新型的移动互联网服务，属于上述服务提供商（SP）和内容提供商（CP）的范围，据此，APP 又可以分为提供 APP 平台的服务和提供 APP 内容和应用的服务。其中，APP 平台的服务，是指提供 APP 下载、安装和使用的服务；APP 内容和应用的服务，是指通过 APP 平台提供信息、数据等内容和各种应用的服务。

2. APP 的发展状况

（1）移动互联网的普及成为 APP 发展的基础

腾讯董事会主席兼首席执行官马化腾明确指出：“移动互联网不只是延伸，而是颠覆。”[③] 按照 DCCI 互联网数据中心的定义，移动互联网指的是网络用户可以使用智能手机、平板电脑或其他便携式的移动终端，利用 Wi - Fi、GSM、GPRS、WCDMA、TD - SCDMA 等移动通信网络接入移动互联网，结合了互联网与移动通信的功能于一体的新型互联网络。[④] 移动互联网的快速发展表明，移动互联网塑造了全新的生产方式和生活

---

① 广大移动互联网网民接触最多的移动应用提供者是内容提供商和服务提供商。内容提供商是指在互联网或手机等移动终端上向广大网民和手机等移动终端用户提供网络信息内容的网络服务提供者，其提供服务内容包括文字、图像、音频和视频等各种媒体内容；服务提供商是移动互联网服务内容、应用服务的直接提供者，通常指电信增值业务提供商，负责根据用户的要求开发和提供适合手机等移动终端用户使用的服务，申言之，服务提供商可以根据用户的个性化需求研发并提供相应的移动网络服务。参见官建文主编、唐胜宏副主编：《中国移动互联网发展报告（2012）》，社会科学文献出版社 2012 年版，第 89 页。

② 参见 360 百科“移动互联网”词条，https://baike.so.com/doc/334562 - 354374.html，2017 年 7 月 17 日。

③ 马化腾：《移动互联网的 10 个关键点》，载朱克力主编《供给侧改革引领“十三五”》，中信出版社 2016 年版，第 183 页。

④ 参见 DCCI 互联网数据中心：《中国移动互联网蓝皮书》，http://vdisk.weibo.com/s/sRCXj0we8EJ，2017 年 7 月 17 日。

方式的社会形态，移动互联网的发展使互联网对人类现实社会的影响进入到了一个全新的阶段。2016 年 8 月 3 日，中国互联网络信息中心（CNNIC）发布第 38 次《中国互联网络发展状况统计报告》，该报告显示，截至 2016 年 6 月，中国网民规模达 7.10 亿人，互联网普及率为 51.7%，也就是说，中国居民上网人数已经过半。并且，我国网民的上网设备正在不断向智能手机终端集中，智能手机成了拉动我国网民规模增长的主要因素。截至 2016 年 6 月，中国手机网民规模达 6.56 亿人，网民中使用手机上网人群占比达到了 92.5%，其中，只使用智能手机一种方式上网的网民占整体网民规模的 24.5%。[①] 值得一提的是，Wi－Fi 等无线传输方式的迅速普及，使得移动互联网更加深入社会公众的日常生活。智能手机、平板电脑等无线网络的应用终端设备得到了广泛使用，我国手机网民中通过 3G/4G 上网的比例为 91.7%，同时，高达 92.7% 的网民通过 Wi－Fi 无线传输方式接入互联网。[②]

需要指出的是，我国政府出台的一系列政策，有效地推动了移动互联网的普及。例如，2015 年 5 月，国务院办公厅印发《关于加快高速宽带网络建设推进网络提速降费的指导意见》，明确指出要加快基础设施建设，大幅提高网络速率。该意见出台后，中国电信、中国移动和中国联通三大运营商相继行动，降低网络流量费用，实施“流量当月不清零”等措施，有力地改善了广大网民的网络接入环境，降低了广大网民的上网费用，同时还提升了 3G 和 4G 网络的普及使用率。随着政府大力开展“无线城市”“智慧城市”的建设，无线网络的覆盖区域得到了迅速扩大，无线网络已成为网民在固定场所接入互联网的首选方式。

（2）智能终端的流行为 APP 发展提供了条件

有学者断言：“手机成为上网第一大终端，这是一个革命性时代到来的标志。”[③] 2012 年 6 月底，中国手机网民用户数量达到 3.88 亿人，其用户规模首次超过了 PC 台式计算机用户规模，而同期 PC 台式计算机的网

---

① 参见中国互联网络信息中心（CNNIC）：《第 38 次中国互联网络发展状况统计报告》，www.cnnic.net.cn/hlwfzyj/hlwxzbg/201608/t20160803_54392.htm，2017 年 7 月 17 日。

② 同上。

③ 官建文主编、唐胜宏副主编：《中国移动互联网发展报告（2013）》，社会科学文献出版社 2013 年版，第 19 页。

民只有3.8亿人，智能手机成为我国网民名副其实的第一大上网终端。2013年，全球PC出货量大约为3.15亿台，较2012减少9.7%，而智能手机出货量超过10亿台，约3倍于PC的出货量。[①] 我国智能手机的价格持续下降，为手机上网奠定了基础。华为、小米、联想等国内主流品牌手机生产商均推出了几百元价位的大屏幕智能手机，平板计算机等移动终端设备的价格也相应降低，有力地刺激了广大网民的购买需求，各种类型的移动智能终端的流行为APP发展提供了条件。据Talking Data统计，2014年10月，中国的移动智能设备已经超过8亿台。[②]

（3）APP的应用和规模得到了迅猛发展

在一系列国家利好政策的激励下，我国APP的规模发展迅猛。据工业和信息化部统计，2011年中国移动应用增速居全球第一位，成全球第二大应用市场。[③] 美国科技博客网站APP Annie的统计数据进一步表明，中国已经成为应用下载量增长最快的国家，2011年的下载增幅高达298%。[④] 截至2012年12月底，在全球范围内，App Store的APP数量已经超过100万个，同时，中国手机应用商店已经超过100家。[⑤] 并且，截至2013年，我国APP的年度下载量就已经突破了1020亿次，我国已经成为紧随美国之后的全球第二大APP市场。截至2014年6月，我国网民的上网设备中，手机使用率达83.4%，首次超越传统PC整体使用率（80.9%），手机作为第一大上网终端设备的地位更加巩固。[⑥] 与此同时，APP对经济社会发展带来了深远影响，APP资源具有了重要的市场价值。例如，中国移动互联网历史上最大的并购案就是百度公司以18.5亿美元

① 参见王映：《中国移动互联网基础设施发展状况与趋势》，载官建文主编、唐胜宏副主编《中国移动互联网发展报告（2014）》，社会科学文献出版社2014年版，第124页。

② 参见Talking Data：《2014年中国移动互联网现状：当移动互联网遇到大数据》，https://wenku.baidu.com/view/aabd4454a5e9856a561260f0.html，2017年7月17日。

③ 参见蒋凡：《2011年中国移动APP服务产业：开拓期的快速增长》，载官建文主编、唐胜宏副主编《中国移动互联网发展报告（2012）》，社会科学文献出版社2012年版，第255页。

④ 参见腾讯科技：《2011年中国手机应用下载量增三倍　居世界第二》，http://tech.qq.com/a/20120223/000009.htm，转引自官建文主编、唐胜宏副主编《中国移动互联网发展报告（2012）》，社会科学文献出版社2012年版，第6页。

⑤ 参见艾媒咨询（iiMedia Research）：《2012中国手机应用市场年度报告》，转引自官建文主编、唐胜宏副主编《中国移动互联网发展报告（2013）》，社会科学文献出版社2013年版，第6页。

⑥ 参见中国互联网络信息中心（CNNIC）：《第34次中国互联网络发展状况统计报告》，https://wenku.baidu.com/view/6c73a94055270722192ef7cb.html? from = search，2017年9月12日。

的价格并购 91 无线，其花费巨资换来的是移动互联网 APP 分发的入口。①

同时，我国 APP 的实际使用情况得到了快速发展。有研究报告指出：我国移动互联网的发展主题已经从“普及率提升”升级到了“使用程度加深”。② 目前，中国移动互联网使用程度已经深深嵌入了社会生活的各个领域，这与 APP 的普及和流行密不可分。手机等移动互联网智能终端虽然有浏览器上网和 APP 上网两种上网方式，但 APP 上网的方式操作更加具有简便、设置人性化和网络流量低等优势，因此，APP 上网方式逐渐成为智能手机等移动互联网智能终端的主要上网方式。正如有研究指出的那样：手机浏览器和手机应用使用时长同步增长，用户行为以直接使用应用程序（APP）为主。③ 相对于智能终端的浏览器上网方式而言，应用程序（APP）已经成为智能终端上网的主导平台及主要方式。④ 智能手机用户花在手机上的时间还是以直接使用应用为主，占 78%，使用浏览器的时间占 13%，使用手机自带服务的时间只占 0.2%。⑤

APP 的应用逐渐覆盖到互联网应用的各个领域，主要有以下几类：一是基础应用类应用，包括实时通信、搜索引擎、网络新闻、社交应用等；二是商务交易类应用，包括网络购物、团购、网上外卖、旅行预订等；三是网络金融类应用，包括互联网理财、网上支付等；四是网络娱乐类应用，包括手机游戏、网络文学、网络视频、网络音乐等；五是公共服务类应用，包括互联网医疗、移动打车、政务公开等。当前，我国移动互联网用户广泛使用的微信即是一款实时通信类的 APP。根据腾讯公司发布的《2015 年微信知识产权保护白皮书》的统计，截至 2015 年第三季度，微信每月活跃账户数量已经达到 6.50 亿人，微信公众账号的总

---

① 参见马化腾等:《互联网 + :国家战略行动路线图》,中信出版集团 2015 年版,第 408 页。

② 参见中国互联网络信息中心(CNNIC):《第 33 次中国互联网络发展状况统计报告》,https://wenku.baidu.com/view/279eed1b4b35eefdc8d33388.html? from = search,2017 年 9 月 12 日。

③ 参见官建文主编、唐胜宏副主编:《中国移动互联网发展报告(2014)》,社会科学文献出版社 2014 年版,第 104 页。

④ 参见官建文主编、唐胜宏副主编:《中国移动互联网发展报告(2013)》,社会科学文献出版社 2013 年版,第 4 页。

⑤ 参见艾媒咨询(iiMedia Research):《2013 年移动互联网年度数据洞察》,转引自官建文主编、唐胜宏副主编《中国移动互联网发展报告(2014)》,社会科学文献出版社 2014 年版,第 105 页。

数已经超过了1000万个，微信已经成为亚洲地区拥有最大用户群体的移动实时通讯软件。[①] 另外，腾讯公司公布的业绩报告显示，截至2016年1月，微信已经覆盖了我国90%以上的智能手机用户，用户覆盖200多个国家，超过20种语言。此外，移动应用对接数量超过8.5万个，微信支付用户则达到了4亿人左右。[②] 可以说，微信已经不仅是一个具有创新意义的手机APP，而且还是我国网民不可或缺的日常生活工具，成了中国移动互联网迅猛发展的代表。

（二）移动互联网应用平台

按照《现代汉语大词典》的解释，平台有以下几种含义："①晒台；②生产和施工过程中，为操作方便而设置的工作台，有的能移动和升降；③指计算机硬件或软件的操作环境；④泛指进行某项工作所需要的环境或条件。"[③] "移动互联网应用平台"中的"平台"指的是上述第三种含义，即计算机硬件或软件的操作环境。2016年10月21日，中央政法委举办了第四次全国百万政法干警学习讲座，中共中央政治局委员、中央政法委书记孟建柱同志主持讲座，并与全国政法综治系统150多万名干警一同听取了阿里巴巴集团董事局主席马云题为《科技创新在未来社会治理中的作用》的讲座。马云在讲座中明确指出，第一次技术革命诞生的商业组织是工厂，第二次技术革命诞生的商业组织是公司，这次技术革命诞生的是什么？是平台型经济。平台经济就像航母，是平台的思想，在支持舰载机远程作战。[④] 平台经济（platform economics）指的是一种虚拟或真实的交易场所，平台本身不生产产品，但可以促成双方或多方供求之间的交易，收取恰当的费用或赚取差价而获得收益。[⑤] 美国哈佛大学托马斯·艾斯曼教授的研究成果显示，全世界最大的100家企业中，有

① 参见腾讯公司：《2015年微信知识产权保护白皮书》，http://www.360doc.com/content/16/0229/01/22712168_538156480.shtml，2017年7月17日。

② 参见《2016微信用户数量统计》，http://m.didown.com/news/29040.html，2017年7月17日。

③ 参见中国社会科学院语言研究所词典编辑室编：《现代汉语大词典》（第5版），商务印书馆2005年版，第1053页。

④ 参见《马云：〈科技创新在未来社会治理中的作用〉演讲内容》，http://www.360doc.com/content/16/1024/09/7544182_600909362.shtml，2017年7月17日。

⑤ 参见360百科"平台经济"词条，https://baike.so.com/doc/6383149-6596800.html，2017年7月17日。

60家企业的主要营业收入来自互联网平台。[①] 上述研究数据表明，互联网交易平台的平台经济已经成为当今世界最为重要的经济模式。与传统的计算机互联网平台相比，移动互联网应用平台是一个全新的网络平台，移动互联网应用平台是以手机等移动智能终端为载体的硬件基础和以APP为软件的操作环境组成的新型网络平台，所有的APP运营商提供的网络服务和所有APP用户的网络应用都在移动互联网应用平台这个网络空间中运行。

（三）移动互联网应用平台中新型权利（APP权利）

1. APP权利的界定

2015年11月15日，在最高人民法院中国应用法学研究所和人民日报社《民生周刊》杂志社联合主办的“‘互联网+’民商事案件热点难点问题高端论坛”上，笔者作了《网络赋权下的知识产权的保护》的主题报告，正式提出“网络赋权”的概念。[②] 在笔者看来，“互联网+”不是一个简单的在互联网平台上加上传统产业的模式，而是互联网在和各个行业跨界融合的过程中，通过创造新的网络业务、新的技术方式、新的商业模式和新的产业生态，给网民增加新的权利。当前，互联网正在经历从PC互联网（即传统的计算机互联网）到移动互联网的代际转型，相应的，互联网的核心应用也正在从网站主导转向APP主导，在互联网的发展进程中，新型网络技术在一定程度上发挥着“网络赋权”的重要作用，既创设了新型权利，如图形用户界面（GUI）的外观设计专利权，又扩大了传统权利，如信息网络传播权的行使范围。因此，笔者将互联网技术发展赋予人民群众新的权利的过程称之为“网络赋权”。

与传统的计算机互联网平台相比，移动互联网应用平台是一个全新的网络空间，并且，移动互联网应用平台催生的新型权利层出不穷。本书研究的移动互联网应用平台中的新型权利，指的是移动互联网应用平台这一全新的网络空间（可简称为APP空间）中的新型权利。本书为行文的方便，只在本书的题目和各章标题中使用移动互联网应用平台中新

---

① 参见刘洋、柳雁军、田小军:《平台经济兴起，从美国最新判例看如何为平台责任减负》，http://www.tisi.org/4710，2017年7月17日。

② 参见童海超:《网络赋权下的知识产权的保护》，《民生周刊》2015年第22期。

型权利这一全称，而在正文与其他标题中将移动互联网应用平台中的新型权利简称为 APP 权利。笔者认为，APP 权利主要可以分为两种类型：第一种类型是在 APP 空间创设出的新型权利，如默示许可权、应用选择权、应用名称权、移动支付权、移动打车权、移动医疗权、移动快递权、图形用户界面权（GUI）等；第二种类型是 APP 空间对传统权利的拓展，如行踪保密权、合理使用权、网购反悔权、信息保护权、信息网络传播权等。

2. APP 权利的证成

（1）传统权利与新型权利的界定

美国著名宪法学家路易斯·亨金宣称："我们的时代是权利的时代!"[①] 然而，权利是什么，却是法学的难解之题。如同罗斯科·庞德所言："法学之难者，莫过于权利也。"[②] 德国哲学家康德在《法的形而上学原理——权利的科学》一书中曾经感慨地说道："问一位法学家'什么是权利?'就像问一位逻辑学家一个众所周知的问题'什么是真理?'同样使他感到为难。他们的回答很可能是这样，且在回答中极力避免同义语的反复，而仅仅承认这样的事实，即指出某个国家在某个时期的法律认为唯一正确的东西是什么，而不正面解答问者提出来的那个普遍性的问题。"[③] 正如康德所言，权利难以界定，但康德也明确地指出，权利具有在"某个时期"的时期性的特质。按照时期性这一标准的划分，笔者认为，权利可以分为传统权利和新型权利两种类型。有学者指出："新兴权利的确认标准必须是在将新的权利现象与权利诉求与传统权利的比较中来确定的。"[④] 当然，传统权利和新型权利具有一定的相对性，而并非是泾渭分明的两种权利，随着经济的发展和社会的变迁，起先为极少数人享有的新型权利很有可能演变为人们普遍享有的传统权利。例如，在互联网进入我国的初期，使用互联网的权利原本是极少数科研工作者才能够享受的新型权利，随着互联网的普及，使用互联网的权利迅速成为

---

① ［美］路易斯·亨金：《权利的时代》，信春鹰、吴玉章、李林译，信春鹰校，知识出版社 1997 年版，前言第 1 页。

② 参见程燎原、王人博：《权利及其救济》，山东人民出版社 1998 年版，序言第 2 页。又可参见张文显：《法哲学范畴研究》（修订版），中国政法大学出版社 2001 年版，第 298 页。

③ ［德］康德：《法的形而上学原理——权利的科学》，沈叔平译，商务印书馆 1991 年版，第 39 页。

④ 姚建宗、方芳：《新兴权利研究的几个问题》，《苏州大学学报（哲学社会科学版）》2015 年第 5 期。

我国广大人民群众享有的传统权利。因此，通俗地说，传统权利是指人们在传统社会生活中享有的权利。

新型权利的界定则复杂得多。在我国学术界，与传统权利相对应的权利，主要有"新权利""新兴权利""新型权利"三种表达方式。[①] 其中，"新权利"的使用频率较低，主要指的是法律在原有权利范围之外所新确立的权利。"新兴权利"的界定则众说纷纭。关于新兴权利的概念，有学者以三要件作为界定新兴权利的标准：一是该权利正在被当前理论研究所证成，具有知识上的合法性；二是该权利正在被普通公民实践着，具有社会现实的合理性；三是社会上渐趋形成关于该权利的普遍性共识，基本具有了社会共识基础。[②] 简言之，该种观点认为，新兴权利是指那些具有知识上的合法性，在实践中被广泛实施，且被社会普遍接受和认可的权利。有学者将新兴权利的基本内涵概括为："新兴权利是指为人权所统摄的，在一定程度上得到社会认可但未被法律确认或保障的'权利束（丛）'。"[③] 也就是说，新兴权利指的是那些在人权统摄之下，虽在社会中获得一定程度的认可，但尚未获得法律确认或保障的权利束或权利丛。还有学者认为，那些合理性正在理论论证之中，尚未实定化的、新兴的事实性权利，就是新兴权利。[④] 与之类似的观点是："新兴权利是指得到一定程度的社会认可但并未制度化、法律化的社会性权利。这种社会性权利基本上是在习俗性、道德性意义上存在的，而非在法律意义上存在。"[⑤] 与上述观点不同的是，姚建宗教授提出了形式与实质相结合的"新兴权利"界定标准。形式标准包括两个方面：以时间为标准，凡中国既定法律文本中过去没有明确规定，而在新的法律文本中明确或隐含着的法律权利，即为新兴权利；以空间为标准，在中国法制史上和现行法律管辖权范围内不曾存在，但通过法律移植方式引进的权利类型，亦为新兴权利。实质标准包括四个方面：权利主体和客体为法律新确认的权

---

① 参见魏治勋：《新兴权利研究述评——以 2012 ~ 2013 年 CSSCI 期刊相关论文为分析对象》，《理论探索》2014 年第 5 期。

② 参见任喜荣：《作为新兴权利的信访权》，《法商研究》2011 年第 4 期。

③ 聂佳龙、史克卓：《论作为"新兴权利"的公民启动权》，《广州社会主义学院学报》2013 年第 2 期。

④ 参见魏治勋：《新兴权利研究述评——以 2012 ~ 2013 年 CSSCI 期刊相关论文为分析对象》，《理论探索》2014 年第 5 期。

⑤ 徐钝、郑记：《新兴权利救济：司法能动立场的证成与运作》，《理论与改革》2010 年第 6 期。

利；既有权利类型的主体范围发生了变化；既有权利类型的客体范围发生了变化；社会主体进入某一特定法律境遇之中而享有的境遇性新兴权利。凡是符合上述形式或实质标准中任一单项的权利都属于新兴权利的范围。[①] 至于“新型权利”的界定，则兼有“新权利”和“新兴权利”的内涵。例如，有学者认为：“新型权利这一概念的使用目的在于统摄一种现象，即权利是一个历史范畴，权利的内涵与外延都是在不断变化的，在新的社会语境中，人们基于新的利益要求而在原有权利体系的基础上所提出的要求法律对其新的利益要求进行确认与保护而生成的原有权利体系所不能明确昭示的一类权利的概称。”[②] 笔者认为，“新权利”一般指代的是新近获得法律确认的法定权利，而“新兴权利”则主要是新近兴起的已经得到社会认可但尚未被法律确认的非法定权利。本书研究的APP权利，既有移动互联网应用平台中兴起但尚未为法律所确认的非法定权利，又包括已经逐渐被法律确认的法定权利，因此，APP权利包括了“新权利”和“新兴权利”两个领域的内容，应当以“新型权利”予以界定。换言之，移动互联网应用平台中新型权利（APP权利），指的是在移动互联网应用平台的网络空间中兴起，虽已得到社会认可但未被法律确认的新型权利，以及已经得到法律确认的法定权利。

（2）传统权利与新型权利的关系

随着经济社会文化的发展，人们享有权利的范围也随之扩大，正如有学者指出的那样：“对人类来说权利不是与生俱来的，它是人类社会发展到一定阶段的产物。”[③] 原有的传统权利与社会发展生成的新型权利之间的关系，主要有以下几种类型。

第一，增量并存关系。最为常见的形态是在传统权利的基础上增加新型权利，增加的新型权利与原有的传统权利构成增量并存的关系。例如，在互联网时代，网民依然享有物权、债权、专利权等传统的财产权，与此同时，作为网络游戏用户的部分网民还享有网络游戏中的金币、武器和装备等网络虚拟财产的新型网络财产权。而在APP时代，企业除了

---

① 参见姚建宗：《新兴权利论纲》，《法制与社会发展》2010年第2期。

② 张天上：《论新兴权利的司法生成》，载邓正来主编《法律与中国——法学理论前沿论坛》（第六卷），中国政法大学出版社2007年版，第239页。

③ 李拥军：《论权利的生成》，《学术研究》2005年第8期。

依法享有传统的商标权、企业名称权、网络域名等传统的商业标识权利以外，还增加了APP名称等新型商业标识的网络权利。姚建宗认为：“在现代社会，特别需要注意的是，由于现代社会科学技术的高度发展所带来的社会关系的现实的重大变化，从而相应地带来了一些此前所未曾想见到的权利形式。”[①] 总之，在传统权利的基础上增加新型权利的增量发展是传统权利与新型权利之间最主要的关系。

第二，拓展范围关系。APP出现后，虽然原有的一些传统权利仍然存在，但APP平台作为一个全新的移动互联网的网络空间，大大拓展了某些传统权利的行使范围和保护范围。例如，在PC互联网时代，人们享有的信息网络传播权主要是在PC互联网平台中行使。随着科学技术的发展，互联网、电信网和广播电视网这三个原先各自封闭独立的网络实现了跨界融合与互联互通，“三网融合”之后，信息网络传播权的行使范围随之被扩大到了电信网平台和广播电视网平台。APP的普及，进一步将信息网络传播权的行使范围拓展到了APP平台这一全新的网络空间之中。由此可见，一些传统权利虽然依然存在，而且在APP平台中这些权利的权利属性没有变化，但其权利行使和权利保护的范围得到了拓展。

第三，替代更迭关系。在社会发展的历程中，部分权利也有可能随着人们生产、生活方式的演变而消亡。例如，在我国古代的婚姻制度中，包办婚姻是普遍现象，讲究“父母之命，媒妁之言”，即父母享有决定子女婚配嫁娶的权利。中华人民共和国成立后，法律明文规定公民享有婚姻自主权，禁止包办婚姻等干涉婚姻自由的行为，至此，父母包办子女婚姻的包办婚姻权被公民的婚姻自主权所取代。又如，在互联网兴起之前，电报通信的权利是人们普遍享有的一项通信权利，互联网普及之后，电子邮件、QQ、微信等网络通信方式更加经济、便捷和高效，立即取代了电报通信方式，由此，传统社会中人们普遍享有的电报通信的权利已经基本消亡，被电话通信、传真通信、网络通信等新型的通信权利所取代。

第四，此消彼长关系。有些新型权利出现后，虽然传统权利仍然存在，但新型权利与传统权利之间呈现出此消彼长的现象。例如，在著作

---

① 姚建宗:《新兴权利论纲》,《法制与社会发展》2010年第2期。

权领域，信息网络传播权出现之后，大量的文字作品、音乐作品和电影作品在互联网上传播，著作权人依法享有的图书的发行权、音乐作品的广播权和电影作品的放映权等传统权利虽然仍然存在，但这些传统权利的行使受到了信息网络传播权的冲击。换言之，作为权利主体的权利人，在行使 APP 权利等新型网络权利的同时，有可能将原有的传统权利闲置不用或者明显降低传统权利的使用频率。

（3）APP 权利的理论基础

以 APP 权利为代表的新型网络权利有着“非法兴起”的特点，此类权利往往不是现行法律规定的法定权利，甚至突破了现行法律的管理规范。APP 权利之所以能够成为一种新型的权利，既需要在社会生活实践中为广大网民所认可，又应当在法学理论上是可以证成的。正如有学者指出的那样：“在新兴权利研究中，什么样的要求可以成为权利？这首先涉及具体权利的证成，即通过分析一项要求所提供的理由是否是内在理由来证成具体权利。”① 笔者认为，APP 权利具有以下法理基础。

一是权利推定说。我国相当一部分学者主张“权利推定说”，即凡是属于法律未禁止的行为或利益均可推定为权利。② 例如，有学者主张，从社会与国家互动的角度看，可以认为新型权利的生成过程乃是一个权利推定的过程，即权利推定是国家和社会共同保障新型权利生成的一种习惯救济方式。这就意味着权利推定本身是国家和社会对待法定权利之外的权利问题的一种习惯，故有一条人们耳熟能详的格言：“凡法律未命令者，皆可推定为权利”（法不禁止即自由）。③ 据此，还可以认为：“一旦因为当事人在交往中产生纠纷而被诉诸法院并被法院所推（裁）定或虽然未经推（裁）定但被社会接受就成为新型权利，从而向正式制度拓展其空间，展示其内容，并借助正当的诉讼程序，在立法之外或被肯定和正式化，或即使没被肯定和正式化也被社会所接受。”④ 具体来说，“权利

---

① 刘小平：《新兴权利的证成及其基础——以“安宁死亡权”为个例的分析》，《学习与探索》2015 年第 4 期。

② 参见郭道晖：《法的时代精神》，湖南出版社 1997 年版，第 301—303 页。又可参见郭春镇、张微微：《转型期权利的法律保障研究——以未列举权利及其推定为例》，厦门大学出版社 2013 年版，第 88—89 页。

③ 参见谢晖：《论新型权利生成的习惯基础》，《法商研究》2015 年第 1 期。

④ 同上。

推定说”认为新型权利既可以由法院在诉讼中以推定的方式予以肯定，也可以由社会的普遍认可而形成。因此，有的持“权利推定说”的学者将新型权利定义为：“所谓新型权利，就是指在国家实在法上没有规定，但在司法实践中当事人向法院诉请要求保护，法院或以推定和裁定的方式肯定之，或尽管未予肯定，但该请求得到了社会的普遍理解、默认和接受而形成的权利。”①

二是习惯权利说。“习惯权利说”认为，在新型权利被立法或司法实践予以认可之前，新型权利的本质是一种受到法律保护的习惯权利。例如，Bruce L. Benson 认为：“如果习惯法能够得以执行，那么身处于原始社会中的成员也会有动力创制出一套规范体系以保护自发的权利和集团内部成员的个人财产。在个人权利和私人财产的基础上，习惯规则的合作确立产生了重要的互动利益。如此发展的过程本身与其他机构相类似，同时也促进了集团内部的有效合作。”② 又如，我国有学者认为：“当利益被所在群体的道德规范认可时就表现为道德权利，被所在群体的习惯规范承认时就表现为习惯权利，最终被法律形式所确认就上升为法律权利。”③ 此外，我国的相关法律规定可以进一步印证“习惯权利说”的正确性，如《中华人民共和国物权法》第 85 条规定：“法律、法规对处理相邻关系有规定的，依照其规定；法律、法规没有规定的，可以按照当地习惯。”在 APP 平台中，如果某类民事行为已经成为“网络习惯”，即网民的习惯权利，而保护此类习惯权利符合互联网空间的公序良俗，那么法律对此类 APP 权利应当予以保护。

三是社会需求说。“社会需求说”认为，社会对权利的需求始终走在法律对权利作出规定的前面，社会的需求促进了新型权利的生成。例如，梅因曾言：“社会的需要和社会的意见常常是或多或少走在‘法律’的前面的……而我们所谈到的社会是进步的，人民幸福的或大或小，完全决定于缺口缩小的快慢程度。”④ 又如，英国学者 Leif Wenar 认为：“权利与

---

① 谢晖:《论新型权利生成的习惯基础》,《法商研究》2015 年第 1 期。

② Bruce L. Bensen, "Customary Law with Private Means of Resolving Disputes and Dispensing Justice: A Description of a Modern System of Law and Order without State Coercion", *Journal of Libertarian Studies*, 1990(3). 转引自谢晖《论新型权利生成的习惯基础》,《法商研究》2015 年第 1 期。

③ 李拥军:《论权利的生成》,《学术研究》2005 年第 8 期。

④ [英]梅因:《古代法》,沈景一译,商务印书馆 1959 年版,第 15 页。

为争取更大自由和平等的历史运动也联系在一起，因此，追求正义的权利主张能够引起其他诉求所缺乏的共鸣。”① 再如，有学者认为：“我们这个世界的权利问题正以几何级数的速度增长。经典的权利在新的时代背景下衍生出许多新的具体的权利问题，而新的社会关系要求在权利大家族中添列新的成员。”② 还如，有学者指出，新型的权利主张背负了社会使命，体现出时代特色，一是当下的新型权利主张表现出强烈的全民参与性，二是新型权利主张大多属于民众的社会诉求，三是新型权利主张成为社会民众评判国家权力正当性的标准。③ 此外，还有学者认为，人的需求的增长是新兴权利生成的主体来源，社会、经济的发展是新兴权利生成的客观机制，社会、经济的发展是一些新兴权利出现的前提条件，社会规范的认可是新兴权利生成的现实基础。各种利益只有经过群体的正当性评价从而被社会规范所认可，才能转化为权利。在社会发展过程中，利益矛盾在实践中不断产生和暴露，社会规范也在解决矛盾过程中不断发展和完善，权利的内容和形式也随之发生变化，新兴权利也随之不断生成。④

四是法律发展说。“法律发展说”认为，权利和法律的关系是权利先于法律而产生，而不是法律的规定产生了权利，因此，新型权利的产生推动了法律的不断发展。有学者认为：“当代中国社会主义法治建设的历史画卷不断展开的过程在法律层面的一个显著体现就是各种‘新兴’权利不断展现的过程。”⑤ 还有学者指出，每一次新型权利的确立都是法律向前发展的标志。权利是先于法律而产生的，是对社会秩序的一种制度性回应。法定权利只是被法律阐述的利益，而那些没有被法律阐述的权利却恰恰是推动权利家族继续发展，推动法律继续发展的不竭的资源，同时这些新型权利也是社会发展的产物，因而新型权利的司法生成是一个动态的、复杂的过程，同时也是法律不断成长的过程。⑥

---

① ［英］Leif Wenar 著，瞿郑龙、张梦婉译：《权利》，《研究生法学》2013 年第 2 期。

② 张文显、姚建宗：《权利时代的理论景象》，《法制与社会发展》2005 年第 5 期。

③ 参见刁芳远：《新型权利主张及其法定化的条件——以我国社会转型为背景》，《北京行政学院学报》2015 年第 3 期。

④ 参见徐钝、郑记：《新兴权利救济：司法能动立场的证成与运作》，《理论与改革》2010 年第 6 期。

⑤ 姚建宗：《新兴权利论纲》，《法制与社会发展》2010 年第 2 期。

⑥ 参见葛松琰：《新型权利的司法确立》，《山东行政学院学报》2015 年第 4 期。

(4)“网络赋权”与“主权在民”的关系

关于权利的来源，“天赋人权说”以及“主权在民说”是现代法治社会的两种基本理论。“天赋人权”是中文的习惯译法，其本意是“自然权利”(natural right),[①] 指的是自然界生物普遍固有的权利，并不由法律或信仰来赋予。申言之，天赋人权是指人与生俱来便具有权利的理论。英国哲学家洛克在《政府论》中将天赋人权定义为：“人们……生来就享有自然的一切同样的有利条件，能够运用相同的身心能力，就应该人人平等，不存在从属或受制的关系”[②]，并且，“人们既然都是平等和独立的，任何人就不得侵害他人的生命、健康、自由或财产。”[③] 美国《独立宣言》将天赋人权解释为：“人人生而平等，他们都有从他们‘造物主’那边赋予了某些不可转让的权利，其中包括生命权、自由权和追求幸福的权利。”按照天赋人权的理论，个人与生俱来便享有权利，权利无须法律赋予。

“主权在民”(sovereignty of the people)或称为“人民主权”，指的是国家的主权来源于人民，且属于人民。洛克较早阐述了主权在民的理论，在《政府论》一书中，洛克认为：“政治权力是每个人交给社会的他在自然状态中所有的权力，由社会交给它设置在自身上面的统治者，附以明确的或默许的委托，即规定这种权力应用来为他们谋福利和保护他们的财产。”[④] 在洛克看来，个人权利是一切政治权力的来源，先有个人的权利，后有国家或政府的政治权力，政治权力来源于个人让渡出来的部分权利。法国思想家卢梭在《社会契约论》一书中系统阐释了主权在民的思想，他认为：“主权既然不外是公意的运用，所以就永远不能转让；并且主权者既然只不过是一个集体的生命，所以就只能由他自己来代表自己；权力可以转移，但是意志却不可以转移。”[⑤] 按照主权在民的理论，政治权力来源于个人权利的让渡，而权利的主体当然是人民自己。

---

① 参见夏勇:《人权概念起源——权利的历史哲学》(修订版),中国政法大学出版社 2001 年版,第 167 页。

② [英]洛克:《政府论》(下篇),叶启芳、瞿菊农译,商务印书馆 1997 年版,第 5 页。

③ 同上书,第 6 页。

④ 同上书,第 105 页。

⑤ [法]卢梭:《社会契约论》,何兆武译,商务印书馆 2003 年版,第 31 页。

需要指出的是，笔者提出的“网络赋权”的概念，并非强调APP权利是互联网赋予人民群众的权利，恰恰相反，“网络赋权”与“人民主权”的理论具有内在的一致性。马克思在《哥达纲领批判》中提出了一个经典论断：“权利永远不能超出社会的经济结构以及由经济结构所制约的社会的文化发展。”① 笔者认为，互联网发展所形成的新的生产方式和生活方式，必将给人们带来新型的权利，互联网发展产生的“权利红利”，理应由权利的当然主体即广大人民群众享有，对于那些已经为网络社会普遍认可和接受并且具有正当性的APP权利，法律不应当成为人民群众享有此类新型权利的障碍，相反，我国应当通过立法的确立方式和司法的确立方式，积极地对APP权利给予法律保护。

（四）移动互联网应用平台中新型权利（APP权利）的司法保护

1. APP权利的确立方式

姚建宗教授认为，作为“新兴”权利之“兴”的方式与途径，大致包括以下几个方面：一是通过立法进行法律权利的“创制”与“设定”，从而产生“新兴”权利；二是通过立法进行法律权利的“确认”与“转化”，从而产生“新兴”权利；三是通过司法实践中的“合法性”司法解释对相关法律规定的权利内涵挖掘与权利主体延展或限缩，从而产生“新兴”权利；四是通过日常生活中的合情、合理、合法的权利推定，从而产生“新兴”权利。② 还有学者指出，新型权利的确立主要有两种途径，一是立法的确立方式，二是司法的确立方式。③ 笔者认为，APP权利最终得以确立，同样可以分为立法的确立方式和司法的确立方式。

（1）立法的确立方式

对于立法方式确立新型权利的问题，有学者指出：“至少在当代中国，权利的确已经成为中国人日常生活的基本观念与思维习惯，新型的、性质各异的各种权利作为‘新兴’权利不断地在人们的生活中得到主张甚至获得法律化的制度表达。”④ 笔者认为，立法是确立APP权利等网络

---

① 《马克思恩格斯选集》（第三卷），人民出版社1995年版，第305页。

② 参见姚建宗等：《新兴权利研究》，中国人民大学出版社2011年版，第17—19页。

③ 参见葛松琰：《新型权利的司法确立》，《山东行政学院学报》2015年第4期。

④ 姚建宗等：《新兴权利研究》，中国人民大学出版社2011年版，第4页。

新型权利的重要方式，通过国家立法的方式确立的法定权利，具有普遍性、稳定性和权威性的特点，可以更好地保护新型权利。

（2）司法的确立方式

法谚有云：“没有救济就没有权利。”在新型权利为立法确认之前，大量涉及新型权利保护的纠纷涌入人民法院，请求人民法院给予法律保护。对此，有学者认为：“权利虽然可以由立法来授予和确认，并借助于法律手段而得到有效保障，但权利并不依附于或受制于立法。权利先于立法，意味着权利可以不依赖政府和法律而存在，也意味着权利的正当性不取决于政府和法律的评价。相反，对权利的确认与保障程度应是衡量政府的合法性和法律的合理性的根本标尺。”① 对于立法尚未确立的新型权利，有学者经研究认为：“事实上，从已获司法判决肯定的新型权利主张可看出，审判人员在缺乏明确法律依据的前提下，仍然对部分新型的权利主张给予了认可。”② 还有学者指出：“新型权利是社会秩序的产物，需要依赖司法程序得以确立，而不仅是制定者意志的体现。”③ 在互联网快速发展的时代，人民法院根据相关法律的立法精神和立法目的，在符合法律原则的前提下，通过对现有的法律规则作出扩大解释，或者是通过创设新的裁判规则等方式，对 APP 权利等新型网络权利给予法律保护，是确立 APP 权利的必由之路。

2. APP 权利的司法保护

冀祥德教授认为：“在新的历史时期，权利保障、定纷止争、调整教育是司法制度的基本功能。”④ 并且，“保障功能是指司法制度对各种社会关系以及公民、法人、其他组织合法权利的保护作用。从国家契约论的理论出发，保障功能是司法制度的首要功能。对此，有学者将惩罚功能作为司法的第一功能，而将保障功能列为司法制度的第三功能，我们认为是不妥当的。”⑤ 同理，对于在 APP 领域产生的新型权利，司法保护

① 黄文艺：《权利本位论新解——以中西比较为视角》，《法律科学（西北政法大学学报）》2014 年第 5 期。

② 刁芳远：《新型权利主张及其法定化的条件——以我国社会转型为背景》，《北京行政学院学报》2015 年第 3 期。

③ 葛松琰：《新型权利的司法确立》，《山东行政学院学报》2015 年第4 期。

④ 冀祥德主编：《司法制度新论》，社会科学文献出版社 2009 年版，第 11 页。

⑤ 同上。

同样是我国司法制度的首要功能。本书所指的移动互联网应用平台中新型权利（APP 权利）的司法保护，是指人民法院在民事审判、刑事审判和行政审判工作中，充分发挥审判职能作用，保护移动互联网应用平台中的新型权利。

二、分析框架

（一）研究的主要问题

本书研究的主要问题是 APP 权利的司法保护问题。APP 的发展具有促进信息传播、推动政务公开、便利公众参与、拓展权利空间等方面的法治意义，但是，在 APP 领域立法相对滞后的情况下，新型网络权利更加容易遭受侵犯，App Store 侵权、聚合类 APP 侵权、APP 名称侵权等各类 APP 新型案件已经涌入人民法院，APP 案件的审判工作发挥着先行先试、司法反哺立法、实践反哺理论的重要作用，APP 案件的裁判规则的提炼和运用亟待创新。以 APP 应用为核心的移动互联网催生了许多新的权利保护问题，对现行的法律规定和人民法院既有的裁判规则提出了挑战。例如，"先许可，后使用"是著作权的基本原则，在 PC 互联网时代也是如此，任何网站未经许可不得转载他人作品，但是，在移动互联网时代，在以微信为代表的 APP 空间中，未经许可即转载、转发他人微信文字作品的行为普遍存在，该行为是否属于合理使用或默示许可，有待理论创新和裁判规则的创新。又如，深圳的苹果手机用户姚某状告苹果手机无法卸载预装 APP，并且要求苹果公司公开 iPhone 5 中预装的 APP 是否存在监控及窃取用户私密信息的功能，[①] 此类案件事关众多 APP 用户的隐私权益，需要人民法院作出回应。再如，移动通信工具的操作系统及 APP 是否构成刑法意义上的计算机信息系统，也有待人民法院在法律适用中予以明确。还如，被告人杨某慧等研发一款名为"静默插件"的 APP，将该插件通过刷机的方式植入大量移动终端，在用户不知情的情况下，通过该插件非法获取手机用户个人信息数据，其获取通讯录的

① 参见《用户诉苹果预装软件不可删案再开庭　此前一审败诉》，http://gd.sina.com.cn/news/sz/2015-06-25/detail-ifxehfqi8279212.shtml，2017 年 7 月 17 日。

移动终端有102368部，获取的通讯录达19426523条，[①] 此类非法获取计算机信息系统数据、非法控制计算机信息系统罪的犯罪手法较新，对个人信息以及计算机信息系统的司法保护提出了新的挑战。因此，对于移动互联网时代APP空间的问题，需要与PC互联网时代的问题区别对待。针对APP空间的权利保护的独特性问题，应当创新APP案件的裁判规则，回应巨大的社会现实需求，有效保护APP空间的合法权益。

（二）本书的主要内容

本书的主要研究内容包括五个部分。

第一章是APP权利的研究背景。一是分析APP平台中的乱象，包括侵犯知识产权、网络不正当竞争、非法窃取个人信息、利用APP从事非法经营、传播恶意软件和病毒软件、违法开展新闻信息服务活动等；二是分析APP司法问题的时代背景，包括从PC互联网到移动互联网的代际转型、从网站主导到APP主导的应用变迁、从传统权利到网络权利的“网络赋权”；三是研究APP平台对传统网站的沿袭与变革，APP平台对传统网站的历史沿袭包括互联网应用的核心功能不变、互联网精神的根本内涵不变、互联网法治的基本作用不变，APP平台对传统网站的本质变革主要有从流量经济到分享经济、从共性化服务到个性化服务、从固定式应用到移动式应用。

第二章是APP权利的类型化研究。APP权利主要可以分为两大类：第一种类型是APP平台创设出的新型权利；第二种类型是APP平台对传统权利的拓展。APP平台创设的新型权利又可分为两种类型：一是在APP平台中生成的新型权利，其权利行使的范围主要是在APP平台的网络空间之内，可以称之为“线上权利”，如默示许可权、应用选择权、应用名称权、图形用户界面权等；二是APP应用与现实生活形成互动，从而催生出移动应用类的新型权利，又可以称之为“线下权利”，如移动支付权、移动打车权、移动医疗权、移动快递权等。APP平台对传统权利的拓展包括行踪保密权、合理使用权、网购反悔权、信息保护权和信息网络传播权等。

---

① 参见北京市朝阳区人民法院(2014)朝刑初字第1743号刑事判决书。

第三章是我国 APP 案件的实证研究。一是知识产权民事案件，具体包括：著作权案件，如苹果公司 App Store 侵权、微信公众账号侵权、聚合平台 APP 侵权等；商标权案件，如 APP 名称的商标性使用问题、APP 名称及 APP 图标侵权；还有不正当竞争案件和图形用户界面（GUI）外观设计专利权案件。二是一般侵权民事案件，如手机预装 APP 无法卸载纠纷、名誉权纠纷以及 APP 平台的商品（服务）侵权纠纷。三是 APP 领域的诉前行为保全案件。四是行政案件，如被称为“全国专车第一案”的“滴滴专车”驾驶员陈某诉济南城市公共客运管理服务中心案。五是刑事案件，包括以 APP 为犯罪对象、以 APP 为犯罪工具、以 APP 为犯罪空间和以 APP 为犯罪起因四种类型。

第四章是我国 APP 权利的法律保护问题。一是 APP 的立法问题，包括对 APP 领域立法的考察，APP 立法存在的立法相对滞后、层级较低、针对性不强等不足之处；还包括对 APP 领域的立法建议，如《中华人民共和国著作权法》（以下简称《著作权法》）增加“默示许可”条款的立法建议，《中华人民共和国反不正当竞争法》（以下简称《反不正当竞争法》）增加“移动互联网应用程序名称”等新型网络商业标识的立法建议。二是 APP 的执法问题，包括管理规则的空白领域、监管方式的群众路线缺失、行政执法与司法保护的衔接不畅等问题。三是 APP 的司法问题，包括司法解释的针对性有待提高、典型案例的经验总结有待加强、APP 案件的裁判规则有待明确等问题。

第五章是 APP 案件审理的司法创新。审理 APP 案件的指导思想应当创新，人民法院应当以党的十八大及十八届三中全会、十八届四中全会、十八届五中全会的有关精神为指南，按照最高人民法院关于审理互联网案件和移动互联网案件的要求审理 APP 案件。人民法院审理 APP 案件，需要在司法理念、裁判规则和审判机制这三个方面进行司法创新：一是司法理念的创新，即“网络赋权”的“互联网 +”思维；二是裁判规则的创新，本书认为创新裁判规则本身需要依据一定的规则，第五章研究的实体规则的创新主要包括 APP 民事案件具有普遍适用意义的裁判规则和若干常见的 APP 刑事案件的裁判规则，程序规则的创新主要包括“在线纠纷解决机制”的 ODR 程序和“网上法庭”的网络审判程序问题；三是审判机制的创新，原本应用于技术类知识产权案件审判中的技术调查官制度，应当同样可以适用于技术性较强的 APP 等互联网案件。

最后是结语。本书认为，APP 权利最终得以确立有两种途径：一是立法的确立方式；二是司法的确立方式。人民法院面对社会公众加强 APP 权利保护的迫切司法需求，应当发挥“司法反哺立法”“实践反哺理论”的重要作用，在司法实践中“先行先试”，加强 APP 案件的司法应对，创新裁判思维，创新裁判规则，创新审判机制，积极保护 APP 空间的新型网络权利。

三、研究方法

（一）案例研究法

本书将从司法案例着手，对我国和域外 APP 权利的司法保护问题进行实证研究。案例的来源主要有中国裁判文书网、北大法意、北大法宝、《人民法院案例选》《人民司法·案例》《人民法院报》《法制日报》《中国知识产权报》等司法案例数据库和期刊，以及最高人民法院评选出的“2015年度人民法院十大民事、行政案件”“2015 年度人民法院十大刑事案件”“中国法院十大知识产权案件”“中国法院知识产权司法保护年度十大创新性案件”“中国法院知识产权司法保护年度 50 件典型案例”以及最高人民法院 2014 年 10 月 21 日公布的七起通过网络实施的侵犯妇女、未成年人等犯罪的典型案例等。本书选取的多个案例，如中国作家维权联盟诉苹果公司 App Store 侵犯信息网络传播权纠纷、中国消费者诉苹果手机无法卸载 APP 纠纷、微信公众账号侵犯著作权纠纷、360 公司诉北京江民新科技术有限公司侵犯安全优化图形用户界面（GUI）外观设计专利权纠纷等案件，都是在 APP 领域具有里程碑意义或重大法治价值的典型案例。本书选取的域外案例，如 2016 年 6 月美国联邦第二巡回上诉法院宣判的 Capitol Records 诉 Vimeo 侵犯音乐作品著作权等案例，是域外法院在互联网领域最新的典型司法案例，代表了域外法院在互联网领域确立的最新裁判规则；又如，2016 年 10 月 7 日美国联邦第七巡回上诉法院宣判的伊利诺伊州运输贸易协会诉芝加哥市政府案（Illinois Transportation Trade Association v. Chicago）和 Joe Sanfelippo 出租车公司诉密尔沃基市政府案（Joe Sanfelipo Cabs v. City of Milwaukee）这两起案件，涉及传统出租车行业与APP平台的移动打车行业的纠纷，以及出租车和网约车的监管标准之争，对于我国法院审理因APP平台引发的移动打车纠纷案件具有参考和借鉴意义。

（二）比较研究法

一是对我国各地方法院APP权利司法保护的法律适用问题进行比较研究，分析地方法院对于APP案件法律适用标准不一致的原因；二是对我国和域外关于APP权利司法保护的法律适用问题进行比较研究，借鉴域外APP权利司法保护的司法经验；三是对PC互联网时代和APP时代的涉及互联网法律适用问题进行比较研究，进而总结APP空间权利保护的特殊性问题，加强APP权利司法保护研究的针对性。

（三）实证研究法

本书拟对我国APP案件的司法实践进行实证研究。一是知识产权民事案件，具体包括：信息网络传播权案件，如苹果App Store侵权、聚合类APP侵权；商标权案件，如APP的应用名称侵权；专利权案件，如图形用户界面（GUI）的司法保护等。二是一般侵权民事案件，如消费者诉苹果手机无法卸载APP纠纷案件，侵犯肯德基名誉权纠纷案件，侵犯农夫山泉公司名誉权纠纷案件等。三是诉前行为保全案件，如腾讯公司诉网易公司等“网易云音乐平台”侵害信息网络传播权纠纷诉前行为保全案。四是行政案件，如我国的“专车第一案”。五是刑事案件，如非法获取公民个人信息案件、微信犯罪案件等。

四、创新之处

（一）对象创新：APP平台特有的权利保护问题

本书以APP平台特有的权利保护问题为研究对象，在我国，APP平台中权利保护的问题越来越突出，但对于该问题的系统研究却罕人问津，目前，法学界还没有对APP权利的司法保护这一课题进行系统研究。本选题填补了这一研究领域的空白，并且充实和丰富了我国互联网环境下新型权利的司法保护的法学理论。

（二）材料创新：国内外最新 APP 司法保护案例

笔者经过一年多的广泛收集，从中国裁判文书网等各大裁判文书网站及《人民法院案例选》《人民司法·案例》《人民法院报》等主要司法案例刊物以及最高人民法院评选出的年度典型案例中，悉心收集到了国内外最新的 APP 司法保护案例，为本课题的实证研究和比较研究积累了第一手的原始资料，奠定了良好的研究基础和研究条件。

（三）成果创新：APP 案件裁判规则的提炼与运用

APP 案件的司法保护发挥着先行先试、司法反哺立法、实践反哺理论的重要作用，APP 案件的法律适用问题具有较强的独特性，APP 案件的裁判规则的提炼和运用亟待创新。针对 APP 空间的权利保护的独特性问题，及时创新 APP 案件的裁判规则，可以有效回应社会公众巨大的现实需求，进而保护 APP 平台的新型权利。

第一章　移动互联网应用平台中新型权利的研究背景

第一节　APP平台中的乱象

一、侵犯知识产权

随着移动互联网的快速发展，侵犯知识产权的行为呈现出从传统的PC平台不断向APP平台发展的趋势。据统计，截至2015年8月，我国手机平台的APP数量已经接近200万款，其中，不乏盗版侵权和山寨APP。例如，一打开手机中的应用商店，数百个版本的微信APP鱼龙混杂；又如，一款名为“捕鱼达人”的手机游戏APP上线不久，数百款名为“捕鱼达人”的同类手机游戏APP迅速跟进，以致于真假难辨。①

中国互联网络信息中心公布的《第36次中国互联网络发展状况统计报告》数据显示，截至2015年6月，我国手机网民中使用手机网络视频应用的人数多达35434万人，使用率高达59.7%。2015年10月24日，在《财经》E法论坛联合互联网法律记者沙龙举办的“移动互联网时代的版权保护”论坛上，视频正版化企业联盟公布的调查结果表明，我国从事视频侵权盗版的APP高达100多个，其中有较大影响规模的有16个，且每个视频APP的下载量和装机量都在百万级别，个别视频APP的下载装机量甚至高达千万级别。涉嫌被上述APP侵权的影片，覆盖了腾讯、优酷、爱奇艺、搜狐等主流网站的视频内容，涉嫌侵犯著作权的影片多达数万部。以对视频正版化企业联盟的成员单位侵权最多的三款

---

① 参见刘仁:《打好整治APP侵权盗版攻坚战》,《中国知识产权报》2015年8月21日第009版。

APP 为例，截至 2015 年 9 月 1 日，快看影视、看客影视和木瓜影视这 3 款 APP 涉嫌侵权的影片分别为 116 部、278 部和 254 部。[①]

面对 APP 平台中侵犯知识产权现象愈演愈烈的问题，2015 年 5 月，国家版权局印发《2015 年全国新闻出版（版权）打击侵权假冒工作要点》，明确提出要“针对应用程序（APP）等移动互联网领域版权保护提供技术解决方案，遏制新媒体侵权盗版行为”，旗帜鲜明地将 APP 空间的盗版侵权作为惩治重点。2015 年 6 月，国家互联网信息办公室（以下简称国家网信办）、国家版权局、公安部、工业和信息化部四部委联合启动“剑网 2015”专项行动，将开展打击智能移动终端第三方应用程序（APP）侵权盗版作为专项整治行动的重点之一。[②] 从行政执法和司法实践的情况来看，APP 空间侵犯知识产权的类型既有侵犯著作权、侵犯商标权、侵犯专利权等传统的侵权形态，也有侵犯 APP 名称权益、“竞品词”纠纷等新型的不正当竞争行为。当前，APP 空间侵犯知识产权主要可以分为两大类，一类是 APP 本身的侵权，如 APP 名称侵犯他人的商标权、企业名称权，APP 图标侵犯他人的著作权，APP 的图形用户界面侵犯他人的图形用户界面（GUI）外观设计专利权等；另一类是 APP 的内容侵权，如未经许可链接他人视频、转载他人作品，APP 平台销售的商品侵犯他人的商标权、专利权，仿冒他人手机 APP 游戏的名称、角色、音乐、界面、情节等。

二、非法窃取个人信息

当前，APP 非法窃取个人信息的现象十分严重。据国家计算机网络应急技术处理协调中心调研统计，2014 年，国家信息安全漏洞共享平台共收录的 APP 移动互联网终端漏洞多达 1710 个，这些漏洞都有可能成为黑客攻击以及获取用户个人信息新的入口。2016 年中央电视台“3·15”晚会，甚至被戏称为“互联网专场”。晚会上，中国互联网协会秘书长卢

① 参见《移动 APP 侵权盗版愈演愈烈，怎么破?》，http://tech. qq. com/a/20151026/038294. htm，2017 年 7 月 17 日。

② 参见《剑网 2015 专项行动正式启动 严查网络音乐、云存储、应用 APP 等侵权盗版》，《人民日报》2015 年 6 月 11 日第 06 版。

卫在谈到点击手机软件泄露用户个人信息时指出，手机上有些APP没有按有关规定的要求，未对用户个人信息数据的传输采取必要的安全加密保护措施，造成包含个人隐私的信息在互联网上明文传输，很容易被他人非法截获并恶意利用。[①] 可以说，APP平台已经成为个人数据信息泄露新渠道。

首先，我国的一些大型APP平台，聚集了数以亿计的网络用户信息，数据的集中增加了个人信息被大量窃取的概率。例如，据《渤海早报》报道，2014年12月25日，大量铁路客户服务中心的客户端用户数据在互联网上非法出售，其中包含13万余条的身份证号、手机号码、登录账号、登录密码等个人隐私信息。更加危险的是，网络用户通常习惯于在各个网站和APP平台使用相同的账号和密码，该案中的犯罪嫌疑人通过收集某游戏网站和其他网站泄露的用户名账号和登录密码的信息，尝试登录铁路客户服务中心网站（12306网站）等网站，通过这种网络账号和密码的“撞库”行为，非法获取大量的用户个人信息并销售谋利。[②]

其次，大量低端APP以推荐安装、广告弹出窗口等方式营利，不仅如此，大量低端APP还涉及非法抓取用户个人数据信息的行为，如GPS地理定位、短信、通讯录等。据统计，除了用户允许APP查看相关个人隐私信息的情况，此外还有高达34.5%的APP有“隐私越轨”行为，也就是说，APP通过未经许可抓取用户信息的方式，非法获取了与其业务根本无关的用户个人信息，并广泛用于商业谋利。以洗车类APP为例，一些洗车类APP打着“1元洗车”的幌子，引诱APP用户填写姓名、车牌号码、手机号码等个人信息，一旦用户填写了上述个人信息，其个人隐私就会立即遭到转卖。[③]

最后，部分APP在网络用户使用APP前设置了同意才能继续安装的“霸王协议”，APP用户通常被要求输入大量的个人信息。甚至一些单

---

① 参见《315曝光APP泄露个人信息 电话邦加密技术确保信息安全》，http://www.csdn.net/article/a/2016-03-18/15836524，2017年7月17日。

② 参见周霞：《APP成数据泄露新主体　个人信息亟需立法保护》，《通信信息报》2015年6月3日第B16版。

③ 同上。

机版的 APP，也在收集、使用软件功能本身并不需要的个人隐私信息。例如，在安装 APP 的时候，APP 的提供方往往要求 APP 用户同意该 APP 获取用户的 GPS 地理定位信息，并访问用户的短信、通讯录等资料，APP 用户如果不同意上述“霸王条款”，就无法安装、使用该 APP。大部分用户为使用 APP 的有关功能和服务而被迫“同意”此类“霸王条款”。但是，APP 提供者获取的许多用户个人信息，与 APP 提供的服务毫不相干。又如，中央电视台《每周质量报告》曾报道过安卓手机 APP 在安装时，需要开放通讯录、地理位置等涉及隐私的权限，严重威胁了用户隐私安全，而应用权限滥用恰恰是泄露用户隐私的重要原因。[①]

三、利用 APP 从事非法经营

利用 APP 从事非法经营的现象比较普遍。如，在 2014 年中央电视台“3·15”晚会上，大唐电信旗下大唐高鸿股份有限公司（以下简称“大唐高鸿公司”）通过“大唐神器”产品在用户手机中预装 APP 的行为被曝光。中央电视台记者调查发现，大唐高鸿公司开发了一款名为“大唐神器”的全智能 APP，这款软件与手机经销商合作，在手机中预装 APP 然后销售给用户。经销商每安装一款软件可以从大唐高鸿公司获利 0.7 元到 3 元不等，而大唐高鸿公司则向软件的开发商收费。通过大唐神器 APP，经销商可以在手机中批量安装 APP，预装的 APP 可以实现自动启动、自动联网以及向开发商服务器发送隐私数据等功能，同时，软件开发商可以通过大唐高鸿公司提供的后台对预装的软件进行管理，用户无法删除被预装的程序。据报道，大唐神器应用程序软件主要面向手机批发、零售、维修网点，业务对象包括厂商、国包商、批发商、平台商、运营商和卖场，其加盟代理商已经达到 5392 家，累计安装应用程序软件数为 4998 万余个。[②] 又如，2015 年 10 月，中共中央网络安全和信息化领导小组办公室（以下简称中央网信办）、国家新闻出版广电总局（以下简

① 参见周霞:《APP 成数据泄露新主体　个人信息亟需立法保护》,《通信信息报》2015 年 6 月 3 日第 B16 版。

② 参见《大唐旗下公司被曝强制预装 APP　涉嫌非法经营》,http://tech.163.com/14/0315/23/9NDOGABJ000915BF.html,2017 年 7 月 17 日。

称广电总局）联合开展了境外电视网络接收设备的专项整治行动，据广电总局公布的首批非法视频 APP 名单显示，风云直播、360 影视大全等众多的知名视频类 APP 都在黑名单中。①

四、传播恶意软件和病毒软件

据国家互联网应急中心运行部相关负责人介绍，2013 年新出现的手机恶意 APP 达到了 70 万个，其数量同比增长了三倍之多。而这些安装在手机中的恶意程序主要用来传播病毒、恶意扣费、隐私窃取以及对用户进行远程控制。2015 年 9 月，互联网上曝光了一起名为“XcodeGhost”的安全事件，“XcodeGhost”病毒的制造者通过使该病毒感染苹果公司的开发工具 Xcode，让 App Store 中原本是合法的应用程序携带了可以自动上传病毒信息的病毒程序。据多家安全企业估算，受到“XcodeGhost”安全事件影响的互联网用户数量超过 1 亿人。如腾讯安全应急响应中心发布的报告称，受“XcodeChost”影响的用户数据保守估计也超过了 1 亿人。“XcodeGhost”的安全事件打破了苹果公司关于苹果 iOS 操作系统以及 App Store 安全性很高的神话。“XcodeGhost”安全事件发生后，360 涅槃团队等有关移动安全企业公布了受此次恶意程序清洗的 APP 名单，相关数据显示，经过扫描的 14.5 万个 APP 中，感染了恶意程序的 APP 多达 344 款，其中包括 12306、滴滴打车、微信、高德等用户数量数以亿计的 APP。此后，滴滴打车、网易云音乐、微信、高德地图等一些 APP 的经营者，都承认其经营的 APP 受到了该次“XcodeGhost”事件的影响。有移动安全方面的人士在评价本次安全事件时称：“这已经注定成为移动安全史上标志性的事件。”②

① 参见《广电总局公布首批非法视频 APP 名单 风云直播等 81 个软件上榜》，http://www.3h3.com/info/37367_all.html，2017 年 7 月 17 日。

② 《300 多 app 感染恶意程序 病毒制造者身份已被锁定》，http://news.sohu.com/20150921/n421643635.shtml，2017 年 7 月 17 日。

五、违法开展新闻信息服务活动

APP 平台违法开展新闻信息服务活动的情况也比较严重，一些 APP 的运营商为了吸引更多的网络用户关注和提升 APP 点击量，随意更改新闻标题，达到吸引网民眼球目的，有的甚至恶意篡改消息内容、故意制造骇人听闻的效果。还有部分社交 APP 的运营商甚至违反国家法律规定，利用"盗链""翻墙"等不法技术手段，获取和传播境外非法来源的虚假信息，给我国造成了社会不稳定的隐患。[①]

第二节　APP 司法问题的时代背景

一、代际转型：从 PC 互联网到移动互联网

从互联网的代际更迭的角度来看，可以预见，互联网将经历 PC 互联网、移动互联网和物联网三个阶段。一般认为，PC 互联网是指台式计算机、笔记本计算机等以有线方式连接的互联网；移动互联网是指手机、平板计算机等移动设备终端通过移动无线网络连接的互联网；物联网是指通过信息传感设备，依照约定的网络协议，把所有物品和互联网连接起来并进行网络通信和信息交换，以实现智能化定位、跟踪、识别、监控、管理等功能的一种新型网络。当前，互联网正处于从 PC 互联网到移动互联网的代际转型时期。移动互联网不是简单的 PC 互联网的 2.0 升级版，而是一个全新的互联网时代。移动互联网与 PC 互联网在诸多方面大相径庭，正如马化腾先生为十二届全国人大三次会议提出的建议中所言："移动互联网技术正深刻改变人们的生活方式。"[②] 移动互联网与 PC

---

① 参见孙颖：《北京网信办整治 APP 市场四大乱象　翻墙等现象被点名》，http://www.takefoto.cn/viewnews-236436.html，2017 年 7 月 17 日。

② 马化腾：《运用移动互联网推进智慧民生发展》，载马化腾等《互联网 +：国家战略行动路线图》，中信出版集团 2015 年版，第 90 页。

互联网的不同之处表现在以下几个方面。[①]

第一，操作系统不同。PC 互联网基本上依赖于全球唯一的美国微软公司提供的 Windows 操作系统平台，然而，移动互联网领域则拥有黑莓、安卓、苹果 iOS 等多种操作系统平台。更加重要的是，Windows 操作系统不仅收费，而且封闭、不开放，而安卓操作系统则免费、开放、自由使用。由此带来的后果是，移动互联网操作系统平台的创新发展更加迅速，例如，Windows 操作系统每隔几年才升级一个新的版本，而移动互联网操作系统的更新换代则以月为单位计算，正如李开复指出的那样："移动互联网的成长速度约是 PC 互联网的 6 倍。"[②]

第二，硬件平台不同。PC 互联网终端使用的硬件设备主要是十几英寸到二十几英寸的计算机屏幕、计算机主机以及相应的键盘、鼠标、打印机、音箱、USB 闪存盘、移动硬盘等各种配套设备，而移动互联网的终端主要是若干英寸大小的手机，通过手机屏幕、手机上的按键以及麦克风、耳机，输入、输出文字、图片和语音等内容，从而进行简单的应用交互。由此可见，两者的使用方式、显示内容和输入方法等都大不相同。

第三，终端功能不同。与 PC 计算机设备相比，移动智能终端具有 GPS 定位、二维码扫码、移动支付等功能，从而产生了与 PC 计算机完全不同的移动上网、移动打车、移动支付、移动医疗、移动视频、车载导航等移动互联网技术模式、应用模式以及商业模式。

第四，使用条件不同。PC 计算机通常是在办公室或家里使用，因此，网络用户使用 PC 互联网的时间相对固定和持续，而移动终端的使用不受时间、地域的限制，多数是在候车、乘车、工作休息期间等碎片化的时间使用。因此，手机等移动终端与 PC 计算机的应用并不相同，手机等移动终端的应用更多考虑的是用户使用时间上的零碎性以及上网的流量消耗等因素。

第五，产业格局不同。PC 互联网时代的产业格局是英特尔公司提供计算机芯片，微软公司提供 Windows 操作系统平台，IBM、联想等计

---

① 参见《移动互联网与 PC 互联网是两个很不一样的世界!》，http://www.chinairn.com/news/20150417/105733294.shtml，2017 年 7 月 17 日。

② 《移动互联网与 PC 互联网是两个很不一样的世界!》，http://www.chinairn.com/news/20150417/105733294.shtml，2017 年 7 月 17 日。

算机终端厂商提供计算机硬件终端，电信运营商提供有线网络，谷歌、百度、新浪、搜狐等互联网企业提供各类互联网应用。如上所述，各类PC互联网厂商有着各自的经营范围，各大厂商之间泾渭分明而又和谐相处。然而，在移动互联网时代，终端厂商、操作系统提供商、应用服务提供商、电信运营商等互联网经营主体依托新型网络技术，不断向其他领地渗透、争夺产业的主导权。例如，苹果公司不仅生产集成了芯片、上网终端和操作系统为一体的苹果手机，还在苹果手机中内置了应用商店——App Store，大有垄断移动互联网硬件平台和应用程序软件之势。

可以预见的是，正如英特尔公司、微软公司等PC互联网时代居于垄断地位的巨头，被谷歌公司、苹果公司等移动互联网时代的霸主取而代之一样，百度、阿里巴巴、新浪、搜狐等PC互联网时代的大鳄，并不会当然地继续拥有移动互联网市场的份额。实践证明，在从PC互联网到移动互联网的代际转型中，原有的技术模式和商业模式的界限逐渐被打破，原有的权利义务关系也不复存在，因此，随着新兴网络技术的不断涌现，新型的法律问题必将层出不穷。

二、应用变迁：从网站主导到APP主导

在PC互联网时代，门户网站是最重要的入口，PC互联网的应用由门户网站主导。雅虎、亚马逊、维基百科、MSN、搜狐、新浪、淘宝等大型门户网站各自拥有数以亿计的网络用户。为了更加便捷地搜索网络信息，PC互联网还催生了Google、百度等搜索引擎网站。可以说，在PC互联网时代，网络用户上网除了计算机、网络线路等基础硬设备和操作系统、浏览器等基础软件之外，实现网络应用最重要的就是各种各样的门户网站。

在移动互联网时代，APP成了进入移动互联网的主要入口，与此同时，互联网的应用也已经从网站主导变迁为APP主导。正如价值中国会联系会长、“‘互联网+’百人会”发起人张晓峰先生所说：“在移动时

代是APP为主，不是网站为主。”① 以实时通信应用程序为例，腾讯公司于2011年1月21日推出微信APP（WeChat），该APP的网络用户数量迅猛增长，截至2015年第三季度，微信月活跃账户数量已经达到6.5亿人，微信公众账号总数已经超过1000万个。与之相关的一个数据是，截至2015年6月，中国网民规模为6.68亿人，其中通过手机等移动终端上网的用户为5.94亿人。② 上述数据基本上可以说明，我国大约97.3%的网民在使用微信APP，并且，使用智能手机上网的手机用户使用微信APP的比例也相当高。另外，搜狐、新浪、淘宝、京东等PC互联网时代的大型门户网站也纷纷与时俱进，迅速实现了从网站平台到APP平台的发展。

当然，APP并不是门户网站从PC互联网平台到移动互联网平台的简单迁徙。首先，APP空间的网络应用与PC互联网的门户网站的网络应用不完全相同。APP应用的最大特点在于具有可移动性，由此催生了“优步”“滴滴打车”等移动打车APP，“车来了”“智能公交”等查询公交车运行情况的APP，“高德导航”“百度导航”等车载导航APP，以及移动医疗等新型的网络应用，这些移动应用是门户网站无法实现的。其次，APP与网站应用的是不同的网络技术。网站的一个显著特征就是每个网站均有一个与其唯一对应的网络地址（可简称为网址），如新浪网的网络地址是“http：//www. sina. com”。然而，APP并不直接显示其网络地址。正因为如此，APP空间的网络链接更加的隐蔽，APP应用的一些侵权行为相应地更加难以判断。最后，APP具有更强的可选择性。门户网站只要在计算机上安装了IE、360等浏览器即可通过搜索或输入网络地址登录网站，而APP的应用需要移动网络用户在智能手机或其他移动智能终端上安装相应的APP之后才能实现。

三、网络赋权：从传统权利到网络权利

“互联网+”时代已经来临。在《2015年国务院政府工作报告》中，李克强总理明确提出了“互联网+”的概念。最高人民法院副院长陶凯

① 马化腾等：《互联网+：国家战略行动路线图》，中信出版集团2015年版，第140页。

② 参见腾讯公司：《2015年微信知识产权保护白皮书》，http：//www. 360doc. com/content/16/0229/01/22712168_538156480. shtml，2017年7月17日。

元在《求是》杂志发表文章指出：“在大众创业、万众创新和‘互联网＋’时代，创新对经济发展的引擎作用更加突出。”[①]“互联网＋”是什么？社会各界对此问题众说纷纭。国务院发布的《关于积极推进“互联网＋”行动的指导意见》中认为，“互联网＋”是把互联网的创新成果与经济社会各领域深度融合，推动技术进步、效率提升和组织变革，提升实体经济创新力和生产力，形成更广泛的以互联网为基础设施和创新要素的经济社会发展新形态。马化腾先生认为，“互联网＋”是以互联网平台为基础，利用信息通信技术与各行业的跨界融合，推动产业转型升级，并不断创造出新产品、新业务与新模式，构建连接一切的新生态。[②]李彦宏先生认为，“互联网＋”计划是互联网和其他传统产业的一种结合的模式，过去一两年互联网和很多产业一旦结合的话，就变成了一个化腐朽为神奇的东西。[③]雷军先生认为，“互联网＋”就是怎么用互联网的技术手段和互联网的思维与实体经济相结合，促进实体经济转型、增值、提效。[④]阿里研究院则认为，“互联网＋”是指以互联网为主的一整套信息技术（包括移动互联网、云计算、大数据技术等）在经济、社会生活各个部门的扩散应用过程。[⑤]

“互联网＋”到底是在“＋”什么？在笔者看来，“互联网＋”不是一个简单的在互联网平台上加上其他传统产业的模式，而是互联网在和各行业跨界融合的过程中，通过创造新的网络业务、新的技术方式、新的商业模式和新的产业生态，改变人们的生活方式，给人们增加了新的权利。因此，笔者把互联网技术发展赋予人们新的权利的过程称为“网络赋权”。以知识产权领域为例，APP的出现对于一些传统的知识产权法律原则和知识产权法律规则造成了颠覆性的影响。众所周

① 陶凯元：《充分发挥司法保护知识产权的主导作用》，《求是》2016年第1期。

② 参见马化腾：《关于以“互联网＋”为驱动　推进我国经济社会创新发展的建议》，《中国科技产业》2016年第3期。

③ 参见《李彦宏谈互联网与传统产业结合：化腐朽为神奇》，www.chinanews.com/gn/2015/03-11/7118892.shtml，2015年3月11日。

④ 参见《雷军告诉你：“互联网＋”加的是什么?》，http://hb.youth.cn/2015/0819/1776105.shtml，2017年7月17日。

⑤ 参见阿里研究院：《“互联网＋”研究报告》，转引自马化腾等《互联网＋：国家战略行动路线图》，中信出版集团2015年版，第19—20页。

知，知识产权的本质是一种垄断性的特权，也就是说，国家以法律方式保护智力成果的创造人在一定时间内享有专有的权利。当然，为了平衡知识产权权利人和使用人之间的利益，法律也会赋予知识产权使用人一定的使用权。在这个意义上，知识产权是“权利法定”的。但是，现在法律也好、司法解释也好，已经远远滞后于互联网技术的快速发展，这就使得知识产权审判工作面临着许多新颖、疑难的问题。例如，“先许可，后使用”是著作权的基本原则，在PC互联网时代也是如此，任何网站未经许可不得转载他人作品，否则构成侵权。但是，移动互联网时代，在以微信为代表的APP空间中，未经许可即转发他人微信文字作品，发到各种群里面，甚至放到自己的朋友圈中供大家再次转发的这类行为是普遍存在的。有一种观点认为，这类行为属于“默示许可”，即作品的著作权人将该作品放置到微信APP空间中是为了供他人转发以扩大影响力，因此APP空间的转发行为不构成侵权。但是，“默示许可”的权利目前还缺乏法律规定，需要法律理论的创新和法律规则的创新。

最高人民法院副院长江必新指出：“当今社会，随着社会经济文化的发展，人们利益诉求日益多元化，社会关系日益复杂化，对司法的需求日益凸显。”[①] 笔者认为，在APP领域同样如此，并且，人民群众日益增长的司法需求与人民法院的司法供给之间的供需矛盾更加突出。可以说，APP已经远远超出了移动互联网软件的范畴，它所代表的是移动互联网时代全新的生产方式、生活方式、消费方式和治理方式。随着APP全面融入社会生活的各个领域，APP已经带来了一场深刻的生活方式的变革，也给广大网民带来丰厚的“权利红利”，社会经济的发展模式、社会治理的管理方式、法律保障的权利范围以及人民法院的裁判规则都将随之发生改变。在笔者看来，互联网的发展历程就是一个在传统权利基础上不断生成新型网络权利的过程。如PC互联网的诞生，给人们增加了一项重要权利——“信息网络传播权”。随着移动互联网的普及，人们被赋予了更多的新型网络权利，如默示许可权、应用选择权、应用名称权、移动支付权、图形用户界面（GUI）权、移动打车

---

① 江必新：《辩证司法观及其应用》，中国法制出版社2014年版，第151页。

权、移动医疗权等。尽管其中的一些新型网络权利目前尚有争议，但“网络赋权”已经是大势所趋，人民法院在司法案件的审理中也需要积极、妥善地应对。

第三节　APP平台对传统网站的沿袭与变革

一、APP平台对传统网站的历史沿袭

（一）互联网应用的核心功能不变

互联网的英文“Internet”的词根是由“inter-”和“-net”两个词根组成，前者是指基于技术平台的互联互通，后者是指与使用平台的网络用户结成的网络，Internet即是一个由各种不同规模的计算机网络组成的全球范围的计算机网络。互联网汇集了全世界的网络信息和网络资源，互联网不仅为人们提供了海量的信息资源，而且还为人们提供了各种各样的网络服务，通过互联网，分散于世界各地的人们，可以方便快捷地实现信息互通和资源交换。可以说，互联网是人类文明历史发展进程中的一个伟大里程碑，它对人类社会的发展发挥着越来越重要的作用。就像瓦特发明的蒸汽机导致了人类历史上的工业革命一样，互联网的出现极大地促进了全人类的进步和发展。互联网应用的核心功能是互联互通，移动互联网时代的APP平台的核心功能依然如此。不同的是，APP平台的互联互通功能更加强大。由于APP可以随着智能手机随身携带，因此，利用APP平台实现各种各样的互联互通功能较之于网站更加的频繁和便利。

（二）互联网精神的根本内涵不变

开放、平等、协作、分享是互联网的基本精神。互联网的技术特点决定了互联网不受时间的限制和地域的限制，因此，互联网是一个开放的网络空间。并且，互联网的开放精神，不仅表现为上网时间和物理空间的开放，更加重要的是，在互联网空间，人们的思维更加的开放。互联网的联网结构决定了互联网的网络空间更加地具有平等精神，网民们

在网络空间的沟通、交流、交易和交往，受现实社会中的性别、容貌、身份、地位、财富等因素的影响较少，因此，网民在互联网空间里能够更加彼此平等地相待。从某种意义而言，互联网实现了“网络面前人人平等”。每个网络用户都是互联网中的一个网点，互联网的出现大大地改变了电视机、收音机等传统信息传播工具单向传播的特质，这意味着互联网在相当程度上改变了信息的接受者与信息的传播者之间的关系，对于互联网空间的网络用户而言，任何网络信息的接收者同时也可以通过主动发布信息、转载信息，从而成为网络信息的传播者，并可以在互联互通的过程中实现互动和协作。分享精神是互联网发展的原动力，其中既包括付费方式的有偿共享，也包括越来越多的免费共享，如相当一部分网站提供的信息和服务不收取任何费用，而是从网络广告的发布中获取收益。APP 平台很好地继承了互联网基本精神，在 APP 空间，移动互联技术的运用使得 APP 平台更加地体现了互联网精神中开放、平等、协作、分享的根本内涵。

（三）互联网法治的基本作用不变

APP 平台的出现，不仅和网站、微博、QQ 等上网工具一样体现了互联网法治的基本作用，而且更加地加强了互联网法治的作用。

一是促进信息传播。PC 互联网时代，网络信息只能够传播到计算机终端上，并且网络用户需要主动地开启计算机、浏览相关网页才能获取信息。但在移动互联网时代，APP 空间成了信息传播的新渠道，网络信息不仅可以传播到个人的手机屏幕上，供手机用户随时浏览观看，而且以“今日头条”为代表的新闻类 APP 还可以主动地向用户推送热点信息。因此，APP 的出现极大地促进了信息的传播。当然，我国 APP 平台在促进生活信息传播方面还有很大的不足，如日本和韩国的移动 APP 中的公交信息和地铁信息已经接近到秒级单位，而我国的 APP 移动公交系统还未达到这种水平。[①]

二是推动信息公开。PC 互联网的一大特点是网络用户一般是在有较多闲暇时间时才会登录网站关注网络信息。随着 APP 的普及，网络用户

---

① 参见马化腾等：《互联网 + ：国家战略行动路线图》，中信出版集团 2015 年版，第 131 页。

无论是在工作的短暂休息时间，还是在乘坐交通工具的移动状态下，都可以在智能手机上关注相关信息，这就是在APP时代常说的碎片化时间。网络用户关注度的提高，有效地推动了信息公开。

三是加强社会监督。在PC互联网时代，网络监督、网络反腐已经非常普遍，在APP普及的时代，经常可见的一个现象是，违法行为一经网络曝光立即传播到拥有数以亿计的手机用户的新闻类APP。而且，此种传播结果往往具有不可逆转性，接收信息的客户端用户可以将有关信息复制、保存，后续使用不受删除、屏蔽信息源的影响。其结果是，有了APP之后，社会监督的力度更大、效率更高、范围更广。

二、APP平台对传统网站的本质变革

（一）从流量经济到分享经济

随着互联网从网站主导向APP主导的变迁，传统的网站平台经济正在向APP平台经济过渡。APP平台和传统门户网站一个显著的区别在于运营的商业模式不同。PC互联网的门户网站主要通过广告、电子商务和网络游戏等方式营利，如互联网巨头谷歌公司的几乎全部的经营利润都来自于广告，百度公司的广告收入也占据相当大的盈利比例；腾讯、盛大等大型网络公司依托游戏创造利润；淘宝、京东、亚马逊等大型网站则通过电子商务平台营利。其中，广告和游戏是典型的依靠网络流量来获利，尤其是一些免费的视频网站，其盈利点主要是通过网络流量来吸引广告主的有偿广告发布。至于电子商务平台，网络用户流量对其的重要意义是不言而喻的。因此，门户网站的经营在本质上是一种流量经济。与门户网站大相径庭的是，APP平台往往依托的是全新的商业模式。对于APP平台的经营者而言，吸引众多稳定的“粉丝”用户比获得上网流量更加重要。就技术角度来讲，APP本身就是一种通过优化计算机软件程序从而实现上网流量更小的软件程序，通过减轻移动网络用户上网流量的费用负担，吸引网络用户更多地使用APP。

笔者认为，APP平台和传统门户网站的商业模式不同的背后，是其依托的经济模式的巨大差别。APP的移动技术特征，催生了以出行服务、旅游服务为代表的分享经济（sharing economy），APP平台已经成了分享

经济快速发展的互联网信息技术基础。2015 年，以优步（Uber）、滴滴打车等 APP 平台为代表的新兴商业模式，改变了人们出行方式的传统产业格局，推动了我国互联网新经济的发展，被称为分享经济。分享经济，也被称为协作经济（collaborative economy），或者是点对点经济（peer - to - peer economy），是指资源的所有者将自己原本闲置的资源，有偿提供给需要使用该资源的人们使用。分享经济的核心是以闲置资源换取经济收益的经济模式。欧盟委员会（European Commission）在其出台的《分享经济指南》（A European Agenda for the Collaborative Economy）中，对于分享经济采用了一个较为宽泛的概念："分享经济的商业模式主要基于个体与个体之间的交易活动，在其中，分享平台（亦称协作平台）为临时使用产品或者服务提供了一个开放的市场，以促进这些通常并不涉及所有权之转移的交易活动。"①

李克强总理在《2016 年国务院政府工作报告》中明确提出："以体制机制创新促进分享经济发展，建设共享平台，做大高技术产业、现代服务业等新兴产业集群，打造动力强劲的新引擎"，并且，还要"支持分享经济发展，提高资源利用效率，让更多人参与进来、富裕起来。"我国政府的态度反映出的不仅是政府对"分享经济"这种新型经济模式的看重，而且还表明了"促进分享经济发展""支持分享经济发展"的坚定立场。

根据统计，2014 年全球分享经济的市场规模已经达到 150 亿美元，到 2025 年，这一数字预计将会达到 3350 亿美元。在国外的分享经济模式中，"优步"（Uber）是最具有典型代表性的个案，"优步"主要提供的是通过移动互联网预约车辆出行的网络服务，目前，全球 60 多个国家和地区的 300 多个城市都有"优步"的网络服务，"优步"以超过 500 亿美元市场价值成为全球市场价值最高的非上市公司。在我国，分享经济的主要代表有提供出行服务的"滴滴打车"以及提供旅游服务等网络服务行业。有数据表明，我国已经超过 5 亿人参与了分享经济。② 这种建立在

① 蔡雄山、曹建峰、孙那、李正：《分享经济的春天？——欧盟发布分享经济指南》，http://tencentresearch.com/4658，2017 年 7 月 17 日。

② 参见《"分享经济"，分享什么》，http://news.163.com/16/0317/10/BIBPU2EQ00014AED.html，2017 年 7 月 17 日。

分享资源基础上的新型经济模式，通过移动网络技术手段实现了社会资源的快速调动和优化配置，有效满足了人民群众日益增长的生活需求，既节约了能源消耗、缓解了交通压力，又通过市场竞争大大降低了消费者的生活成本，在相当程度上解决了打车难、出行难、看病难等日常生活问题，正在迅速向许多领域和市场渗透。

（二）从共性化服务到个性化服务

在网站主导的PC互联网时代，门户网站的一大特点就是“大而全”，搜狐、新浪、雅虎等大型门户网站，通常包括新闻、视频、音乐、社交、邮件等数十个大栏目，在很多大栏目之下又可以细分为若干个小栏目，如新闻栏目又可分为时事新闻、体育新闻、娱乐新闻等。由此可见，网站提供的互联网服务一般是一种尽量满足多元化网络用户需求的共性化服务。然而，APP的硬件环境一般是智能手机，智能手机屏幕的尺寸要远远小于计算机屏幕，显然，APP无法显示门户网站的全部栏目信息，因此，APP走的是“小而精”的路线。当前，在移动互联网中，新闻客户端、移动社交、移动视频、移动音乐、移动购物等类型的APP是最主要的应用形态。例如，新浪公司推出了新浪体育APP，百度公司推出了百度音乐APP，新东方公司推出了乐词APP（专门的英语背单词软件）。又如，京东网站本是一个综合性的大型电子商务网站，为了适应APP的个性化需求，京东分别推出了“京东阅读”“京东钱包”等具有个性化服务特色的APP。再如，当当公司虽然有一款名为“当当”的APP，但该公司仍然推出了专门的“当当读书”等满足移动互联网用户个性化需求的APP。

不仅如此，APP还更加具有“私人定制”的个性化服务色彩。如在微信APP中，“订阅号”中的微信公众账号并非微信自带或预装，而是需要微信用户根据个人喜好订阅自己感兴趣的微信公众账号。如果微信用户不订阅，即便是再权威、影响力再大的微信公众账号的信息也不会出现在微信用户的手机屏幕上。部分微信公众账号甚至不直接向用户提供全部信息，而是以罗列目录清单的方式或者是特别提示的形式，向用户推荐公众账号的信息内容，根据用户回复的数字或其他信息再向用户推送相应的信息内容。

(三) 从固定式应用到移动式应用

在移动互联网的APP时代，人和互联网的紧密结合程度超出了PC互联网的门户网站时代的10倍以上。正如马化腾先生指出的那样："统计移动互联网的使用时间，现在人除了睡觉，几乎16个小时跟它在一起，比PC端多出10倍以上的使用时间。"[①] 众所周知，门户网站的硬件支撑主要是台式计算机和笔记本计算机，其中，台式计算机一般固定在家庭、办公室、网吧等固定场所使用，网络用户无法携带台式计算机实现移动式的应用。笔记本计算机虽有一定的便携性和移动性，但会受到有线网络、Wi-Fi无线网络的网络条件限制。虽然笔记本计算机也可以配置移动上网卡，在任何有手机信号的地方都可以上网，但笔记本计算机的屏幕尺寸较大，不能像手机等移动智能终端一样便携，其移动应用的范围也会大打折扣。例如，网络用户在户外出行时需要打车，如果在打车之前需要在电脑中取出笔记本电脑，经过开机、上网等步骤后，再使用移动打车软件打车，这几乎是不可想象的。事实证明，在PC互联网的时代，网络移动打车等移动式应用一直未能发展。在APP普及后，APP的硬件平台及智能手机的小型化和操作的便捷化为移动式应用奠定了基础，移动打车、移动医疗、移动快递等新型的移动式应用才得以迅猛发展，而移动视频、移动音乐等原先在笔记本上网时期已经得到初步发展的移动式应用也得到了更加广泛的普及。

---

① 马化腾:《移动互联网的10个关键点》,载朱克力主编《供给侧改革引领"十三五"》,中信出版社2016年版,第182页。

第二章　移动互联网应用平台中新型权利的类型化研究

移动互联网应用平台中的新型权利（本书特指 APP 权利）主要可以分为两大类：第一种类型是 APP 平台创设的新型权利；第二种类型是 APP 平台对传统权利的拓展。APP 平台创设的新型权利又可分为两种类型：一是在 APP 平台中生成的新型权利，其权利行使的范围主要是在 APP 平台的网络空间之内，可以称为“线上权利”，如默示许可权、应用选择权、应用名称权、图形用户界面权等；二是 APP 与现实生活形成互动，从而催生出移动应用类的新型权利，又可以称为“线下权利”，如移动支付权、移动打车权、移动医疗权、移动快递权等。APP 平台对传统权利的拓展包括行踪保密权、合理使用权、网购反悔权、信息保护权和信息网络传播权等。

第一节　新型权利的创设

一、默示许可权

“先许可，后使用”一直是知识产权法的基本原则。我国《著作权法》第 47 条第（一）项规定的未经著作权人许可，发表其作品的侵权行为，应当根据情况，承担停止侵害、消除影响、赔礼道歉、赔偿损失等民事责任，即是上述原则的典型立法例。即便是在 PC 互联网已经普及的时代，“先许可，后使用”的原则依然没有任何变化。如在网站上转载或发布他人享有著作权的作品，应当经过著作权人的许可，否则就将构成侵权。即便是按照我国《著作权法》规定的法定许可制度[①]，著作权的使用人在法定情形下使用他人作品虽然无需经过著作权人的许可，但著作权的使用人也应当向著作权人支付报酬。

最高人民法院于2000年11月22日修正的《最高人民法院关于审理涉及计算机网络著作权纠纷案件适用法律若干问题的解释》第3条规定："已在报刊上刊登或者网络上传播的作品，除著作权人声明或者报刊、期刊社、网络服务提供者受著作权人委托声明不得转载、摘编的以外，在网络进行转载、摘编并按有关规定支付报酬、注明出处的，不构成侵权。但转载、摘编作品超过有关报刊转载作品范围的，应当认定为侵权。"该规定将法定许可的范围扩大到了互联网领域，但到了2006年11月，最高人民法院新出台的司法解释又将上述规定予以删除。国家版权局在2015年4月17日颁布的《关于规范网络转载版权秩序的通知》中更加明确规定，报刊单位与互联网媒体及互联网媒体之间互相转载已经发表的作品，应当经过著作权人的许可并支付相应报酬，并不适用《著作权法》第33条有关法定许可的规定。我国于2013年1月30日修订的《信息网络传播权保护条例》新增的第9条被认为是一种"默示许可"的情形，[②] 但该规

---

① 《著作权法》第23条规定："为实施九年制义务教育和国家教育规划而编写出版教科书，除作者事先声明不许使用的外，可以不经著作权人许可，在教科书中汇编已经发表的作品片段或者短小的文字作品、音乐作品或者单幅的美术作品、摄影作品，但应当按照规定支付报酬，指明作者姓名、作品名称，并且不得侵犯著作权人依照本法享有的其他权利。前款规定适用于对出版者、表演者、录音录像制作者、广播电台、电视台的权利的限制。"《著作权法》第33条第三款规定："作品刊登后，除著作权人声明不得转载、摘编的外，其他报刊可以转载或者作为文摘、资料刊登，但应当按照规定向著作权人支付报酬。"《著作权法》第40条第三款："录音制作者使用他人已经合法录制为录音制品的音乐作品制作录音制品，可以不经著作权人许可，但应当按照规定支付报酬；著作权人声明不许使用的不得使用。"上述规定共同构成了我国著作权的法定许可制度。

② 2013年1月30日修订的《信息网络传播权保护条例》新增的第9条规定："为扶助贫困，通过信息网络向农村地区的公众免费提供中国公民、法人或者其他组织已经发表的种植养殖、防病治病、防灾减灾等与扶助贫困有关的作品和适应基本文化需求的作品，网络服务提供者应当在提供前公告拟提供的作品及其作者、拟支付报酬的标准。自公告之日起30日内，著作权人不同意提供的，网络服务提供者不得提供其作品；自公告之日起满30日，著作权人没有异议的，网络服务提供者可以提供其作品，并按照公告的标准向著作权人支付报酬。网络服务提供者提供著作权人的作品后，著作权人不同意提供的，网络服务提供者应当立即删除著作权人的作品，并按照公告的标准向著作权人支付提供作品期间的报酬。依照前款规定提供作品的，不得直接或者间接获得经济利益。"

定显然是一种以“扶助贫困”为立法目的的“公共利益条款”，而并非将默示许可权应用于互联网领域。

然而，以微信为代表的即时通信类 APP 出现以后，“先许可，后使用”的著作权法基本原则受到了颠覆性的冲击。微信的用户可以分为微信个人用户和微信公众账号两类。微信个人用户可以不受限制地向其添加的任何好友发送信息，微信个人用户发送的信息可以是文字、图片、语音、视频、音乐等类型的作品。此外，微信个人用户还可以通过在微信朋友圈中共享信息的方式分享上述作品，并且，微信朋友圈中的任何看到信息的好友还可以再次转发信息，或者是将信息发布到自己的朋友圈中实现共享。在现实生活中或者是 PC 互联网的网络空间里，如果有人如此大量地传播他人享有著作权的作品，很容易被认定为侵犯了复制权、发行权或者是信息网络传播权。例如，《最高人民法院关于审理侵害信息网络传播权民事纠纷案件适用法律若干问题的规定》第 2 条将“信息网络”定义为：“本规定所称信息网络，包括以计算机、电视机、固定电话机、移动电话机等电子设备为终端的计算机互联网、广播电视网、固定通信网、移动通信网等信息网络，以及向公众开放的局域网络。”也就是说，即便是一个只有若干台计算机的小型网吧，也属于我国法律保护的信息网络，网吧经营者未经著作权人许可授权，传播他人享有著作权的作品即构成侵犯信息网络传播权。然而，微信个人用户的朋友圈一般有数十个甚至数百个好友，其规模比起网吧来要大很多，而且微信个人用户在朋友圈内共享的他人创作的作品几乎全部都是未经著作权人许可的，如果微信个人用户共享信息的行为被认定为侵犯著作权，那么其后果是网民在 APP 空间的行动范围将受到极大的限制。

对于微信公众账号而言，有观点认为微信公众账号的法律地位与门户网站没有区别。但是，在 APP 空间里，从作者的角度来看，相当一部分发表文章的作者虽然没有明文授权微信公众账号转载或禁止微信公众账号转载，但其主观意愿是允许甚至是希望微信公众账号转载其作品，以此扩大作者本人及其作品的知名度和影响力，即便微信公众账号不支付报酬也无所谓。另一方面，从微信公众账号的角度来看，如果要求其对 APP 空间的海量作品逐一联系著作权人获得许可，既不现实又效率低下，而且不利于优秀文化成果的传播。对此，有学者提出：“面对网上海量作品的授权，依靠传统的一对一授权许可模式实在效率低下，难以保证著作权的利用。只有承认著作权默示许可制度的法律地位，才能在一定程度上解决作品的海量授权问题。”①

APP 出现后，著作权领域的默示许可权在我国已经成为数亿网民迫切期待的新型权利，亟待通过修改《著作权法》确立我国著作权领域的默示许可制度，赋予著作权使用人一定范围内的默示许可权，从而保障优秀文化成果传播的公共利益，以此促进广大网民分享优秀文化成果的权利。著作权领域的默示许可制度，其本质应当是一种推定许可，是指即便著作权人没有明确许可授权他人在 APP 空间使用其作品，或者著作权人没有明确禁止他人在 APP 空间使用其作品，但是从著作权人的行为推定其已经许可他人在 APP 空间使用作品。申言之，著作权人如果没有随附作品作出“不得转载”的书面声明，APP 空间的其他使用人就可以不经著作权人许可授权而直接转载其作品，这相当于推定著作权人默认了他人在 APP 空间使用其作品的权利，即“默示许可权”。当然，在 APP 空间转载使用著作权人的作品，仍然应当保护著作权人的署名权、修改权和保护作品完整权等人身权，在转载过程中不得遗漏、篡改作者署名，也不能未经著作权人许可对作品进行修改，更不得对作品进行歪曲等恶意使用。如果著作权人在其发表的作品中附有“许可有偿转载”的条件，微信公众账号转载时应当向作者支付相应报酬。

二、应用选择权

无论是在国内还是国外，无论是品牌手机还是山寨手机，预装 APP 是智能手机行业普遍存在的现象。其实，在 PC 计算机上也普遍预装有一些计算机软件，但由于 PC 计算机的存储空间较大、运算能力较强，而且预装软件一般可以卸载，所以预装计算机软件对 PC 计算机的影响并不大。然而，对于存储容量较小、运行资源有限的智能手机来说，预装 APP 必将占据大量的手机存储空间，消耗后台的移动数据，降低手机的运行速度，因此，预装 APP，尤其是手机用户既不会使用又无法删除的

① 李捷:《论网络环境下的著作权默示许可制度》,《知识产权》2015 年第 5 期。

APP，招致了广大消费者的强烈不满。每一台智能手机在出厂时，通常都会预装操作系统供应商的操作系统软件，如安卓系统、苹果公司的 iOS 系统，还会预装手机设备供应商的一些附加功能的 APP、电信运营商的服务 APP 以及第三方厂商的 APP。这些 APP 的泛滥成灾，导致了消费者的不满，这种“预装 APP 人人恨”的现象的背后，是商业利益对消费者权益的损害，尤其是对消费者的 APP 选择权的侵犯。

APP 一般需要用户上网下载后安装到自己的手机之中，一些第三方 APP 的运营商为了争夺更多的 APP 用户，采取了与手机生产厂商和电信运营商合作的方式，向手机生产厂商和电信运营商支付一定费用，以此获取其在智能手机里有偿预装自己的 APP。在智能手机市场竞争日趋激烈以及手机生产厂商的利润越来越少的情况下，预装 APP 一般可以获得每笔 1 ~ 5 元的费用，如果每台手机预装数十个 APP，厂商便可额外获得每台手机数百元的不菲收益。手机生产厂商和电信运营商获利的同时，广大消费者却承担着不利的后果，因为手机预装的 APP 一般是无法卸载的，手机用户或者是退而求其次地使用预装的 APP，或者是让预装的 APP 白白占用手机资源，自己再另行下载安装自己想用的其他 APP。

手机生产厂商和电信运营商在手机中强制性地预装 APP 的问题，即便在互联网法治发达的美国也是普遍存在的现象。例如，美国最大的电商巨头亚马逊通过合作和有偿付费的方式，将亚马逊的应用商城、购物、音乐、阅读等 APP 安装在部分安卓手机中。又如，美国最大的运营商 Verizon 公司型号为 Droid Turbo 的摩托罗拉定制款手机中，除了预装谷歌的操作系统和摩托罗拉的 APP 之外，还预装了 Verizon 公司的短信、导航等 6 款 APP，以及来自美式足球联盟 NFL、亚马逊、网络电台 Slacker Radio 等 7 款第三方 APP。也就是说，Droid Turbo 手机的用户在买到手机时，手机内已经预装四十多款 APP。并且，这些 APP 根本无法删除。再如，美国的第二大移动运营商 AT&T 推出的三星公司的旗舰手机 Galaxy S6 中，预装了 56 款 APP。美国的第三大电信运营商 Sprint 则在该公司销售的三星 Galaxy S6 手机里预装了四十几个非必需的 APP。[①]

美国苹果公司的 iPhone 手机并不预装第三方 APP。无论消费者是购

---

① 参见《预装软件人人恨：这次中国成了维权先锋》，http://tech.sina.com.cn/t/2015-07-06/doc-ifxessr5439503.shtml，2017 年 7 月 17 日。

买的 iPhone 裸机还是电信运营商的 iPhone 合约机，iPhone 手机内只有苹果公司自己的 APP。但是，许多 iPhone 手机的用户根本不需要 Apple Watch、Game Center、股票、报摊（Newsstand）等 APP，没有这些 APP 也不会影响到手机正常使用，但苹果公司却不允许用户自行卸载这些非必需的 APP。面对广大用户的质疑与不满，2015 年 9 月，在接受新闻聚合网站 BuzzFeed 采访并被问及是否允许用户卸载预装 APP 的问题时，苹果公司的 CEO 蒂姆·库克（Tim Cook）表示："随着时间的推移，我们将想出一种办法，让用户移除那些对系统功能没有影响的应用。"库克称苹果公司正在考虑允许用户自行卸载 APP 的问题，但现在还没法提供解决该问题的时间表。①

我国手机预装非必需 APP 的问题同样十分严重。据广东省深圳市消费者协会的一项调查结果显示，其随机抽选的 6873 名手机消费者中，95.32% 的手机预装 APP，88.91% 的预装 APP 不允许卸载，98.60% 的消费者认为预装 APP 不合理，对此现象表示不满意。如果说苹果、三星等公司预装的 APP 至少还是不会对手机和手机用户造成重大损害的 APP，那么反观国内的一些低端山寨手机，其预装的 APP 中，有些甚至还预装了具有诸如木马性质的病毒软件和恶意软件。②

2015 年 7 月，美国科技博客 Gizmodo 以《终于有人就预装软件的事起诉三星了!》作为新闻标题，报道了上海市消费者权益保护委员会就手机预装 APP 起诉三星公司和 OPPO 公司的诉讼。上海市消费者权益保护委员会的诉讼请求是：要求三星公司和 OPPO 公司两家手机生产厂商在手机外包装和说明书中载明其手机预装 APP 的详细信息，并且提供用户自行卸载预装 APP 的方案。③ 上海市消费者权益保护委员会提起的这起 APP 消费者维权的公益诉讼，走在了全世界的前列，很有可能给中国乃至全世界智能手机市场的运营起到重要的维权示范作用和司法规制作用，引起了全世界科技媒体的高度关注。

---

① 参见《库克称苹果或将允许 iOS 用户删除部分预装应用》，http://news.sohu.com/20150916/n421252677.shtml，2017 年 7 月 17 日。

② 参见《预装软件人人恨：这次中国成了维权先锋》，http://tech.sina.com.cn/t/2015-07-06/doc-ifxesssr5439503.shtml，2017 年 7 月 17 日。

③ 同上。

总而言之，以法律形式赋予广大 APP 的用户以应用选择权，已经是大势所趋。我国是全球最大的智能手机市场，面对的是我国数亿 APP 用户自行选择 APP 的诉求，人民法院应当积极回应广大网民的司法需求，在司法实践中探索如何依法保护 APP 用户的应用选择权。

三、应用名称权

APP 名称主要有两类。一类是功能描述型，如铃声下载 APP、壁纸大全 APP 等，此类 APP 名称仅仅为功能描述性使用，并非商标性使用。另一类是品牌表征型，此类涉及是否是商标性的使用，品牌表征型 APP 名称又可分为两种情况：一种是单纯的品牌，如微信 APP、Uber APP；另一种是“品牌＋服务”，如高德导航 APP、新浪体育 APP。

APP 名称的权利基础，主要可以分为以下几种情况。

其一是商标。有些 APP 名称或 APP 名称中的品牌部分本身就是注册商标，当然，APP 名称往往不是对于注册商标的规范使用，有的是图形文字混合商标中的文字部分，有的虽然是文字商标本身，但其字体与注册商标的文字字体（如某种艺术字体）不可能相同。

其二是企业名称中的字号或字号简称。以 APP 经营者的企业名称中的字号或字号简称作为 APP 名称也比较常见。例如，名称为“当当”的 APP 即是无锡当当网信息技术有限公司的企业字号“当当”，同时也与其经营的当当网的网站名称一致。

其三是知名商品（服务）特有的名称。在 APP 名称既不是注册商标也不是企业字号的情形下，APP 名称如果属于知名商品（服务）特有名称，则可以受到《反不正当竞争法》的保护。但是，并非所有的 APP 名称都可以以此作为权利基础，因为 APP 名称构成知名商品（服务）特有名称的前提是，APP 涉及的商品或者是服务需要达到一定的知名程度。

其四是未注册商标。APP 名称作为未注册商标的具体情形又可分为两种。第一种情形是 APP 经营者正在将 APP 名称申请注册商标，但是，在移动互联网 APP 领域，APP 往往具有上线快、发展快等特点，而商标注册的时间有时较长，有的在 APP 投入使用后相当长的时间内还未核准。另外，即便是最终核准注册商标，APP 名称也无法以标识右上角标注带圆圈的R的英文字母，即“®”的方式规范使用注册商标。第二种情形是APP名称未申请注册商标，山寨APP则以他人在先使用甚至是准备投入使用的APP名称恶意抢注注册商标，或者是山寨APP也不申请注册商标，而是直接将他人在先使用的APP名称或者是准备投入使用的APP名称作为自己的APP名称使用。上述这些情形使得APP名称领域中的山寨问题丛生。

《中华人民共和国商标法》（以下简称《商标法》）主要保护的是注册商标，对于未注册商标的保护有着比较严格的限制。如，我国《商标法》第59条第三款规定：“商标注册人申请商标注册前，他人已经在同一种商品或者类似商品上先于商标注册人使用与注册商标相同或者近似并有一定影响的商标的，注册商标专用权人无权禁止该使用人在原使用范围内继续使用该商标，但可以要求其附加适当区别标识。”按照该规定，在先使用的未注册商标，只有满足“有一定影响的”的前提条件才能“在原使用范围内继续使用”。另外，《反不正当竞争法》颁布施行于1993年，距今已有二十多年之久，当时的立法不可能预见到如今互联网和移动互联网的普及及APP的出现，因此，《反不正当竞争法》没有对网络不正当竞争行为作出明文规定。

笔者认为，对于不属于现行法律，如《商标法》保护范围的APP名称，我国应当及时立法，通过修改《反不正当竞争法》赋予其“移动互联网应用程序名称权”（可以简称为应用名称权），这样才能有效保护移动互联网领域的品牌创新，遏制山寨APP“搭便车”的侵权行为。当前，国务院法制办公室公布的《中华人民共和国反不正当竞争法（修订草案送审稿）》［以下简称《反不正当竞争法（修订草案送审稿）》］正在向全社会征求意见，该征求意见稿第5条第二款规定：“本法所称的商业标识，是指区分商品生产者或者经营者的标志，包括但不限于知名商品特有的名称、包装、装潢、商品形状、商标、企业和企业集团的名称及其简称、字号、域名主体部分、网站名称、网页、姓名、笔名、艺名、频道节目栏目的名称、标识等。”按照上述规定，APP名称并不在其明文列举的商业标识的保护范围，不过，《反不正当竞争法（修订草案送审稿）》对于商业标识的范围以“等”字兜底的方式予以开放式的立法，有利于保护互联网快速发展过程中生成的新型权利，人民法院在司法实践中可以根据上述规定，对 APP 名称等新型网络商业标识予以保护，并出台司法解释。

四、移动支付权

移动支付（mobile payment），也称为手机支付，是指交易双方为了交易商品或者服务，使用手机、掌上电脑等移动终端设备载体，通过移动通信网络实现的交易方式。简言之，移动支付是指用户使用手机等移动终端设备对其消费的商品或服务进行网络付款的一种支付方式。据全球专业研究公司 IDC 的统计，全世界移动支付的总金额于 2017 年将突破 1 万亿美元大关。我国政府高度重视移动支付的经济带动作用，工业和信息化部 2012 年发布的《电子商务“十二五”发展规划》明确提出，在“十二五”期间，我国电子商务交易额要实现翻两番的目标，交易额要突破 18 万亿元人民币，其中重点发展移动支付等移动电子商务应用。据统计，截至 2016 年 6 月，我国网络购物用户规模达到 4.48 亿人，较 2015 年年底增加 3448 万人，增长率为 8.3%。其中，我国手机网络购物用户规模达到 4.01 亿人，增长率为 18.0%，手机网络购物的使用比例由 54.8% 提升至 61.0%。与手机网络购物密切关联的是移动支付的新型支付方式。有统计数据表明，截至 2016 年 6 月，我国使用网上支付的用户规模达到 4.55 亿人，较 2015 年年底增加 3857 万人，增长率为 9.3%，我国网民使用网上支付的比例从 60.5% 提升至 64.1%。手机支付用户规模增长迅速，达到 4.24 亿人，半年增长率为 18.7%，网民手机网上支付的使用比例由 57.7% 提升至 64.7%。[①]

在手机 APP 不断丰富的情况下，移动支付的方式也不断地推陈出新。目前，移动支付主要包括近场支付和远程支付两种方式。近场支付是利用手机等移动终端载体通过移动网络支付款项的方式，手机用户无须携带现金或银行卡，只需在微信、支付宝等手机 APP 中绑定银行卡，在消费时扫描二维码即可实现转移资金的付款功能。如现在广泛流行的手机微信支付、手机支付宝支付等付款方式即是典型的近场支付。远程支付

① 参见中国互联网络信息中心（CNNIC）：《第 38 次中国互联网络发展状况统计报告》，https://wenku.baidu.com/view/893aa7cba5e9856a561260f7.html? from=search，2017 年 9 月 12 日。

是以 GPRS、短信等方式与支付系统连接，通过移动网络实现转账、划款的移动支付功能。由于移动支付大大方便了用户的交易，互联网企业、电信运营商、支付厂商、银行等行业纷纷向移动支付领域发展，推动了移动支付产业的迅猛发展。

移动支付具有三个方面的特点：一是移动性。移动支付出现之前，消费者只能到特定的经营场所以支付现金或刷银行卡的方式付款，或者是通过银行、邮政等渠道汇款，又或者是要找到固定的能够上网的计算机进行网上支付。而手机等移动终端具有随身携带的便携性，可以随时和手机用户一并移动，因此，移动支付大大地突破了传统支付方式的地域性限制。二是便捷性。移动支付无须取款或找零，操作过程简单快捷，尤其是远程支付，不受工作日和工作时间的限制，实现了消费者足不出户的随时支付。三是实时性。移动支付避免了消费者的排队等候，也避免了邮政汇款或银行转账的时间延滞，实现了 7 × 24 小时的实时付款到账，大大提高了交易效率。①

值得注意的是，移动支付在极大地方便用户交易的同时，也面临着严重的安全隐患。以盗刷支付宝等移动支付 APP 的现象为例，一些不法分子通过互联网购买大量的支付宝用户账号和密码，使用支付宝的账户余额在网络游戏中购买虚拟财产，然后将其对外出售实现套现。还有的不法分子，将商店收款的支付二维码偷偷换成自己的二维码，店主直到月底结款的时候才发现，此时该不法分子通过在几家店偷换收款二维码的手段，已经收取了 70 万元违法所得。据“警界”微信公众号曝光，2016 年国庆节期间，部分地区出现了一种针对车主的新骗局，在车主被贴违章停车的罚单上面还有二维码快速缴费通道，当车主扫描二维码之后，会自动进行转账。② 在移动支付已经普及的情况下，如何保护移动用户的移动支付权，成了人民法院在司法实践中亟待研究的一个课题。

---

① 参见 MBA 智库网“移动支付”词条，http://wiki.mbalib.com/wiki/%E6%89%8B%E6%9C%BA%E6%94%AF%E4%BB%98，2017 年 7 月 17 日。

② 参见《警惕！国庆节又出现新型“换二维码案”》，http://www.toutiao.com/i6336801082357842434/，2017 年 7 月 17 日。

五、移动打车权

按照交通运输部2016年7月14日公布的《网络预约出租汽车经营服务管理暂行办法》的定义，网约车经营服务，是指以互联网技术为依托构建服务平台，整合供需信息，使用符合条件的车辆和驾驶员，提供非巡游的预约出租汽车服务的经营活动；网络预约出租汽车经营者（以下称网约车平台公司），是指构建网络服务平台、从事网约车经营服务的企业法人。网络预约出租汽车经营服务，一般称为网约车或“移动打车”，是以移动打车软件为技术支撑的新型交通出行方式，不仅引发了出租车等传统交通出行方式的重大变革，而且在相当程度上缓解了广大市民“打车难”“打车贵”问题。2015年《中国专车出行网民调查报告》显示，24.4%的移动打车APP用户认为移动打车收费便宜，但在安全性方面，也有36.8%的移动打车APP用户认为移动打车需要有网络监控等安全保障。[①] 据中国互联网络信息中心统计，2016年上半年，网络预约出租车用户规模为1.59亿人，在网民中占比22.3%；网络预约专车类用户规模为1.22亿人，在网民中占比17.2%。[②]

移动打车行业对于满足广大市民多样性、差异性、经济性的出行需求发挥了重要作用，但同时也暴露出移动打车APP平台的突出管理问题和法律问题。例如，移动打车平台对司机招录普遍把关不严；司机骚扰乘客的恶性安全事件频发；市民乘车安全难以有效保障；移动打车的车辆交通违法和交通事故较多；移动打车平台经常采取低价、补贴等促销活动进行低价甚至亏本的竞争，引发出租车司机集体不满。更加严峻的是，移动打车平台招录的司机还被查出有“毒驾”等违法行为。据广东省深圳市的公安部门的统计，深圳市移动打车司机群体中发现有重大刑事犯罪前科的人员达1661人，有吸毒前科人员达1425人，有肇事精神病人共1人。2015年12月，公安部门破获某移动打车APP平台2名司机的非法买

---

① 参见《移动打车用户规模超2亿，网约车习惯渐趋成熟》，http://finance.eastmoney.com/news/1348,20151231581158794.html，2017年7月17日。

② 参见中国互联网络信息中心（CNNIC）：《第38次中国互联网络发展状况统计报告》，http://wenku.baidu.com/view/893aa7cba5e9856a561260f7.html? from=search，2017年9月12日。

卖枪支案。此外，一些被注销驾驶证的“毒驾”人员因移动打车平台审查不严再次注册成为移动打车平台的司机。[①]

移动打车 APP 平台如何纳入政府依法监管的问题，已经成为迫在眉睫的事项。为此，交通运输部发布《关于促进手机软件召车等出租汽车电召服务有序发展的通知》，提出“平台运转不得影响手机召车软件正当功能和良性竞争”。这意味着，国家主管部门在政策层面明确了移动打车 APP 的合法地位，肯定了移动打车在我国交通出行领域的市场创新作用。经过向社会征集意见以及激烈讨论，交通运输部还出台了《关于深化改革进一步推进出租汽车行业健康发展的指导意见》和《网络预约出租汽车经营服务管理暂行办法》。[②] 按照《网络预约出租汽车经营服务管理暂行办法》的规定，私家车作为移动打车的运营车辆将受到一定限制，滴滴、优步等私家车加盟模式的移动打车 APP 平台也随之将受到相应的约束。

在域外国家和地区，移动打车行业与传统出租车行业之间的纠纷以及移动打车的监管问题同样存在，有些国家和地区的法院已经在司法案件中作出判决。例如，2016 年 10 月 7 日，美国联邦第七巡回上诉法院就两起涉及传统出租车与网约车公司之争的案件作出判决，这两起案件分别是 Joe Sanfelipo Cabs v. City of Milwaukee 和 Illinois Transportation Trade Association v. Chicago。[③] 这两起案件的判决书均由美国著名法学家理查德·波斯纳法官主笔，他在上述案件的判决书中称：“原告方仍获得了一定的竞争保护，因为只有它们被允许在芝加哥经营出租车。许多乘客更青睐出租车，而不是 Uber 和其他 TNP（交通网络提供商），因为打出租车不需要使用移动应用，出租车可以在街头招手停车。此外，城市监管

---

① 参见《网约车新政最快 5 月份出台　对私家车提出限制》，http://news.xinhuanet.com/politics/2016-04/20/c_128911908.htm，2017 年 7 月 17 日。

② 参见周文林：《新闻观察：移动打车市场将走向何方》，http://news.163.com/14/0728/09/A27SRNU500014JB5.html。

③ 伊利诺伊州运输贸易协会等诉芝加哥市政府、DAN BURGESS 等一案与 No. 16-1008 Joe Sanfelippo 出租车公司诉密尔沃基市政府一案非常相似，都是对一个市政府（前案中是芝加哥市政府，后案是密尔沃基市政府）为了刺激出租车市场中的竞争而采取的措施提出的合宪性异议。参见《波斯纳法官关于网约车案件的判决全文》，盛金艳、孔菲、戴梦迪译，http://www.360doc.com/content/16/1018/19/10988502_599414461.shtml，2017 年 7 月 17 日。

部门规定了出租车价格。”也就是说，美国联邦第七巡回上诉法院认为，Uber 和出租车是不同类型的服务，因此可以对两者采取不同的监管方式。不仅如此，波斯纳法官还代表合议庭表示：“实际上，当新技术或新商业模式诞生时，通常的结果是老一代技术或商业模式的式微甚至消失。如果老一代技术或商业模式获得宪法赋予的权利，将新生事物排除在自己的市场之外，那么经济发展将可能停滞。我们可能就不会有出租车，而只有马车；不会有电话，而只有电报；不会有计算机，而只有计算尺。”①由此可见，美国法院对于 APP 等新型网络技术发展催生的新型商业模式，给予了有力的司法保护，这对于保护 APP 网络空间的新型权利具有重要的意义。

广大网民强烈需要享受移动打车的权利及其带来的生活便利，然而，在传统的行政管理机制之下，移动打车 APP 平台及其加盟的私家车司机存在“非法营运”的嫌疑。笔者认为，随着分享经济的快速发展，移动打车已经成为互联网新经济条件下的一种重要商业模式，移动打车权是移动互联网技术和经济社会发展给人民群众带来的一种新型权利的“权利红利”，我国应当明确移动打车平台的合法地位，加强移动打车行业的监管，在已经出台的相关管理规范的基础上不断发展完善。一方面，切实保障广大网民的移动打车权和人身安全，另一方面，通过加强监管实现移动打车行业与出租车行业以及不同移动打车平台之间的依法竞争、良性竞争和有序竞争。

六、移动医疗权

国际医疗卫生会员组织医疗卫生信息与管理系统协会（HIMSS）给出的“移动医疗”的定义为，移动医疗（mHealth）是指通过使用移动通信技术，如平板电脑、移动电话和卫星通信，来提供在线医疗服务和信息。就移动互联网领域而言，移动医疗服务以医疗健康类 APP 为主。②移动医疗，改变了患者只能到医院就诊的传统医疗方式。无论在医院、

---

① David Kravets:《网约车与出租车是否应一视同仁，波斯纳法官妙“比”下判》，李慧编译，http://www.360doc.com/content/16/1013/04/22741532_598006143.shtml，2017 年 7 月17 日。

② 参见龚雯:《APP:探索互联网医疗发展新路径》，《半月谈》2016 年第 7 期。

家中、工作单位还是在路上，患者都可以获得与医疗相关的各种资讯服务或者是听取医生的诊疗建议。移动医疗给患者的看病方式带来了重要变化：因为移动技术的支持，患者可以用 APP 方便地实现网上挂号，节省大量的排队挂号的等候时间；医生可以用“碎片化”的时间通过 APP 提供在线咨询，有效提高稀缺的医疗资源的利用效率。

移动医疗对于移动运营商、医疗设备供应商、APP 提供商等产业链的各个环节，都是一座“金矿”和必争之地。研究机构莫尼塔的研究表明，我国 2015 年的移动医疗市场投资约为 18 亿美元，而易观智库的报告预计，我国 2018 年的移动医疗市场规模将达到 291.5 亿元。[①] 例如，我国的著名医疗网站好大夫网于 2011 年 3 月推出了完全免费的基于 iPhone 客户端的 APP，该 APP 平台已经收入全国 3100 多家医院、26 万多名医生的信息。通过手机 APP，患者可以检索到上述医院、大夫的相关信息，浏览检索每个医院、科室、医生的介绍，医生的坐诊时间以及患者对医生的打分评价等相关信息。来自 2015 年第二届移动医疗健康峰会的信息表明：2014 年下半年，我国的三大互联网巨头 BAT（百度公司、阿里巴巴集团控股有限公司和腾讯公司）开始跨领域出击，强势介入移动医疗领域，使得移动医疗领域的格局迅速改变，从挂号、问诊、付款到健康管理，整个医疗过程均能看到 BAT 的身影。[②] 如腾讯公司的腾爱医生 APP，不仅可以为医生开设微信网站，医生用自己的微信公众号与患者沟通，实现医生和助理之间的微信沟通，还可以方便医生查看患者在医院的院内、院外的相关信息。[③] 据新华社的消息，移动医疗领域的大额投资不断，2015 年的移动医疗市场持续火爆。如，华康移动医疗于 2015 年 4 月获得了 2 亿元的融资；2015 年 5 月，移动医疗挂号 APP 平台——“就医 160”获得了 1.3 亿元的融资。截至 2016 年 1 月，我国各类移动医疗 APP 的数量已经达到了 2000 款。[④] 另外，专业市场研究公司 Juniper Research

---

① 参见龚雯：《APP：探索互联网医疗发展新路径》，《半月谈》2016 年第 7 期。

② 参见《2015（第二届）移动医疗健康峰会邀请函》，http://www.bioon.com/z/2015mHealth/Introduction.shtml，2017 年 7 月 17 日。

③ 参见范蓉：《腾讯涉足移动医疗，但没有那么可怕》，http://it.sohu.com/20160318/n440914214.shtml，2017 年 7 月 17 日。

④ 参见周文林：《移动医疗：2016 年发展趋势看点》，http://news.xinhuanet.com/fortune/2016－01/22/c_1117865065.htm，2017 年 7 月 17 日。

发布的研究结果声称，到 2016 年，移动医疗（mHealth）APP 的全球下载量将达到 1.42 亿次。[①]

在广大患者享受移动医疗带来的便利的同时，移动医疗行业面临着严重的合法性危机。按照我国《医疗机构管理条例》的规定，医疗机构执业，必须进行登记并领取“医疗机构执业许可证”方可执业，任何单位或者个人在未取得“医疗机构执业许可证”的情况下，均不得开展医疗活动。在司法实践中，有观点认为，按照我国现行的医疗管理体制及其有关管理规定，移动医疗 APP 还不具有合法身份，其原因在于：提供医疗咨询、开具医疗处方等行为属于我国法律规定的行医行为，而移动医疗 APP 平台的经营者在没有取得“医疗机构执业许可证”的情况下行医，系违反行政管理规定的违法活动，并且，受聘在移动医疗 APP 上提供医疗诊断服务的医生，因其所服务的 APP 平台的提供商没有依法获得“医疗机构执业许可证”，导致这些“网络医生”的行医行为同样属于非法行医行为，如果因网络诊断造成严重后果，医生还有可能构成非法行医罪，并为此承担刑事责任。[②]

不仅在中国，即便在互联网法治更加发达的美国，移动医疗的合法性也受到了质疑。美国食品药物监督管理局（FDA）于 2011 年 7 月 21 日颁布了《移动设备医疗类 APP 管理草案》。该草案的主要内容：标签、宣称、广告等口头或文字描述中有诊断、治疗、疾病预防等用途的 APP 将被纳入管制范围。按照该草案的规定，对“病情”进行诊断并提出医疗意见的医疗类 APP 将受到很大限制，而提供锻炼身体计划或健康饮食习惯的保健类 APP 受到的影响则较小。[③]

另一方面，广大患者有移动医疗的现实需求。实际上，相当一部分患者正在享受移动医疗权带来的便利。其中，利用 APP 进行网上预约挂号服务和保健类服务基本上没有什么争议，然而，对于有巨大市场前景的网络诊疗这一网络医疗的核心行为，目前还游离于医疗监管体制之外，

---

① 参见《腾讯借道 App 进入医疗服务市场　搅动行业格局》，http://www.yywsb.com/jd/jd_list_sub.asp?id=1099085，2017 年 7 月 17 日。

② 参见王丽丽：《移动医疗是否涉及非法行医》，《检察日报》2013 年 9 月 15 日第 01 版。

③ 参见《美国 FDA 管制移动医疗 App 被疑限制市场创新》，http://www.21ic.com/news/med/201206/126958.htm，2017 年 7 月 17 日。

因此存在非法行医的问题。也就是说，患者迫切需要法律保障其“移动医疗权”，而移动医疗类 APP 的运营商却并不享有从事诊疗业务的权利。笔者认为，实事求是地说，较之于传统的患者到医院当面诊疗的方式，移动医疗确实存在诊疗不当的较大风险，我国应当将移动医疗的经营主体纳入卫生主管部门对医疗机构的审核范围，移动医疗类 APP 的运营商在合法取得“医疗机构执业许可证”之后才能从事移动医疗的业务。申言之，我国应当通过赋予 APP 运营商经营移动医疗业务的“移动医疗运营权”，从而保证广大患者的移动医疗需求以及患者的“移动医疗就诊权”。

七、移动快递权

2013 年年底，一款名称为“人人快递”的 APP 在网上迅速蹿红，几个月内其用户数量就超过了 500 万人。此后，一种“顺路送快递”的新型快递模式在全国多个城市悄然出现，只需下载上述的人人快递 APP，每个人都可以成为兼职的“快递员”，利用闲暇时间甚至上下班时间顺路送快递。按照“人人快递”制定的快递费的分配规则，80% 的快递费归兼职“快递员”，20% 的快递费归平台，因此，兼职“快递员”可以从中赚到 10 元至 30 元不等的酬劳。人人快递 APP 开发方认为，人人快递 APP 实现了“一对一”服务，通过社会大众的共同参与，根据各人的行程路线顺路捎带送快递，实现了社会资源利用的最大化。然而，在湖北、河南、上海等多个省（直辖市），邮政管理机关相继叫停人人快递 APP 在当地的快递经营活动，其理由是：《中华人民共和国邮政法》（以下简称《邮政法》）明确规定，从事快递业务的单位必须取得快递经营许可证，《快递业务经营许可管理办法》进一步规定，经营快递业务的单位应当有符合《快递业务员国家职业技能标准》并通过资格认定的快递业务员，而“人人快递”既未取得快递经营许可证，也没有相应的通过资格认定的快递业务员，其属于非法经营的快递业务。[①]

① 参见孙超逸：《“人人快递”命悬一线？》，http://www.chinadaily.com.cn/dfpd/dfcmhlw/2014-06-19/content_11860307.html，2017 年 7 月 17 日。又可参见徐岚：《自由快递员有风险，人人快递多地被叫停》，http://tech.sina.com.cn/i/2014-04-03/10479296053.shtml，2017 年 7 月 17 日。

与移动打车 APP 一样，移动快递有效地利用了社会闲置资源，减少了快递大量积压的情况。但和移动打车 APP 的运营模式不同的是，移动打车 APP 是一个平台软件，为作为消费者的乘客提供车辆运营服务的仍然是取得了驾驶证并有一定驾龄和驾驶经验的司机，而人人快递 APP 的兼职“快递员”仅仅是经过简单培训的普通公民，其识别违禁品、危险品的能力非常有限，且投递的及时性、快件的安全性等方面难以监管，存在一定的安全隐患。与移动打车权、移动医疗权一样，对于移动快递权而言，一方面是部分快递用户有移动快递的生活需求，另一方面是移动快递 APP 平台的经营者不具备快递业务的执业资格，移动快递的兼职“快递员”也不全都是通过资格认定的快递业务员。因此，移动快递看似简单、容易操作，其实面临的问题更加复杂。在移动打车和移动医疗的商业模式中，虽然其 APP 经营者未取得经过行政主管机关审核的经营资格许可证，但直接提供移动打车服务的司机和移动医疗服务的医生毕竟一般具有执业资格。而在移动快递中不仅 APP 经营者不具备经营资格，而且兼职“快递员”一般也没有快递业务员的执业资格。笔者认为，在快递行业中，移动快递以其特有的灵活性，可以成为目前快递行业的一种有益的补充，但移动快递行业应当加强监管，即便是兼职“快递员”，也应当经过专门培训并取得快递业务员的执业资格。

八、图形用户界面（GUI）权

我国《著作权法》和《中华人民共和国专利法》（以下简称《专利法》）都将计算机软件作品纳入了各自的保护范围。对于计算机软件的知识产权，世界通行的保护模式有三种：著作权保护、专利保护和商业秘密保护。由于软件的加密措施比较容易破解，因此，商业秘密的保护模式并不普遍。软件的著作权保护模式是世界各国的通行做法，其优点是保护期限长，但是著作权法只保护软件的源代码等表达形式，不能延及开发软件的设计思想、处理过程、操作方法等内容，无法为软件提供充分的保护。正如美国法官 Boudin 所说的那样：“将版权法适用于计算机程序就像是在拼接一个其各部分之间无法相互适应的七巧板。”（Applying Copyright Law to computer programs is like assembling a jigsaw puzzle whose pieces do not quite fit.)[①] 为此，美国等国家和欧洲等地区开始在著作权保护的基础上对软件采取发明专利的保护。发明专利保护模式可以有效保护软件的创造性方法等核心知识产权，但绝大多数软件的生命周期较短，而发明专利的授权周期往往较长，难以及时保护软件的市场价值。由此可见，软件的著作权保护模式和专利保护模式各有优势，也都有局限，两种保护模式共同发挥合力，才能更好地保护软件的知识产权。值得关注的是，随着电子产品特别是移动平板设备的快速发展，电子产品的图形用户界面（Graphical User Interface，英文缩写为 GUI）成为市场竞争的焦点。例如，2012 年苹果公司和三星公司在美国加利福尼亚州的多起专利纠纷中就涉及苹果公司的图形用户界面外观设计专利。美国、韩国、日本、欧盟成员国等发达国家对图形用户界面的知识产权保护高度重视，已经明确将其纳入外观设计专利的保护范围。

图形用户界面（GUI），又称为图形用户接口，是指采用图形方式显示的计算机操作的人机交互的用户界面。图形用户界面作为一种人与计算机通信的界面显示格式，在 APP 出现之前已经存在，但是，世界各国赋予图形用户界面以法律保护的权利，却是 APP 发展的产物。在我国，自 2014 年 5 月 1 日起施行的《专利审查指南》第一部分第三章第 4. 2 节新增了关于图形用户界面的产品外观设计的规定，其内容如下："就图形用户界面的产品外观设计而言，应当提交整体产品外观设计视图。图形用户界面为动态图案的，申请人应当至少提交一个状态的上述整体产品外观设计视图，对其余状态可仅提交关键帧的视图，所提交的视图应当能唯一确定动态图案中动画的变化趋势。"按照该规定，我国的外观设计专利权中新增了一项图形用户界面权。与此同时，我国的《专利审查指南》第四部分第五章第 6. 1 节第二段第（4）项之后还新增了一项规定，其内容如下："（5）对于包括图形用户界面的产品外观设计，如果涉案专利其余部分的设计为惯常设计，其图形用户界面对整体视觉效果更具有显著的影响。"上述修改进一步明确了图形用户界面在外观设计判断中对于整体视觉效果的显著性影响，按照该规定，现有的各种移动终端设备可以通过图形用户界面的外观设计，实现普通消费者对不同 APP 的明确

① 参见 Lotus Development Corporation v. Borland International, Inc. ,49 F. 3d 807, at 820(1st Cir,1995)，转引自王迁《知识产权法教程》，中国人民大学出版社 2007 年版，第 95 页。

区分。可以说，《专利审查指南》的本次修改为图形用户界面的专利保护打开了法律之门。

第二节　传统权利的拓展

一、行踪保密权

个人行踪属于个人隐私的范畴，在互联网出现之前的传统社会中，即属于个人隐私权的保护内容。在司法实践中，调查个人行踪、监视个人行踪、擅自公布他人行踪以及非法利用他人的行踪信息等行为均属于侵犯个人行踪保密权的侵权行为。在APP出现之前，侵犯行踪保密权的现象并不普遍、问题也不突出，主要是“侦探公司”、部分运营不规范的旅行社等经营主体侵犯个人的行踪保密权。而且，即便如此，其侵犯行踪保密权的对象一般只是单独的个体，或者是旅行团中特定的成员。然而，APP出现之后，尤其是随着移动服务类APP平台的兴起，大规模地侵犯APP用户的行踪保密权的现象愈演愈烈，APP用户行踪保密权的保护亟待加强。

2014年7月，中央电视台曝光了苹果手机记录用户行踪的普遍现象，同时还披露，苹果手机的用户即便关掉定位功能也无法隐瞒自己的行踪。中国人民公安大学网络安全保卫学院马丁院长根据该苹果手机中的位置信息准确分析出了苹果手机用户的行踪轨迹，马丁教授认为：“苹果手机中的定位功能可以显示手机用户经常活动的地点、时间、频率，会把一个人完整的行为轨迹进行比较翔实的分析，是公开性的，没有任何秘密。”[①] 并且，即使苹果手机的用户关闭手机中的定位功能，也无法改变后台系统的运行，苹果手机的后台系统还是能将手机用户的所在位置和时间等信息记录下来。这意味着，苹果手机的定位功能不但可以收集苹果手机用户的地理位置信息，还可以精确到什么时间去了哪些地方、停

① 《央视曝光苹果手机能记录用户行踪，关掉定位功能也没用》，http://news.sina.com.cn/s/2014-07-12/013230507430.shtml，2017年7月17日。

留了多长时间，甚至可以从上述行踪数据中分析出苹果手机用户的家庭住址、工作单位等个人信息。

从域外的执法和司法实践来看，域外政府和司法机关对于侵犯 APP 用户行踪保密权的行为通常给予严厉的制裁。例如，早在 2011 年，韩国的近三万名苹果手机用户就曾经起诉苹果公司未经用户同意就擅自收集用户行踪信息，并要求苹果公司赔偿经济损失 271 亿韩元，折合人民币约为 1.6 亿元。数个月后，韩国法院判决一名苹果手机用户胜诉，判令苹果公司向其支付约 6100 元人民币的赔偿款。不仅如此，韩国广播通信委员会还就苹果公司因擅自收集手机用户行踪信息，指控其违反了韩国的行踪信息保护法的相关规定，向苹果公司开出了全球第一张罚单，处以苹果公司 300 万韩元的罚金。在美国，苹果公司曾于 2012 年因收集用户行踪信息，在圣何塞被手机用户提起了集体诉讼。在美国，另一个互联网巨头谷歌公司也曾因收集用户行踪信息而遭到诉讼和处罚。2011 年，美国安卓手机用户起诉谷歌公司跟踪其行踪信息，并向谷歌公司索赔 5000 万美元。2012 年，谷歌公司因侵犯用户行踪信息等隐私权被美国政府处以 2250 万美元的巨额罚款。①

上述案例表明，行踪保密权的权利保护范围已经从传统社会生活的空间扩大到了 APP 平台的网络空间。值得注意的是，在传统的社会生活中，被侵犯行踪隐私权的对象往往是公民个人；但是在 APP 空间，被侵犯行踪隐私权的对象往往是为数众多，甚至是数以亿计的 APP 用户群体。因此，在 APP 平台经营者侵犯用户行踪保密权的司法案件中，有为数不少的集体诉讼。为积极回应广大网民关于行踪保密权的保护需求，2016 年 6 月 28 日，国家互联网信息办公室出台了《移动互联网应用程序信息服务管理规定》，其中第 7 条第（四）项明确规定，在移动互联网应用程序（APP）信息服务过程中，移动互联网应用程序提供者应当依法保障用户在安装或使用过程中的知情权和选择权，未向用户明示并经用户同意，不得开启收集地理位置、读取通讯录、使用摄像头、启用录音等功

① 参见《擅自搜集用户信息》，http://www.cnr.cn/360/apple/201407/t20140711_515830618.shtml，2017 年 9 月 12 日。

能，不得开启与服务无关的功能，不得捆绑安装无关应用程序。[①]

二、合理使用权

在微信 APP 平台的网络空间里，微信个人用户转发他人作品或将他人作品发布至自己的朋友圈中的行为非常普遍，此类行为是否属于我国《著作权法》规定的合理使用，在法学理论界和司法实务界存在着较大争议。著作权的合理使用，是指按照法律规定，对于著作权人已经发表的作品，在无需得到著作权人许可的情况下，他人有权无偿使用其作品的行为，但他人在无偿使用作品时，应当注明著作权人的姓名以及作品名称，并不得侵害著作权人的其他权利。按照我国《著作权法》第 22 条的规定，合理使用必须具备以下几个构成要件：一是合理使用的作品必须是已经发表的作品；二是合理使用的目的仅限于为个人学习、研究或欣赏，或者是为了教学、科学研究、宗教事业、慈善事业以及公共文化利益的需要；三是合理使用其他著作权人的作品时，必须注明著作权人的姓名和作品名称，并且不得侵害著作权人的其他权利。[②]

微信个人用户转发他人作品或将他人作品发布至自己的朋友圈中的行为，显然不属于《著作权法》第 22 条第（二）项至第（十二）项规定的合理使用行为，其是否属于《著作权法》第 22 条第（一）项规定的

① 参见《APP 被监管！网信办发布“移动互联网管理规定”8 月 1 日起施行》，http://www.v4.cc/News-1585169.html，2017 年 7 月 17 日。

② 《著作权法》第 22 条的规定合理使用的范围包括：（一）为个人学习、研究或者欣赏，使用他人已经发表的作品；（二）为介绍、评论某一作品或者说明某一问题，在作品中适当引用他人已经发表的作品；（三）为报道时事新闻，在报纸、期刊、广播电台、电视台等媒体中不可避免地再现或者引用已经发表的作品；（四）报纸、期刊、广播电台、电视台等媒体刊登或者播放其他报纸、期刊、广播电台、电视台等媒体已经发表的关于政治、经济、宗教问题的时事性文章，但作者声明不许刊登、播放的除外；（五）报纸、期刊、广播电台、电视台等媒体刊登或者播放在公众集会上发表的讲话，但作者声明不许刊登、播放的除外；（六）为学校课堂教学或者科学研究，翻译或者少量复制已经发表的作品，供教学或者科研人员使用，但不得出版发行；（七）国家机关为执行公务在合理范围内使用已经发表的作品；（八）图书馆、档案馆、纪念馆、博物馆、美术馆等为陈列或者保本的需要，复制本馆收藏的作品；（九）免费表演已经发表的作品，该表演未向公众收取费用，也未向表演者支付报酬；（十）对设置或者陈列在室外公共场所的艺术作品进行临摹、绘画、摄影、录像；（十一）将中国公民、法人或者其他组织已经发表的以汉语言文字创作的作品翻译成少数民族语言文字作品在国内出版发行；（十二）将已经发表的作品改成盲文出版。

“为个人学习、研究或者欣赏，使用他人已经发表的作品”，存在着较大争议。一种观点认为，“通过微信平台转发，尤其是通过朋友圈转发他人作品，一般都超越了学习、研究或者欣赏目的范畴，使用者难以据此主张合理使用”①；另一种观点认为，在 APP 网络环境下，应当对合理使用作出扩大解释，微信个人用户转发他人作品或将他人作品发布至自己的朋友圈中的行为，其本质是一种个人使用他人作品的行为，且一般不会对著作权人造成侵权损害的后果，因此应当认定为合理使用。

我国现行《著作权法》基本上是传统社会生活的产物，只是随着互联网的发展，增加了“信息网络传播权”等有关网络著作权的权利种类，现行《著作权法》在立法时显然不可能有保护 APP 空间个人用户合理使用他人作品的立法目的。并且，微信个人用户转发他人作品或将他人作品发布至自己的朋友圈中的行为，完全不同于微信个人用户将他人作品增添至自己封闭的收藏夹中或者是复制后供自身使用的行为，微信个人用户通过转发或朋友圈方式分享他人作品，其本质是通过信息网络传播他人作品的行为，不能再认定为“为个人学习、研究或者欣赏”的目的而使用他人作品。因此，要保护微信个人用户通过转发或朋友圈方式分享他人作品的行为，应当以修改《著作权法》的方式扩大合理使用的范围，赋予 APP 用户以转发或朋友圈方式分享他人作品的合理使用权。

三、网购反悔权

在互联网空间里，消费者在网上购物引发了许多纠纷。由于消费者不是在实体店亲眼观察商品，而只能通过网上有限的商品图片和文字介绍了解商品信息，因此网络购物引发了许多新型的纠纷。例如，消费者在网上观看商品图片后下单购买商品，到货后却发现色差很大，商品实物的颜色和网页上图片中商品颜色并不一致，消费者想退货，网店卖家却往往以色差不属于“三包”范围以及商品没有质量问题为由不予退换。随着 APP 电子商务平台的发展和移动支付的普及，网络购物的规模日益扩大，网络购物引发的纠纷也日益增多。

---

① 杨延超：《与微信平台有关的著作权问题研究》，《知识产权》2015 年第 8 期。

在网络信息具有不对称性的互联网条件下，为保障广大网络消费者的网购权益，2014 年 3 月 15 日起施行的《中华人民共和国消费者权益保护法》（以下简称《消费者权益保护法》），赋予了网络消费者网络购物等远程购物方式的“网购 7 日反悔权”，该权利不仅适用于网站空间，也同样延伸到了 APP 空间。新修改的《消费者权益保护法》第 25 条第一款、第二款为新增法条：“经营者采用网络、电视、电话、邮购等方式销售商品，消费者有权自收到商品之日起七日内退货，且无需说明理由，但下列商品除外：（一）消费者定作的；（二）鲜活易腐的；（三）在线下载或者消费者拆封的音像制品、计算机软件等数字化商品；（四）交付的报纸、期刊。除前款所列商品外，其他根据商品性质并经消费者在购买时确认不宜退货的商品，不适用无理由退货。”按照上述规定，网购反悔权并不适合于所有商品，鲜活易腐等不宜退货的商品不在网购反悔权保护的范围之中，这也体现了网络市场交易的公平原则和利益平衡。

新修改的《消费者权益保护法》规定的网购反悔权，其本质是一种无理由退货的法律制度。此类法律制度，在英国、美国等国家通常被称为“冷静期制度”，在欧盟成员国一般被称为“撤销权”，在我国台湾地区则被称为“消费者之犹豫权”。[①] 消费者反悔权的实质是，消费者在某些交易中因交易信息不对称会发生买方意思表示不真实的情形，在此情况下，消费者在订立合同后的合理期间内依法享有单方解除合同的权利。在电话推销、电视推销、网络购物等远程购物中，消费者无法像在传统的实体店购物那样近距离观察商品实物，只能依据销售者提供的商品图片、商品视频、文字描述或语音描述等商品信息决定是否购买，消费者在收到商品后可能会发现商品实物虽然没有质量问题，但商品实物与广告的宣传内容并不完全一致，或者是商品实物存在广告信息中没有涉及的问题。因此，在这种信息不对称的远程购物情形下，一些国家的法律赋予了消费者在一定期限内无理由退货的权利。我国新修改的《消费者权益保护法》规定的网购反悔权，即属于此类远程购物中的无理由退货情形。

① 参见杨立新：《非传统销售方式购买商品的消费者反悔权及其适用》，《法学》2014 年第 2 期。

四、信息保护权

按照中国互联网协会发布的《中国网民权益保护调查报告2016》的定义，“个人信息保护的权利，即避免个人信息泄露的权利。”① 本书将“个人信息保护的权利”简称为“信息保护权”。在互联网环境中，电子化的公民个人信息更加容易被收集、传播、使用和侵犯，这一现象在APP空间更加突出。据美国的《华尔街日报》报道，2012年10月6日，美国加利福尼亚州总检察长卡玛拉·哈里斯（Kamala D. Harris）首次在州法庭以侵犯个人隐私权对一款名为Fly Delta的航空APP的发行商达美航空公司（DAL）提起民事诉讼，Fly Delta是一款帮助客户值机、支付行李费以及提供其他与航班有关服务的APP。该起诉讼指控该款APP收集了大量的用户个人信息，包括用户姓名、家庭住址、电话号码、电子邮箱、银行卡账号以及用户照片等内容，并指控达美航空公司没有在苹果、微软、谷歌、黑莓等APP商店提供下载的APP中注明隐私条款，此举违反了加利福尼亚州2004年通过的法律。该起诉讼明确要求达美航空公司立即修改APP的隐私条款，并赔偿经济损失。在没有APP被诉先例的情况下，法官有可能要求达美航空公司停止提供Fly Delta下载服务，并判令该公司为每次违例行为支付高达2500美元的赔偿款。哈里斯检察长在声明中说：“丧失隐私保护不应成为使用智能手机APP的代价，但是许多时候却无法避免，”并且，“加州法律清楚规定了收集客户个人信息的手机APP需要注明隐私条款，下载人有权了解他们的哪些私人信息被使用在何处”，更为严重的是，“APP使用者并不知道达美都收集了何种个人信息，或如何使用这些信息，也不清楚这些信息会被透露甚至出售给谁。”②

面对日益严峻的网络信息保护问题，我国于2014年施行的《消费者

---

① 《〈中国网民权益保护调查报告2016〉：54%的网民认为个人信息泄露严重》，http://www.isc.org.cn/zxzx/xhdt/listinfo-33759.html，2017年7月17日。

② 参见Adia编译：《达美航空遭起诉 手机APP被控侵犯客户隐私权》，http://news.carnoc.com/list/239/239117.html，2017年7月17日。

权益保护法》第29条明确了个人信息的保护，[①] 并把个人信息作为一种法定权利确认下来，这对于APP空间的网络用户的信息保护将起到重要的作用。《消费者权益保护法》关于信息保护权的规定共分为三款：第一款规定的是经营者收集、使用消费者个人信息的方式；第二款规定的是经营者对其收集的消费者个人信息的保密义务；第三款规定的是经营者未经消费者的请求或者明确同意，或者在消费者明确拒绝的情况下，不得利用消费者的个人信息向其发送商业性信息的法律禁止性规定。上述三款规定，构成了我国消费者"信息保护权"的权利内容。

五、信息网络传播权

随着互联网的快速发展，作品的传播空间已经扩大到了互联网领域，为加强对作品网络传播的保护，按照世界知识产权组织1996年12月20日通过的《世界知识产权组织版权公约》（可简称为WCT）的规定，我国在《著作权法》中赋予了著作权人以"信息网络传播权"，即《著作权法》第10条第（十二）项规定："信息网络传播权，即以有线或者无线方式向公众提供作品，使公众可以在其个人选定的时间和地点获得作品的权利。"随着移动互联网的兴起和APP的普及，信息网络传播权的权利保护范围自然而然地延伸到了APP空间之中。对于APP空间的信息网络传播问题，有法官指出，"当前，司法实践中侵害信息网络传播权纠纷案在技术方面出现了两个明显的新发展，作为裁判者应当了解并予以重

① 2014年新修改的《消费者权益保护法》第29条为新增法条，该条规定："经营者收集、使用消费者个人信息，应当遵循合法、正当、必要的原则，明示收集、使用信息的目的、方式和范围，并经消费者同意。经营者收集、使用消费者个人信息，应当公开其收集、使用规则，不得违反法律、法规的规定和双方的约定收集、使用信息。经营者及其工作人员对收集的消费者个人信息必须严格保密，不得泄露、出售或者非法向他人提供。经营者应当采取技术措施和其他必要措施，确保信息安全，防止消费者个人信息泄露、丢失。在发生或者可能发生信息泄露、丢失的情况时，应当立即采取补救措施。经营者未经消费者同意或者请求，或者消费者明确表示拒绝的，不得向其发送商业性信息。"此前，全国人民代表大会常务委员会于2012年颁布的《关于加强网络信息保护的决定》规定，如以非法方式获取公民个人电子信息出售，或者非法向他人提供公民个人电子信息行为的，将依法给予警告、罚款、没收违法所得、吊销许可证或者取消备案、关闭网站、禁止有关责任人员从事网络服务业务等处罚，记入社会信用档案并予以公布；构成违反治安管理行为的，依法给予治安管理处罚。构成犯罪的，依法追究刑事责任。侵害他人民事权益的，依法承担民事责任。

视:第一个新发展表现于技术平台方面,即网络传播的使用平台从PC(固定)端向手机(移动)端发展的趋势。”① 值得关注的是,APP 空间和网站空间的信息网络传播技术方式大不相同。在网站空间,一般有普通链接、加框链接、深度链接等信息传播方式,而在 APP 空间,深度链接已经发展到了“聚合链接”的信息传播方式,即在不同的独立 APP 内部网页之间实现跳转链接(APP deep link)。信息网络传播方式的变革,拓展了信息在网络中的传播范围,同时也产生了信息网络传播权的权利保护的新型法律问题。

① 冯刚:《涉及深度链接的侵害信息网络传播权纠纷问题研究》,《知识产权》2016 年第 8 期。

第三章　我国移动互联网应用平台案件的实证研究

第一节　知识产权民事案件

一、著作权案件

（一）苹果 App Store 侵权

2012 年，李承鹏、慕容雪村、麦家等二十多位中国作家发现，在苹果公司销售的 iPhone、iPad 等产品的网络商店 App Store 中，读者可以直接阅读其创作完成并依法享有著作权的作品，读者甚至还可以通过苹果公司的 iTunes 软件将这些作品下载到苹果公司生产的 iPhone、iPad 等移动智能终端中。但是，App Store 提供的这些作品并未经过中国作家的任何授权，在 iPhone、iPad 用户可以免费或付费阅读并下载作品的情况下，作品的著作权人却没有获得任何报酬，这显然侵害了著作权人依法享有的信息网络传播权。李承鹏、慕容雪村、麦家等中国作家在和苹果公司协商不成的情况下，成立了中国作家维权联盟进行维权活动，并向人民法院提起诉讼。截至 2012 年 7 月，中国作家维权联盟在北京市第二中级人民法院已经先后对苹果公司提起了三批诉讼，共涉及 14 位中国作家的 86 部作品，诉讼标的合计达 2953 万元。北京市第二中级人民法院经审理认为，李承鹏、慕容雪村、麦家等指控苹果公司侵害信息网络传播权的事实成立，李承鹏等原告关于赔偿经济损失的请求应当得到部分支持，据此判令苹果公司赔偿损失 280 万元。①

一审判决的主要理由是：苹果公司作为综合性的网络服务平台 App Store 的经营者，对于与其签约许可开发 APP 并通过 App Store 为用户提供 APP 的下载行为的第三方开发商，苹果公司是否应当承担相应的法律责任，上述问题应当考虑以下因素：首先，苹果公司作为 App Store 的运营者，在确定第三方开发商是否分销时，苹果公司采取的是几乎具有绝对控制力的协议条款，故而苹果公司对网络服务平台具备管理能力和控制能力。其次，苹果公司作为 App Store 的运营者，其通过 App Store 获取利益和承担义务应当对等，其权利、义务应当具有一致性。与信息存储空间网络服务提供商及众多其他网络服务提供商不同的是，苹果公司所运营的 App Store 是一个以收费下载为主、并兼有免费下载服务的网络服务平台，并且，苹果公司在与 APP 第三方开发商的协议中，约定固定分成收益为三七开。据此，苹果公司作为综合性的网络服务平台 App Store 的运营者，对 App Store 有着极强的管理能力与控制能力，其通过 App Store 对 APP 第三方开发商上传的 APP，按照苹果公司的意志进行了商业性的分销以及选择，并通过 APP 的有偿下载业务，获取了基于固定分成比例的直接经济收益，故苹果公司对于 App Store 提供下载的 APP，应当有着较高的审查义务。在该案中，苹果公司未适当地履行其注意义务，故对于涉案应用程序的侵权，应承担相应的法律责任。苹果公司在其经营的 App Store 上提供了涉案侵权应用程序，供网络用户付费后下载，侵犯了李承鹏对涉案作品依法享有的信息网络传播权。②

苹果公司不服一审判决，提起上诉。2014 年 10 月，北京市高级人民法院对李承鹏、慕容雪村、麦家等作家诉苹果公司侵害信息网络传播权一案作出终审判决，二审判决驳回上诉，维持了一审判决。二审判决的主要理由是：苹果公司所经营的应用程序商店 App Store，是为开发者上传涉案应用程序供公众下载提供服务，属于网络服务提供行为。由于苹

---

① 参见《中国作家维权联盟：苹果公司涉嫌侵犯知识产权》，http://finance.sina.com.cn/hy/20120705/110912486853.shtml，2017 年 7 月 17 日。又可参见尧舜禹：《最高法院听证苹果公司申诉 App Store 盗版案——App Store 在中国的审核标准可能会改变》，http://www.chinavalue.net/Story/2015-8-6/734755.html，2017 年 7 月 17 日。

② 参见北京市第二中级人民法院（2012）二中民初字第 2336 号民事判决书。

果公司所经营的应用程序商店 App Store 是一个以收费下载为主的网络服务平台，并且在与开发商的协议中，约定了固定比例的直接收益，因此可以认定苹果公司应对开发商的侵权行为负有较高的注意义务。但在李承鹏等中国作家诉苹果公司侵犯信息网络传播权一案中，涉案 APP 使用了著作权人创作的作品的主要内容，苹果公司在可以明显感知涉案 APP 为第三方开发商未经著作权人许可授权而在苹果应用程序商店 App Store 中非法提供的情况下，仍然没有采取合理的措施，据此，该案可以认定苹果公司并未尽到应当负有的注意义务，具有一定的主观过错，其被控侵权行为构成侵权。①

苹果公司不服二审判决，向最高人民法院申请再审。2015 年 11 月，最高人民法院经审理认为，由于苹果公司在与开发商签订的协议中，约定了固定比例的分成收益，且该分成收益是直接从最终用户处获得。用户所支付的该笔收益，是支付开发商提供的程序服务，而涉案应用程序内容是网络用户支付费用的重要因素之一。苹果公司在可以明显感知涉案图书类 APP 为第三方应用程序开发商系未经许可提供的情况下，仍未采取合理措施并承担相应义务，具有主观过错，涉案行为构成侵权。李承鹏请求赔偿的经济损失及因案件支出的合理费用综合酌情予以考虑，并无不妥。综上，因苹果公司的再审申请缺乏事实和法律依据，最高人民法院最终驳回了苹果公司的再审申请。②

艾瑞咨询公司发布的《2015 年中国网络文学版权保护白皮书》统计表明，2014 年因盗版使计算机付费阅读的收入至少损失 43.2 亿元，使移动客户端 APP 的付费阅读收入损失了 34.5 亿元。通过移动客户端 APP 的方式传播大量未经授权或盗版的网络文学作品的现象十分严重，不仅是苹果公司应用商店 App Store，其他许多大型 APP 应用商店中均或多或少地存在此类问题。③ APP 应用商店侵害信息网络传播权纠纷与传统的侵犯著作权纠纷相比，有着很大的不同，这一新型的侵权形态主要有以下几个方面的法律适用问题。

---

① 参见北京市高级人民法院(2013)高民终字第 2080 号民事判决书。

② 参见最高人民法院(2015)民申字第 1295 号民事裁定书。

③ 参见《最高法院驳回苹果公司再审申请　中文在线最终胜诉》,http://mt.sohu.com/20160301/n438995712.shtml,2017 年 7 月 17 日。

1. 应用商店 App Store 的法律地位问题

在应用商店 App Store 的商业模式运行中，主要有三方法律主体：一是 App Store 平台的运营商；二是 APP 的开发商；三是 APP 的最终用户。对于 App Store 平台的运营商的法律地位，在法学理论界存在不同的看法。

一是“卖方说”。“卖方说”认为，虽然 APP 系第三方开发商所开发，但网络消费者是基于对苹果公司应用商店 App Store 的信任，在应用商店 App Store 中购买的商品，并且，苹果公司还从中获得了利益分成。具体而言，有观点认为：“苹果公司牢牢控制着进入 App Store 的门槛及标准，是 App Store 各项软件及其所体现服务的分销商。”① 因此，应用商店 App Store 可以被视为是其销售的 APP 的卖方。

二是“柜台出租说”。“柜台出租说”认为，研发和销售 APP 的实际主体是 APP 的第三方开发商，而应用商店 App Store 实质上是以审核准入制度的方式，将应用商店 App Store 中的虚拟空间提供给第三方 APP 的开发商并从中获取收益分成，因此，应用商店 App Store 与传统商场、超市出租柜台给第三方经营并从中获得租金对价的商业活动相类似，应用商店 App Store 属于 APP 网络空间的柜台出租者。

三是“信息存储空间说”。“信息存储空间说”主要源于苹果公司的抗辩理由。苹果公司认为，该公司作为 App Store 的提供者，属于网络服务提供商，并且，苹果公司在诉讼中援引的免责条款主要是信息存储空间的相关规定。我国《信息网络传播保护条例》第 22 条规定：“网络服务提供者为服务对象提供信息存储空间，供服务对象通过信息网络向公众提供作品、表演、录音录像制品，并具备下列条件的，不承担赔偿责任：（一）明确标示该信息存储空间是为服务对象所提供，并公开网络服务提供者的名称、联系人、网络地址；（二）未改变服务对象所提供的作品、表演、录音录像制品；（三）不知道也没有合理的理由应当知道服务对象提供的作品、表演、录音录像制品侵权；（四）未从服务对象提供作品、表演、录音录像制品中直接获得经济利益；（五）在接到权利人的通知书后，根据本条例规定删除权利人认为侵权的作品、表演、录音录像

① 曾亮亮、姜韩：《苹果公司要为 App Store 侵权承担责任》，《经济参考报》2012 年 11 月 13 日第 008 版。

制品。”在苹果公司看来，苹果应用商店 App Store 的商业模式与信息存储空间的提供者提供的技术服务是一样的，按照上述条款规定，只有在具有过错的情况下，网络服务提供者才承担赔偿责任，而 App Store 中的 APP 并不是苹果公司自己开发的，而是由第三方 APP 开发商开发后上传至 App Store 中的，并且，苹果公司不知道也没有合理的理由应当知道服务对象提供的 APP 系侵权商品，因此，苹果公司不应承担赔偿责任。

四是“网络交易平台说”。目前，主流观点认为，苹果公司的应用商店 App Store 属于网络交易平台。[①]“网络交易平台说”认为，App Store 实际上是一个超级卖场，App Store 的运营者通过制定审核机制设定了卖场的准入标准，APP 的开发者提供 APP 这一新型的商品，作为消费者的网络用户在应用商城 App Store 中选购自己所需的 APP 商品并支付对价。App Store 确实属于网络交易平台中的一种，但“网络交易平台说”的最大问题在于：该种观点无法区分作为网络交易平台的应用商店 App Store 和同样属于网络交易平台的淘宝网、亚马逊网的不同之处，甚至也不能区分同属于网络交易平台的苹果手机 App Store 和安卓手机的 APP 应用商店的区别，而实际上，App Store 既非中立的网络交易平台，也不是销售自己开发的应用程序商品，因此，苹果公司的应用商城 App Store 无论是技术模式还是商业模式、无论是法律关系还是法律地位，与淘宝网、亚马逊网以及安卓 APP 应用商店等其他网络交易平台有着本质上的区别。

五是“新型法律主体说”。该种学说认为，应用商店 App Store 是一种新型的法律主体，虽然是一个网络交易平台，却并不直接销售第三方 APP 开发商的商品，但通过设定审核机制并与 APP 开发商约定固定比例收益的方式，在一定程度上参与了网络商品的交易，因此，应用商城 App Store 是一种兼有网络交易平台和参与商品开发功能的新型的法律主体。按照这种观点，从苹果应用商店的运营模式及技术措施可以认定，苹果公司既是服务提供商，也是内容提供商。笔者认为，应用商店 App Store 显然不是直接销售 APP 的卖方，也不同于传统商场、超市出租柜台给第三方经营者，同时也不属于单纯提供信息存储空间的网络服务提供者，并且，苹果公司的应用商店 App Store 与 PC 互联网时代以及其他

---

① 参见黄武双:《如何平衡作者和作品传播者利益——以 App Store 案件为例》,《上海法治报》2012 年 11 月 14 日第 B06 版。

APP应用商店等网络交易平台有着本质上的区别。因此，笔者认为，苹果公司的应用商店App Store是APP空间新技术模式和新商业模式条件下诞生的新型法律主体。

2. 应用商店运营者的注意义务问题

苹果公司申请再审称：一审、二审法院认定应用程序在线商店App Store应当对第三方APP开发商的侵权行为承担责任，没有兼顾著作权人、网络服务提供者和社会公众三者的利益。一审、二审法院要求作为网络服务提供商的苹果公司防止App Store网络平台上出现的由第三方APP开发商上传的侵权内容，对网络服务提供商强加了过高的注意义务。实事求是地说，苹果公司作为应用商店App Store的运营者，没有证据证明其具有侵害他人信息网络传播权的主观故意。但是，与传统民事侵权案件不同，侵犯知识产权不以侵权人有主观故意为前提。App Store属于网络交易平台中的一种，不属于我国《信息网络传播权保护条例》规定的信息存储空间提供者免责规定的适用对象，故而不能援引“通知—移除”规则或“避风港”规则进行免责抗辩。但是，对于应用商店App Store运营者的注意义务问题，在知识产权法学界存在不同的看法。

一种观点认为，应用商店App Store运营者没有防止该商店中第三方APP开发商上传的内容侵权的注意义务。该种观点认为：

首先，传统超市、商场等经营者面对的是大量的商品，此类销售商作为复制品的发行者，其注意义务应主要体现在商品的质量、商品的来源以及商品的商标等方面，要求销售商对其销售的成千上万种商品上的每一图案、文字给予是否侵犯著作权的审查义务，系对销售商规定了太高的注意义务。如果超市、商场等被告提供了进货渠道的相应证据，就应当认定超市、商场尽到了合理的注意义务和审查义务，其销售的被控侵权商品具有合法来源，据此，超市、商场不应承担侵权的赔偿责任。如湖北省高级人民法院审理的原告上海世纪华创文化形象管理有限公司与被告湖北新一佳超市有限公司侵害著作权纠纷一案中[①]，二审法院即持该种意见。

其次，与传统超市、商场相比，传统超市、商场销售的商品只能算

---

① 参见湖北省高级人民法院(2012)鄂民三终字第23号民事判决书。

得上大量，App Store 中的商品才是海量。如果 App Store 销售的商品侵犯著作权应当赔偿经济损失，那么传统超市、商场销售的商品侵犯著作权，是否同样应当赔偿经济损失？因此，要求应用商店 App Store 等网络交易平台的运营者对平台中海量商品的著作权来源进行审查，系科以了过高的知识产权注意义务。基于上述理由，App Store 运营者没有防止该商店中第三方 APP 开发商上传的内容侵权的注意义务。

最后，关于应用商店 App Store 是否对于第三方 APP 开发商上传的内容侵权是否构成帮助侵权。如果是商标侵权，则涉及修订后的《商标法》第 57 条第（六）项与《中华人民共和国侵权责任法》（以下简称《侵权责任法》）第 36 条的关系问题。《侵权责任法》第 36 条是将侵犯信息网络传播权纠纷案件中的“通知—删除”规则扩大适用到整个网络侵权中，但是，不能够将网络服务提供者的所有行为都认定为《商标法》第 57 条第（六）项规定的“故意为侵犯他人商标专用权行为提供便利条件”的“帮助”侵权行为，只有《侵权责任法》第 36 条规定的“网络服务提供者接到通知后未及时采取必要措施的”对损害的扩大部分，以及“网络服务提供者知道网络用户利用其网络服务侵害他人民事权益”的情形，才属于《商标法》第 57 条第（六）项规定的帮助侵权行为。并且，网络平台提供者对著作权的注意义务一般要低于对商标权注意义务，据此，如果在商标案件中都不构成帮助侵权，那么在著作权案件中，应用商店 App Store 的运营者也不构成帮助侵权。

另一种观点认为，应用商店 App Store 运营者有义务防止该商店中第三方 APP 开发商上传的内容侵权，笔者赞同该种观点，理由如下。

首先，苹果公司作为 App Store 的运营者，对应用商店 App Store 具有管理能力和控制能力，这与淘宝网等相对中立的网络交易平台有着本质上的区别。苹果公司通过与第三方 APP 开发商签订《iOS 开发商计划许可协议》《已注册的 APPLE 开发商协议》等合作协议，实际上控制了应用商店 App Store 中 APP 开发的标准。苹果公司对于任何在 App Store 上发布的 APP，采取了符合该公司意志和政策的选择，且并不受到第三方 APP 开发商的影响，因此，苹果公司作为应用商店 App Store 的运营者，根据该公司单方制定的 App Store 商业运营模式，对 App Store 网络交易平台有着极强的管理能力与控制能力。

其次，苹果公司作为应用商店 App Store 的开办者和运营者，通过应用商店 App Store 中的 APP 有偿下载获取了直接的经济利益，按照我国权利义务相一致的法律原则，苹果公司在享受收益分成的同时，应当为其提供的商品侵权承担法律责任。与网站时代的网络交易平台运营商、信息存储空间的网络服务运营商以及其他 APP 网络交易平台运营商不同的是，苹果公司开办并经营的应用商店 App Store，在与第三方 APP 开发商签订的协议中，明确约定了“三七开”的固定收益分成标准。正因为苹果公司从应用商店 App Store 的运营中获取了固定比例分成的直接经济利益，故而该公司应当承担相应的法律义务。

最后，关于苹果公司作为应用商店 App Store 的运营者具有一定的主观过错的问题。苹果公司经营应用商店 App Store，不属于信息存储空间的网络服务提供商，也不同于一般的网络交易平台提供商，不具有法定的网络服务商的免责事由。更加重要的是，苹果公司在相当程度上控制了第三方 APP 的开发标准，且从被控侵权 APP 的销售中直接获利，因此，苹果公司应当知道开发商侵权的情况，也应当具有审查第三方 APP 的内容是否构成侵权的注意义务。有研究表明，苹果公司对于第三方 APP 的审核采取了“双重标准”。例如，“在美国本土，由于法律的惩罚性赔偿原则和侵权的严重后果，App Store 鲜有侵权的新闻报道，这与在中国的情况显然不同。”[①] 不仅如此，苹果公司在中国对于著作权审查的问题同样采取了“双重标准”。例如，中央电视台的记者调查发现，苹果公司创始人乔布斯的传记《史蒂夫·乔布斯传》这一著名畅销书在 App Store 中没有盗版，[②] 但是，中国作家的许多畅销书在 App Store 中却存在价格不等的盗版书。由此可见，苹果公司在应用商店 App Store 中面对海量的商品信息并不是没有能力审查其版权的合法性，既然苹果公司可以通过技术手段保证《史蒂夫·乔布斯传》不被盗版，那么该公司同样有能力保护其他出版物不被盗版，苹果公司有义务通过相应的审核机制防止第三方 APP 开发商上传的内容侵犯他人的著作权。

---

① 余小林：《手机应用商店如何控制法律风险？——App Store“侵权门”的警示》，《中国电信业》2011年第9期。

② 参见《央视指苹果版权审查双重标准》，http://www.roll.sohu.com/20120427/n341799282.shtml，2017年9月12日。

（二）微信公众号侵权

随着微信的普及和广泛运用，微信空间相继出现了许多涉嫌侵犯著作权的纠纷，例如，《罗辑思维》一书的作者因涉嫌“盗版”原创者的作品而向著作权人道歉，又如，《中国企业家》杂志因未经许可擅自使用《财经》杂志的作品而道歉。[①] 微信公众号因未经许可转载他人作品被控侵犯著作权的案件，在我国的司法实践中已经出现。其中，中山市商房网络科技有限公司（以下简称商房网公司）诉中山市暴风科技有限公司（以下简称暴风公司）微信公众号“最潮中山”（微信号：zczs88）著作权侵权纠纷一案[②]，虽然只是一起赔偿金额仅为 1 元的“1 元钱官司”，但对于 APP 平台有较大影响，该案的基本案情如下。

“中山商房网”（微信号：zssfw8）是经认证的腾讯微信平台的订阅号账号，该账号的功能信息栏里有商房网公司的详细信息，并载明该账号由商房网公司提供服务。2014 年 1 月 28 日、2 月 6 日、3 月 12 日，“中山商房网”先后向微信用户推送了标题为《中山谁最高？利和高度将被刷新 解密中山高楼全档案》《初八后大幅度降温阴雨天气》《莫笑老饼 为您推介中山四大名饼》的 3 篇文章。上述 3 篇文章的最后均载明“本文为商房微信搜集资料和撰写的文章，欢迎读者分享或转发到朋友圈。任何公众号未经许可不得私自转载或抄袭”。“最潮中山”也是腾讯微信平台的订阅号账号，但未经认证。2014 年 2 月 3 日、2 月 6 日、3 月 13 日，“最潮中山”先后向微信用户推送了与上述文章内容基本一致的 3 篇文章。而后，商房网公司认为暴风公司的上述行为侵害了其著作权，遂于 2014 年 4 月 17 日诉至人民法院。

一审法院认为，因“中山商房网”与“最潮中山”所推送的信息都是有关中山市的生活资讯，二者微信用户的受众具有高度相似性，暴风公司作为微信公众账号的运营主体，在商房网公司明确声明不允许其他微信公众号转载的情况下，暴风公司未经商房网公司许可授权，擅自在其运营的微信公众账号上发表涉案文章，并将其“改头换面”后以微信

---

① 参见杨延超：《与微信平台有关的著作权问题研究》，《知识产权》2015 年第 8 期。

② 参见广东省中山市第一人民法院（2014）中一法知民初字第 339 号民事判决书；广东省中山市中级人民法院（2015）中中法知民终字第 197 号民事判决书。

的方式推送，因此“最潮中山”的行为足以导致相关公众将涉案作品误认为是暴风公司的作品，从暴风公司自身的行业性质及其行为的特点考虑，其行为已侵犯了商房网公司享有的信息网络传播权、获得报酬等著作财产权以及署名权、修改权等著作人身权，依法应当承担赔偿经济损失和赔礼道歉等民事侵权责任。一审法院判决：①暴风公司于判决生效之日起七日内，连续三日在“最潮中山”的微信订阅号上向商房网公司书面赔礼道歉（内容须经法院审定，期间不得擅自删除该内容）；逾期不履行，法院将在中山网（网址为 http：//www. zsnews. cn）公布判决的主要内容，有关费用由暴风公司负担；②暴风公司于判决生效之日起七日内向商房网公司赔偿经济损失 1 元；③驳回商房网公司的其他诉讼请求。

暴风公司不服一审判决，提起上诉，其中一个上诉理由：即便涉案文章构成抄袭，也应由其作者及发布者吴继业承担侵权责任，与微信公众号“最潮中山”运营商暴风公司无关。二审法院另查明：暴风公司提交的员工离职手续交接表显示，吴继业于 2014 年 8 月 18 日正式离职，原属暴风公司的总经办，职务为网管。二审法院认为：吴继业通过“最潮中山”微信公众号向外发布文章的行为与其职务有关，属于履行职务行为，该行为是以暴风公司的名义实施的，应认定为法人行为。暴风公司对涉案文章中雷同的内容也没有标明来源和出处，将会导致相关公众将两篇文章混为一体，从而实质性地损害商房网公司的合法利益，因此暴风公司的行为已构成了对商房网公司著作权的侵害。据此，二审判决驳回上诉，维持原判。

在上述案例中，被控侵权微信公众号并不构成“默示许可”，一审、二审判决的法律适用和实体处理结果正确，其理由在于：“默示许可”应当符合以下四个构成要件。

第一，作品系著作权人上传至特定的 APP 空间，且著作权人没有作出禁止他人未经许可授权转载其作品的权利保留声明。作品应当是著作权人自己上传至特定 APP 空间的，如果著作权人自己没有发表，那么，微信公众号将该作品发布的行为就属于侵犯著作权人发表权的侵权行为；如果著作权人已将作品在纸质刊物上或网站上发表，但没有上传至特定的 APP 空间，那么，就不能推定著作权人愿意在 APP 空间中发表作品，他人经营的微信公众号更加不能在 APP 空间中转载。在知识产权司法实践中，最早的“默示许可”规则来源于 De Forest Radio Tel. Co. v. United States 侵犯专利权一案中，美国联邦最高法院在该案的判决书首次确立了“默示许可”规则，即“如果获得许可使用并不是必须通过正式授权许可一个途径，相对于使用人而言，考察专利权人的语言和行为表示，只要能够让第三人推定出是专利权人同意实施专利行为，就达成了一种许可，也可以面对专利权人控告进行权利抗辩。”[①] 2004 年，“默示许可”规则被美国内华达州联邦地区法院适用到著作权的审判中，即著作权人 Field 诉 Google 公司侵犯著作权纠纷案。该案中，Field 诉 Google 公司将其享有著作权的 51 部作品存储于 Google 在线数据库中并允许网络用户浏览。美国内华达州联邦地区法院经审理认为，Field 在明知 Google 公司将如何使用作品以及 Field 明知采取相应措施可以阻止 Google 公司使用作品的情况下，仍然默许 Google 公司使用涉案作品，Google 公司据此获得了“默示许可”。[②] 反观中山市商房网络科技有限公司诉中山市暴风科技有限公司侵犯著作权纠纷一案，原告享有著作权的 3 篇文章的最后均载明“本文为商房微信搜集资料和撰写的文章，欢迎读者分享或转发到朋友圈。任何公众号未经许可不得私自转载或抄袭”，在此情况下，显然不能推定著作权人未作禁止他人转载的权利保留声明，因此，该案不属于“默示许可”的情形。

第二，作品使用人应当尊重著作权人的本意和著作人身权。作为作品使用人，应当尊重著作权人为扩大作品或著作权人自身影响力而默许转载作品的本意，如果作品有作者署名、作者单位等信息，微信公众号等 APP 空间的作品使用人在转载作品时，应当保留作品的署名、作者单位等信息，否则构成对著作权人的署名权的侵害。并且，作品使用人在转载作品时，未经许可不得修改作品，更加不得歪曲、篡改作品，否则同样构成侵犯著作权。

第三，“默示许可”的对象应当是不特定的多数主体。“默示许可”与“明示许可”的一个重要区别在于，“明示许可”的对象是特定的被许可人，而“默示许可”的对象是不特定的多数主体。在 APP 空间，设立“默示许可”规则的出发点在于保障不特定多数主体合法使用作品，

---

① 李捷:《论网络环境下的著作权默示许可制度》,《知识产权》2015 年第 5 期。

② 参见杨延超:《与微信平台有关的著作权问题研究》,《知识产权》2015 年第 8 期。

即APP空间中“海量作品的海量授权”问题。如果许可的对象是特定的主体，那么就属于“明示许可”的范畴，而不再属于“默示许可”。

第四，作品使用人知道作品内容侵犯著作权或著作权人不再默示许可作品后，应当立即停止提供作品。一方面，如果作品使用人知道作品内容侵犯著作权，则属于“默示许可”不成立的情形，应当立即停止提供作品；另一方面，如果著作权人以发布声明或通知等合理的方式，表示不再继续默示许可作品，作品使用人也应当立即停止提供作品，也就是说，“默示许可”的著作权人有权利解除“默示许可”作品。正如有学者认为的那样，这体现了“默示许可不是对著作权的权利限制，而依然属于著作权人授权许可的范畴。”[①] 申言之，著作权人解除作品“默示许可”的方式是“通知—解除”规则。

另外，我国的《著作权法》正在修订之中，遗憾的是，《著作权法（送审稿）》中并未作出APP空间“默示许可”的相关规定。笔者认为，在APP空间赋予微信公众账号等作品使用人“默示许可权”是大势所趋，故笔者建议在新修订的《著作权法》中增加关于“默示许可”的相关规定。

（三）聚合平台APP侵权

聚合平台APP侵权的案件主要集中在两个领域：其一是视频聚合平台APP侵权，目前我国的视频聚合平台APP包括芭乐影视等十余家，此类视频聚合平台APP本身并不购买版权，而是通过定向链接其他APP视频网站的视频资源方式向用户播放影视作品；其二是新闻聚合平台APP侵权，以“今日头条”为代表，该款手机APP的口号是“我们不生产新闻，我们只是新闻的搬运工”[②]，其APP界面不定时地向手机用户推送新闻标题，手机用户点击其推送的新闻标题之后，即可阅览链接的来源于其他网站的新闻内容。据腾讯公司统计，视频网站每年购买影视作品版权的费用高达数百亿元，支付带宽运营成本数十亿元，而视频聚合平台APP每年导致合法视频网站的流量损失超过数百亿次，广告收益损失高

---

① 冯晓青、邓永泽：《数字网络环境下著作权默示许可制度研究》，《南都学坛（人文社会科学学报）》2014年第5期。

② 张艳红：《今日头条APP版权纠纷》，《电子知识产权》2015年第1期。

达数十亿元。[①] 当前，在聚合平台 APP 侵权的案件中，各地方人民法院出现了非常明显的分歧，同时存在多种裁判结果：第一种裁判结果是认定聚合平台 APP 侵犯了信息网络传播权；第二种裁判结果是认定聚合平台 APP 不构成侵犯信息网络传播权但构成不正当竞争；第三种裁判结果是认定聚合平台 APP 既构成侵犯信息网络传播权又构成不正当竞争。

1. 芭乐影视案：聚合平台侵犯信息网络传播权

以有着“国内首例手机聚合类视频 APP 侵权案”之称的搜狐公司诉芭乐公司芭乐影视 APP 侵犯信息网络传播权一案为例。[②] 搜狐公司依法获得网络电视剧《屌丝男士》的独家网络传播权，其传播平台包括网站平台“www. sohu. com”、手机客户端 APP、PC 终端、数字电视、IPTV、互联网电视等信息网络传播平台。芭乐公司未经著作权人许可，通过苹果平板电脑 iPad 的 iOS 客户端软件芭乐影视 APP 提供搜索链接功能，并完整播放了涉案电视剧。搜狐公司认为，芭乐影视未经许可，在 iPad 上通过芭乐影视 APP 播涉案电视剧的行为，侵犯了搜狐公司的信息网络传播权，请求法院判令芭乐公司停止侵权、赔偿经济损失及合理费用。

北京市石景山区人民法院审理后认为，尽管芭乐影视 APP 有搜索链接的功能，但其播放界面并没有显示涉案电视剧来源于搜狐公司，因此，芭乐公司系涉案电视剧的网络内容服务的提供者，芭乐公司未经涉案电视剧的著作权人授权，通过 APP 的信息网络渠道向公众传播涉案电视剧的行为，侵犯了搜狐公司依法享有的信息网络传播权，据此判决芭乐公司赔偿搜狐公司经济损失 2.6 万元。

审理该案的法官认为，聚合平台 APP 利用移动互联网获取信息资源方便快捷的特点，未经许可链接其他视频网站的热门影视作品并聚集在自己开办的聚合平台中，使用聚合平台自带的播放器向网络用户提供视频在线播放服务或者是下载服务，并通过在其自身的播放器中嵌入广告的方式获取经济利益，此类视频聚合平台 APP 未经授权利用了其自己并未购买版权的影视作品进行营利，侵犯了有偿购买影视作品版权的视频

① 参见邹良城:《侵权 3.0 时代的互联网产业法律问题研究报告——视频聚合行为的侵权认定和法律规则》,http://www. tisi. org/4611,2017 年 7 月 17 日。

② 参见刘岭:《热播网剧遭遇侵权国内首例手机聚合类视频 APP 侵权成立被判赔》,《电子知识产权》2014 年第 3 期。

网站合法权利，属于侵害信息网络传播权的行为。

2. VST全聚合案：聚合平台不构成侵犯信息网络传播权但构成不正当竞争

以有着“全国首例视频聚合盗链不正当竞争案”之称的北京爱奇艺科技有限公司（以下简称爱奇艺公司）诉深圳聚网视科技有限公司（以下简称聚网视公司）不正当竞争纠纷一案为例。[①] 在该案中，爱奇艺公司认为，聚网视公司经营的“VST全聚合”软件播放了来自于爱奇艺网站依法享有著作权的视频，并绕开了爱奇艺网站影片的片头广告，降低了广告主在爱奇艺网站处投放广告的曝光率，并且，“VST全聚合”软件聚合了包括爱奇艺网站在内的多家大型视频网站的视频内容，导致爱奇艺网站的用户访问量和播放器客户端的下载量均有所下降，聚网视公司的行为属于破坏正常商业秩序的不正当竞争行为。

一审法院认为，聚网视公司的行为构成不正当竞争，判令聚网视公司赔偿爱奇艺公司经济损失30万元和合理费用6万元，并就涉案不正当竞争行为在其官方网站首页连续72小时刊登声明以消除影响。

聚网视公司不服一审判决，提起上诉。上海知识产权法院二审认为，聚网视公司在未支付版权费等运营成本的情况下，通过聚合技术让其用户观看爱奇艺网站享有著作权的视频，但涉案视频的版权费等运营成本皆由爱奇艺公司承担。爱奇艺公司不仅支付了涉案影片的版权购买成本，还面临广告点击量下降与用户数量减少的商业利益损失。聚网视公司应当知道其实施的聚合技术会出现自己得利而导致他人受损的后果，却仍然实施该聚合技术，违背了诚实信用原则，违背了公认的商业道德，具有不正当竞争的主观故意，构成了不正当竞争。据此，上海知识产权法院于2016年4月26日作出二审判决：驳回上诉，维持原判。

在该案中，法院还认为，“VST全聚合”软件系通过破解爱奇艺网站密钥（Key值）的方式，其采用的技术手段妨碍爱奇艺网站统计片头广告播放的数量，该行为会导致爱奇艺网站的广告投放周期内的收益下降，损害了爱奇艺网站的合法利益，构成不正当竞争。聚网视公司在既不支付影视作品的版权费用又不支付带宽成本的情况下，能使用户在不观看

---

① 参见《全国首例视频聚合盗链不正当竞争案　上海知产法院作出终审判决》，http://shfy.chinacourt.org/article/detail/2016/05/id/1863099.shtml，2017年7月17日。

片前广告且不支付爱奇艺网站会员费，而是通过转而使用“VST 全聚合”软件观看爱奇艺网站享有著作权的影视作品，其明显挤占了爱奇艺网站的市场份额，不正当地取得了市场竞争优势，并且造成爱奇艺网站广告费和会员费收入的减少，侵犯了竞争对手的正常经营、攫取了竞争对手的合法商业利益，该竞争行为违反了诚实信用原则和公认的商业道德，属于不正当竞争行为。

3. “电视猫”软件（MoreTV）案件：聚合平台既构成侵犯信息网络传播权又构成不正当竞争

在司法实践中，也有法院认为，聚合平台非法解析他人视频网络地址并提供链接的行为，属于《著作权法》和《信息网络传播权条例》意义上的提供作品的行为，既构成侵犯信息网络传播权，同时也构成不正当竞争。以北京市朝阳区人民法院审理的原告乐视网信息技术（北京）股份有限公司（以下简称乐视公司）诉被告上海千杉网络技术发展有限公司（以下简称千杉公司）侵害著作权及不正当竞争纠纷一案为例。[①]该案中，乐视公司起诉认为，千杉公司经营的“电视猫”软件（MoreTV），未经授权故意避开并破坏乐视公司为保护涉案视频作品所采取的技术措施，以“盗链”方式通过互联网向公众传播和提供涉案作品，侵犯了著作权。同时，千杉公司恶意删去播放前贴片广告和播放页面广告，无偿占用乐视公司的视频带宽资源，增加乐视公司服务器负担，其行为破坏了互联网视频行业的商业模式，构成不正当竞争。

北京市朝阳区人民法院经审理认为，千杉公司通过破解视频资源URL 链接地址参数的方式，达到获取可用链接，以向其用户提供视频播放的目的。由此，可以认定千杉公司的涉案解析行为，是一种非法的盗取行为。该盗取行为，显然不同于网络中的合法、普通链接行为：第一，合法、普通的链接所链接的是被链网站允许直接访问的服务器、URL 地址对应的页面，而“电视猫”软件通过非法解析手段获取的是乐视公司不允许直接访问的服务器及 URL 地址；第二，合法、普通的链接可以实现完整跳转并完全呈现被链接网站的全部内容，而使用“电视猫”软件呈现的结果仍是在其本身的网页下；第三，合法、普通的链接在符合互

① 参见北京市朝阳区人民法院（2015）朝民（知）初字第 44290 号民事判决书。

联互通的互联网基本精神的前提下，为被链接网站所欢迎和接受，而“电视猫”软件实施的手段，恰恰是乐视公司采取了多重手段予以防范的对象，说明了“电视猫”软件实施的行为违背乐视公司的基本意愿；第四，合法、普通的链接是全网进行，有一定的随机性，而“电视猫”软件通过非法解析手段，选择特定对象，即涉案的视频源，将其资源整合至自己的软件当中。并且，就“电视猫”软件而言，千杉公司是从事软件开发服务的公司，该软件适用于互联网电视集成平台（电视端与手机客户端），与乐视公司的视频平台构成竞争关系，千杉公司的涉案行为，使乐视公司的广告投放及会员收费的利益均无法实现，同时千杉公司占用了乐视公司的带宽资源，不正当地抢夺了乐视公司的客户资源，构成了不正当竞争。据此，法院判决：千杉公司立即停止涉案著作权侵权行为及不正当竞争行为，赔偿乐视公司经济损失 50 万元及合理费用 22040 元。

4. 笔者的意见

美国学者保罗·戈斯汀（Paul Goldstein）有言：“著作权从一开始就是技术之子。”[①] 在某种意义上，著作权法是传播技术的产物，随着印刷、广播、电视、互联网、移动互联网等技术的创新而不断发展。尤其是移动互联网技术的快速发展，使得技术问题与法律问题相互交织，催生了许多网络著作权保护的新问题。当前，聚合平台 APP 已经成为网络视频和网络新闻领域涉嫌侵犯知识产权最集中而且诉讼案件最多的现象，甚至流传这样一句话：“十盗版，九聚合。”[②] 关于聚合平台 APP 是否构成侵犯信息网络传播权的问题，在我国司法实践中和法学理论界有着不同的看法。王迁教授认为，我国《著作权法》关于信息网络传播权的规定来源于《世界知识产权组织版权条约》第 8 条，在该国际条约中，“向公众提供作品”指的仅仅是提供作品的“初始行为”，而不是为信息网络传播提供便利的行为，因此，“对于其他网站中已经权利人许可公开传播的作品设置链接，无论该链接指向的是首页还是次级网页或其中的内容，

① [美]保罗·戈斯汀:《著作权之道:从古登堡到数字点播机》,金海军译,北京大学出版社 2008 年版,第 22 页。

② 林子英、崔树磊:《“盗链”类视频聚合平台直接侵犯著作权》,《中国知识产权报》2016 年 7 月 8 日第 10 版。

本身并不构成著作权侵权”，但是，聚合平台 APP“直接分流了来源网站的手机客户端软件用户，与来源网站形成了直接竞争，也即实质性地替代了用户对来源网站的访问或对来源网站手机客户端软件的使用”。[①] 据此，聚合平台 APP 本身并不构成侵犯信息网络传播权，但是构成了不正当竞争。与之相反，腾讯公司邹良城先生将聚合行为称为“侵权 3.0 时代的新型侵权行为”，其认为应当“坚持回归著作权法和侵权责任法的原义，著作权法的核心就是保护权利人对其作品的控制。如果由于他人的违法行为导致权利人的专有权受到侵害，应当赋予其救济的权利。”[②] 张钦坤等认为：“对于信息网络传播权中的提供行为，应该抛弃生硬套用服务器标准的做法，而是应以是否实质性使得用户获得作品来界定。搜索类新闻聚合 APP 利用深层链接技术直接再现新闻作品，用户可以直接通过深层链接接触作品而无须再进入被链网站。深层链接可以使得用户获得作品，该作品提供行为，若未经著作权人许可，则构成直接侵权。”[③] 熊琦教授则认为：“信息网络传播权作为《著作权法》中一项具有排他性的财产权类型，其排他性正是体现在权利人对提供行为的控制上。公众可以在个人选定的时间和地点获得作品，意味着信息网络传播权的排他性只能体现于提供行为或者说获取来源的控制力，通过这种排他性，著作权人和被许可人才能从中享有因权利获得的特定经济利益。”[④] 上述两种截然相反的观点，其根本分歧在于：聚合平台 APP“链接”作品的行为是否属于信息网络传播权意义上的“提供”作品行为，以及认定聚合平台 APP 是否侵犯信息网络传播权的标准是“服务器标准”还是“实质性替代标准”。对此，笔者认为，聚合平台 APP 构成侵犯信息网络传播权，具体理由如下。

其一，信息网络传播权意义上的“提供”作品行为不应当局限于将作品“上传”至服务器中的“初始行为”。即便《世界知识产权组织版权条约》中“向公众提供作品”的本意仅仅是提供作品的“初始行为”，

---

① 参见王迁：《“今日头条”著作权侵权问题研究》，《中国版权》2014 年第 4 期。

② 邹良城：《侵权 3.0 时代的互联网产业法律问题研究报告——视频聚合行为的侵权认定和法律规则》，http://www.tisi.org/4611，2017 年 7 月 17 日。

③ 张钦坤、孟洁：《搜索类新闻聚合 APP 的侵权认定分析》，《知识产权》2014 年第 7 期。

④ 熊琦：《首个影视聚合平台侵权案　法律界定的示范效应》，http://www.sohu.com/a/60475453_115415，2017 年 7 月 17 日。

但在该公约订立时，当时的技术手段只限于将作品“上传”至服务器，而随着互联网技术的快速发展，“向公众提供作品”的方式已经多样化，因此，不应再以当时的技术条件下的作品“提供”方式限定现在的作品提供行为。正如最高人民法院王艳芳法官撰文指出的那样：“经过调研，最高人民法院认为，随着技术的发展，不经过服务器的存储或中转，通过文件分享技术等方式也可以使相关作品置于信息网络之中，以单纯的‘服务器标准’技术标准界定信息网络传播行为不够准确，应将信息网络传播行为作广义的理解。”[①] 因此，信息网络传播权中的作品“提供”不应当局限于“上传至服务器”的“初始行为”这一种行为方式，“提供”的结果是公众的“获得”，只要是以链接方式使公众“获得”了作品，即属于“实质性替代”的信息网络传播行为，即侵犯了著作权人的信息网络传播权。就聚合平台 APP 侵犯信息网络传播权的纠纷而言，聚合平台经营者虽未将作品存储至其自有服务器中，但其采取的“链接”属于未经著作权人许可的“盗链”方式，聚合平台向用户提供作品的信息网络传播服务同样是一种作品提供行为，直接侵犯了著作权人依法享有的信息网络传播权，属于直接侵权。

其二，未经著作权人许可链接的聚合平台 APP，实际是采取破坏技术措施向网络用户提供作品，该行为属于我国《信息网络传播权保护条例》规定的禁止避开、破坏技术措施的规制范畴[②]。一般来说，依法享有视频、新闻等类型作品著作权的网站都会采取技术措施防止他人“盗链”，而聚合平台 APP 通过数据解析的方式先获得正版网站的作品资源绝对存储地址，再通过聚合平台链接播放。在这一过程中，聚合平台提供的并非普通、合法的链接服务，聚合平台经营者也不是合法的网络服务提供者，在正版网站对作品采取一定的技术手段进行保护的

① 王艳芳：《〈关于审理侵害信息网络传播权民事纠纷案件适用法律若干问题的规定〉的理解与适用》，《人民司法·应用》2013 年第 9 期。

② 《信息网络传播权保护条例》第 4 条规定：“为了保护信息网络传播权，权利人可以采取技术措施。任何组织或者个人不得故意避开或者破坏技术措施，不得故意制造、进口或者向公众提供主要用于避开或者破坏技术措施的装置或者部件，不得故意为他人避开或者破坏技术措施提供技术服务。但是，法律、行政法规规定可以避开的除外。”《信息网络传播权保护条例》第 18 条第（二）项规定，故意避开或者破坏技术措施的，根据情况承担停止侵害、消除影响、赔礼道歉、赔偿损失等民事责任。

前提下，聚合平台进行数据解析以获得作品资源的存储地址并直接提供播放服务，是一种避开或者破坏技术措施的行为，应当受到法律的规制。

当前，法学理论界对于聚合平台APP构成不正当竞争的意见比较一致，但是，聚合平台APP侵犯信息网络传播权和不正当竞争行为是否构成竞合的问题，需要引起人民法院的高度重视。笔者认为，《反不正当竞争法》与《著作权法》是一般规定与专门规定的关系：《著作权法》有规定的，应优先适用《著作权法》；《著作权法》没有规定时，则应适用《反不正当竞争法》。我国是一个成文法国家，《著作权法》也无法避免地滞后于互联网社会的快速发展，在这种情况下，《反不正当竞争法》可以弥补《著作权法》的知识产权法定主义的局限。当然，人民法院适用《反不正当竞争法》的问题也十分突出。我国的《反不正当竞争法》颁布施行于1993年，至今已有二十余年。当年立法时不可能预见到如今网络竞争的复杂和激烈，只规定了仿冒、商业贿赂、虚假宣传、侵害商业秘密、低价倾销、捆绑销售、有奖销售、商业诋毁及串通投标等传统的不正当竞争行为，而没有规定网络不正当竞争行为等其他不正当竞争行为的兜底条款。《反不正当竞争法》中行为规则的缺失，不利于遏制愈演愈烈的互联网恶性竞争。人民法院在审理涉及互联网的新型竞争案件时，目前只能适用《反不正当竞争法》第2条第一款“经营者在市场交易中，应当遵循自愿、平等、公平、诚实信用的原则，遵守公认的商业道德”的一般条款，但一般条款的规定比较概括和抽象，容易导致地方法院裁判标准的不一致。聚合平台“盗取”正版网站作品资源，侵犯其信息网络传播权的同时，往往还绕开了网站的会员收费环节和广告播放环节，并且还占用了正版网站的带宽资源，这些行为不仅是侵犯著作权的行为，而且还损害了正版网站依法获取的市场竞争优势以及市场竞争利益，扰乱了正当的互联网经营秩序，违反了互联网行业公认的商业道德以及民事活动应当遵守的诚实信用的基本法律原则，是一种不正当竞争行为。因此，笔者认为，聚合平台APP既侵犯了信息网络传播权，又构成了不正当竞争，且侵犯信息网络传播权和不正当竞争的行为并不构成竞合。

二、商标权案件

（一）APP名称的商标性使用问题

在APP空间，APP的名称是否属于商标性使用，这是APP名称能否受到法律保护的前提，也是人民法院审理商标权案件遇到的新问题、新挑战。以李叶飞、韩燕明诉北京新浪互联信息服务有限公司侵犯注册商标专用权纠纷案①为例。

李叶飞于2004年12月29日申请注册“拍客”商标。2007年9月7日，经国家工商行政管理总局商标局核准，韩燕明和李叶飞作为商标共同所有人注册了第4441141号“拍客”商标，商标核定使用商品和服务类别为第9类，即包括电子出版物（可下载）、计算机程序（可下载软件）等。商标注册有效期至2017年9月6日。北京新浪互联信息服务有限公司（以下简称新浪公司）从2012年开始，在新浪微博、新浪网发布了iPhone版的新浪拍客APP和Android版的新浪拍客APP，供新浪用户免费下载使用。李叶飞、韩燕明主张新浪公司的侵权行为指向的是新浪拍客客户端，即APP，包括iPad版、iPhone版以及Android版。李叶飞、韩燕明认为，新浪公司在软件客户端上使用“拍客”字样，属于在同一种商品上使用与其注册商标相同的标识，侵犯了其注册商标专用权，据此请求法院判令新浪公司停止侵权，赔偿其经济损失360万元、公证费1000元。新浪公司辩称：“拍客”是对特定人群和行为的描述性词汇，是指在互联网时代下，将自己拍摄的图片或视频上传至网络平台与他人共享的一群人，也指该群体的上述行为方式，该词汇本身已进入公共领域，李叶飞、韩燕明无权垄断该词汇禁止他人合理使用；新浪网是知名网站，新浪公司是在自己的网站上描述性使用“拍客”，主观上没有“搭便车”的目的和必要，不存在攀附他人商誉的侵权意图；新浪公司未将“拍客”作为商标使用，新浪公司拥有大量“新浪”图形及文字等商标，“新浪”文字及图形等商标比“拍客”更有知名度和显著性；新浪公司对“拍客”的使用是描述性使用，没有混淆可能性；李叶飞、韩燕

① 参见北京市海淀区人民法院(2014)海民初字第14715号民事判决书；北京知识产权法院(2015)京知民终第00114号民事判决书。

明未实际使用涉案“拍客”注册商标，新浪公司不应承担赔偿责任。

北京市海淀区人民法院一审认为，该案中“拍客”一词经过互联网市场相关公众广泛使用，已经成为互联网领域的通用词汇，特指一类人或者是一类技术工具，李叶飞、韩燕明虽在2007年申请注册了涉案商标，但其怠于使用及主张该商标权利，致使“拍客”一词逐步淡化为互联网领域的通用词汇，其指示商品或服务来源的功能降低，故商标权人对该商标的使用应当受到一定的限制，不能禁止他人对该词语正当的合理使用。新浪公司将“拍客”一词使用在其开发的一款APP上，此时该词语并未发挥表彰和区分其服务来源的作用，而是“新浪”一词及其公司标识起到了指示来源、区分商品或服务的用途。新浪公司在应用软件上使用“拍客”一词，其目的是直接告知消费者该款APP的用途，这种使用系对“拍客”一词符号本意的使用，并非商标意义上的使用，属于描述性使用“拍客”一词。

北京知识产权法院二审认为，无论从法定还是从约定俗成的角度来看，“拍客”一词均不能被认定在计算机软件产品（手机客服端APP）上已成为通用名称。但随着“拍客”一词的使用与普及，“拍客”商标在涉案拍客使用的APP上作为商标的显著性程度大大减弱，其发挥商品来源功能的效果明显低于其第一含义的指代作用。实际上，消费者在该款APP上看到“拍客”二字更可能想到的是该款软件的用途或者适用的人群，而非商品的提供者，“拍客”本身并没有发挥区分商品来源的商标性作用，且其并无故意误导公众的主观意图，客观上也不会导致消费者混淆和误认。据此判决：驳回李叶飞、韩燕明的诉讼请求。

笔者认为，APP名称是否侵犯商标权的问题的前提，首先是要判断该APP名称的使用属于“商标性使用”还是属于“叙述性使用”（或称为“描述性使用”）。申言之，对被控侵权标识作商标法意义上的使用，是被控侵权行为构成商标侵权的前提，如其行为不属于商标法意义上的商标使用行为，则侵权指控就无从谈起，而“叙述性使用”即属于非商标使用行为之一。正如有法官指出的那样：“判断是否属于商标性使用，应以商标标识是否用于识别商品来源为标准。APP名称当仅用来描述功能、用途或表征特定用户群体时，并没有发挥区分商品来源的作用，这种使用方式属于描述性使用，不受商标专用权的规制。”① 新《商标法》中虽未出现“叙述性使用”的概念，但第 59 条第一款却作出相关的规定：“注册商标中含有的本商品的通用名称、图形、型号，或者直接表示商品的质量、主要原料、功能、用途、重量、数量及其他特点，或者含有的地名，注册商标专用权人无权禁止他人正当使用。”上述规定虽对适用“叙述性使用”规则审理商标侵权案件提供了法律依据，但该规定仍存在内涵不明确、标准不易把握的缺陷，因此亟待最高人民法院出台新的商标法司法解释，对上述问题予以明确。同时，我国还应当对“商标性使用”的内涵进行进一步明确，以列举的方式对几种存在争议的商标性使用行为进行直接规定，也可以从侧面起到明确“叙述性使用”范围的作用。

（二）APP 名称及 APP 图标侵权

在 APP 蓬勃发展的情况下，APP 的名称成了继商标、域名、微信公众账号之后，又一个遭到恶意抢注的重灾区。为为网的经营者上海易饰嘉网络科技有限公司（以下简称易饰嘉公司）将美国苹果公司和上海沃商信息科技有限公司（以下简称沃商公司）诉至法院，并索赔上亿元的经济损失，上海市第一中级人民法院已立案受理。这是国内首例状告 APP 名称侵犯商标权及不正当竞争的案件。②

2007 年 5 月，易饰嘉公司开发为为网作为该公司的电子商务平台。2010 年 7 月，为为网开发完成并正式投入上线运营，易饰嘉公司经国家商标局授权并取得了“为为网”注册商标。2012 年起，易饰嘉公司在“为为网”网站的电商平台基础上开发了“为为网”的同名 APP，于 2014 年 4 月开发完成。同月，易饰嘉公司在苹果公司官方网站注册 APP 开发商账号，并在 App Store 注册并申请上架名称为“为为网”的 APP，但遭到苹果公司拒绝。苹果公司的理由：名称为“为为网”的 APP 已经存在。易饰嘉公司发现，该款名称为“为为网”的 APP 完全使用了“为

① 张玲玲：《如何判断 APP 名称是否属于商标性使用——评李叶飞、韩燕明诉新浪公司侵犯注册商标专用权纠纷案》，《中国知识产权报》2015 年 11 月 11 日第 008 版。

② 参见《又有人告苹果！“为为网”诉苹果商标侵权已立案》，http://mt.sohu.com/20160104/n433399223.shtml，2017 年 7 月 17 日。

为网”注册商标作为程序图标，涉嫌侵权的为为网 APP 系沃商公司开发，并经过苹果公司审核批准在 App Store 中上架。易饰嘉公司得知该情况后，多次向苹果公司提出异议，要求删除、下架已存在的为为网 APP，并批准易饰嘉公司开发的为为网 APP 在 App Store 中上架，但苹果公司以与此前相同的理由拒绝，或未予回复。易饰嘉公司声称，为为网 APP 的研发成本高达 1.4 亿元，虽然沃商公司上线的 APP 是一款未投入实际运营和获利的“僵尸软件”，但对为为网造成了有形的经济损害和无形的时间损害，此类“李鬼”APP 还可能误导消费者，损害为为网的企业形象。易饰嘉公司还认为，按照《商标法》第 57 条“故意为侵犯他人商标专用权行为提供便利条件，帮助他人实施侵犯商标专用权行为”的规定，苹果公司未经“为为网”注册商标的商标权人许可授权，在其经营的 App Store 中发布假冒的为为网 APP，而上述 App Store 属于网络空间和场所，故苹果公司为侵犯“为为网”注册商标的侵权行为提供了帮助及场所。不仅如此，在“为为网”注册商标的商标权人易饰嘉公司依法与其交涉维权的情况下仍然拒不将假冒的为为网 APP 下架，由此可见苹果公司具有帮助侵权的明显恶意和主观故意，因此苹果公司与假冒为为网 APP 的运营商共同构成侵犯注册商标专用权。

APP 名称或 APP 图标是一类新型的网络商业标识，此类新型互联网纠纷存在以下几个法律适用问题。

1. APP 名称或 APP 图标是否属于商标

我国《商标法》第 4 条第二款规定：“本法有关商品商标的规定，适用于服务商标。”即《商标法》意义上的商品既包括实物商品又包括服务。《商标法》第 48 条规定：“本法所称商标的使用，是指将商标用于商品、商品包装或者容器以及商品交易文书上，或者将商标用于广告宣传、展览以及其他商业活动中，用于识别商品来源的行为。”APP 名称或 APP 图标本身并不是一个单独的实物商品或服务，也不是直接用于商品、商品包装或容器、商品交易文书上的商业标识，但 APP 名称或 APP 图标确实起到了识别商品来源的作用，因此，在一定程度上，APP 名称或 APP 图标既属于商品，又属于服务，此类新型的商业标识同样属于我国《商标法》的保护范围。在 App Store 等网络商城中，无论他人在先的 APP 名称或 APP 图标是否是注册商标，他人在先的 APP 名称或 APP 图标的本质是一种在先的商业标识权利，应当受到法律保护，在 App Store 等电子商城中抢注他人在先的 APP 名称或 APP 图标的行为，应当受到法律规制。

2. APP 名称无法作为商标规范性使用情况下的权利保护

如果说 APP 图标尚有一定的物理空间，可在 APP 图标的载体空间内规范使用注册商标，那么，APP 名称则无法规范使用注册商标。APP 名称只是一行简短的文字，无法以标识右上角标注带圆圈的 R 的英文字母，即“®”的方式标准使用注册商标，更无法使用注册商标中的图形或艺术字体。笔者认为，对于不属于现有法律，如《商标法》保护范围的 APP 名称，我国应当及时立法，通过修改《反不正当竞争法》赋予其“应用名称权”，这样才能有效保护移动互联网领域的品牌创新，遏制山寨版 APP“搭便车”的侵权行为。

三、不正当竞争案件

（一）App Store“竞品词”纠纷

APP 平台在网络搜索服务中，使用竞争对手的商标、字号等商业标识的关键词作为搜索关键词的现象十分普遍，由此还产生了一个新的网络词语——“竞品词”。简言之，“竞品词”就是竞争对手的品牌关键词。在 PC 互联网时代，百度公司推出了“百度竞价排名”。百度竞价排名是百度公司的有偿网络推广服务项目，企业或个人在购买该项网络服务后，可以通过注册、登录账户，向百度搜索引擎提交关键词及其相关内容，相应的推广信息就会以在网络搜索页面“置顶”的方式，出现在网络用户的搜索结果中。与百度竞价排名推广不同的是，APP 平台设置“竞品词”的行为方式是：竞争公司可以在 APP 平台的信息发布后台自行设置相关“竞品词”，并且 APP 网络检索结果的页面也显示该“竞品词”。由此引发了一种新型的网络不正当竞争纠纷。其中，上海万得信息技术股份有限公司诉浙江核新同花顺网络信息股份有限公司不正当竞争一案，被媒体称为我国法院首次适用《反不正当竞争法》第 2 条认定不当设置 APP“竞品词”并通过苹果 App Store 平台发布的行为构成不正当竞争的案件①，该案的基本案情如下。

浙江核新同花顺网络信息股份有限公司（以下简称核新同花顺公司）未经上海万得信息技术股份有限公司（以下简称万得信息公司）同意，在苹果 App Store 中将其商标及字号“万得”设置为“同花顺”软件的关键词。在 App Store 搜索栏中输入“万得”后，iPhone 手机中的 App Store 以及 iPad 中的 App Store 的第一个搜索结果为“万得股票”、第二个为“同花顺”。万得信息公司认为核新同花顺公司的上述行为构成商标侵权及不正当竞争，遂诉至法院。

浙江省杭州市中级人民法院经审理认为，被控侵权行为表现为核新同花顺公司将“万得”设置为苹果公司 App Store 中“同花顺”软件的关键词搜索并予以展现。从效果上来看，关键词并非直接体现在公众面前，“万得”的搜索并未直接指向“同花顺”软件，而直接指向“万得股票”，且由于两者标识截然不同，不会引起相关公众对商品来源的误认，因此不构成商标侵权。两家公司构成直接的竞争关系，“万得”与“同花顺”都具有一定的知名度。核新同花顺公司知道或应当知道“万得”系万得信息公司的商标及字号，且核新同花顺公司的商标、应用名称、公司名称均与“万得”无涉，但仍将“万得”设置为“同花顺”软件的关键词，具有明显的主观故意。从客观上来看，在“万得”搜索结果的同一页面上展示“同花顺”软件，截留了万得信息公司的部分合法商业利益。核新同花顺公司提供的证据不足以认定相互交叉搜索系行业惯例且符合相关法律规定，故核新同花顺公司的行为构成不正当竞争。据此，法院判决核新同花顺公司停止在“同花顺”软件设置“万得”关键词的行为，赔偿万得信息公司经济损失及合理费用 25 万元。万得信息公司不服一审判决，提起上诉，浙江省高级人民法院经审理后判决驳回上诉，维持原判。

在 APP 商店中，将他人的注册商标设置为“竞品词”，但不是用于识别商品来源而且未造成相关公众混淆、误认的，不属于商标法意义上的商标使用行为，该行为并未侵犯他人依法享有的注册商标专用权。但是，将他人的注册商标设置为“竞品词”的行为，违背了诚实信用原则

① 参见浙江省杭州市中级人民法院(2015)浙杭知初字第 535 号民事判决书；浙江省高级人民法院(2015)浙知终字第 268 号民事判决书。

和互联网行业中公认的商业道德，通过“搭便车”的方式获取了他人的商业利益，属于不正当竞争行为。

其一，在APP中将他人注册商标设置为“竞品词”的行为不构成商标侵权。根据《商标法》第48条规定，商标的使用是指将商标用于商品、商品包装或者容器以及商品交易文书上，或者将商标用于广告宣传、展览以及其他商业活动中，用于识别商品来源的行为。该案中，核新同花顺公司将“万得”商标设置为“竞品词”，但在APP的搜索结果中，排名第一的仍然是“万得股票”软件，排在第二位的才是“同花顺”软件，并且“同花顺”软件的图标和文字中均未与“万得”注册商标相同或近似，不会造成相关公众混淆、误认。由此可见，涉案“竞品词”并未直接指向“同花顺”软件，核新同花顺公司也未直接在软件上展示“万得”商标。核新同花顺公司设置“万得”作为“竞品词”的目的，并非使公众混淆、误认两个软件的来源，而是为了使相关公众在APP中搜索相关软件时能够得到“同花顺”软件的结果。因此，核新同花顺公司将“万得”设置为“竞品词”的行为不是商标法意义上的商标性使用。

其二，通过“竞品词”搜索扩大竞争利益的行为属于不正当竞争。苹果公司制定了通过App Store发布APP的《应用元数据规范》（APP Metadata Specification）：“客户通过应用名称、公司名称以及关键字搜索您的应用”；“确保关键词未侵犯任何第三方的权利或商标。关键字必须与应用内容相关且不得包含任何冒犯性词语或商标语、其他应用名称或公司名。如您所发布的关键字已被商标化或涉及其他应用名称或公司，您的应用将会从应用商店上下架。”① 苹果公司提供给开发者的规《应用元数据规范》明确载明，APP的关键字不得包含其他公司的名称或者是他人的APP名称。核新同花顺公司作为APP开发者，明知苹果公司关于“竞品词”的设定规范，该公司也知道或应当知道“万得”是万得信息公司的商标和字号。在此情况下，核新同花顺公司未经万得信息公司许可，仍将“万得”设置为“同花顺”软件的“竞品词”，具有“搭便车”的主观故意。正如有法官指出的那样：“本案中苹果公司提供给开发者的

① 浙江省杭州市中级人民法院（2015）浙杭知初字第535号民事判决书。

规范性文件明确载明，移动应用软件的关键词不得涉及其他应用名称或公司名。万得信息公司、核新同花顺公司均系软件开发者，皆知晓苹果公司关于关键词的设定规则，理应遵守关键词与自身应用相关这一基本的道德准则。”[①] 从 APP 搜索结果页面来看，万得信息公司的“万得股票”软件虽然排在第一位，但是页面上同时显示“同花顺”软件供消费者选择，在客观上扩大了消费者的选择范围，该种行为的目的是利用他人知名商标的知名度，提高消费者获得“同花顺”软件的概率，通过攀附万得信息公司商业标识从而获得自己的商业利益，属于不正当竞争行为。

（二）微信公众账号仿冒纠纷

2015 年年初，原告上海恺英网络科技有限公司（以下简称上海恺英公司）因与被告上海玄云网络科技有限公司（以下简称上海玄云公司）微信公众账号的仿冒纠纷提起诉讼。该案被誉为我国“首例微信公众账号仿冒纠纷案”，该案的基本案情如下。[②]

在运营网络游戏行业，上海恺英公司系我国知名的网络游戏运营商。2012 年 2 月，上海恺英公司斥资一百多万元购买了域名“xy. com”，以打造网络游戏平台——XY 游戏，并在同年 9 月投入大量资源建立了在线游戏平台网站——XY 游戏。2012 年 11 月，上海恺英公司下属名称为“XY 游戏”、域名为“www. xy. com”的精品网络游戏运营平台网站正式运营。“XY游戏”平台开始运营以后，提供了大量的精品游戏，广受玩家欢迎。2013 年 11 月，“XY 游戏”平台开服数达到 367 服，位居所有游戏平台的第 10 位；2014 年 1 月，“XY 游戏”平台开服数达到 407 服，位居所有游戏平台的第 10 位。“XY 游戏”在 2013 年 9 月平台收入已突破 3000 万元。2014 年，上海恺英公司“XY 游戏”平台的营业收入更是在垂直页游平台中排名第 4 位，“XY 游戏”已成为广受用户关注的游戏平台，而上海玄云公司的微信公众账号在 2014 年 3 月才设立。

---

① 转引自王江桥、梁琨：《移动应用商店关键词搜索的商标侵权与不正当竞争——浙江高院判决万得信息公司诉核新同花顺公司侵害商标权及不正当竞争纠纷案》，《人民法院报》2016 年 4 月 7 日第 6 版。

② 参见寿步：《首例微信公众账号仿冒纠纷案述评》，《中国律师》2015 年第 11 期。

为了更好地推广XY游戏网站，上海恺英公司于2013年7月4日注册了微信公众账号（名称为“XY游戏”、微信号为“XY－Games”）作为XY游戏网站的微信延伸服务。截至2015年4月16日，上海恺英公司的微信公众账号已累计（自微信公众账号开始运营时起算）获得85239位用户关注，远超过上海玄云公司微信公众账号的累计关注人数52887人。上海恺英公司提供的证据证明，“XY游戏”平台建立时间较早，为大量用户所使用；早在上海玄云公司微信公众账号运营之前，“XY游戏”平台就已多次入围游戏平台开服排行榜前10位，并且入围百度搜索指数前10位，在玩家群体中具有极高的地位和认知。

上海玄云公司于2014年3月28日开始运营微信公众账号（名称为“XYGAME”、微信号为“XYGAME_com”），比上海恺英公司的微信公众账号运营时间晚了近9个月。微信用户关注微信公众账号，通常可以通过搜索公众账号的名称或搜索微信号来实现。而上海玄云公司运营的微信公众账号的名称“XYGAME”与上海恺英公司早已开始运营的微信公众账号的名称“XY游戏”高度相似，上海玄云公司仅是将“游戏”翻译成英文“GAME”。另外，上海玄云公司微信公众账号的微信号（XYGAME_com）也与上海恺英公司微信公众账号的微信号（XY－Games）高度相似，均包括“XY”以及“Game”这两个元素。

上海恺英公司认为，上海玄云公司既侵犯上海恺英公司平台网站“XY游戏”的特有名称权益，也侵犯上海恺英公司微信公众账号（名称为“XY游戏”、微信号为“XY－Games”）的特有名称权益，造成微信用户对双方微信公众账号的严重混淆，属于明显的“搭便车”行为，构成不正当竞争。据此，上海恺英公司请求法院判决上海玄云公司：①停止运营名称为“XYGAME”、微信号为“XYGAME_com”的微信公众账号；②赔偿上海恺英公司经济损失100万元；③赔偿上海恺英公司为制止侵权支付的公证费3500元。

上海市闵行区人民法院经审理认为，该案双方当事人均从事网络游戏经营，上海恺英公司侧重网页游戏，上海玄云公司主营手机游戏，因此双方业务有重叠和交叉，具有竞争性，符合反不正当竞争法意义上的经营者的主体。“XY游戏”是上海恺英公司运营的游戏网站名称和微信公众账号名称，“XY－Games”是上海恺英公司微信号，“XY”在网站名称、微信公众账号名称及微信号中是主体部分，具有显著性，“游戏”是通用名称，“Games”亦仅是游戏普通英文单词的复数。上海玄云公司注册使用的微信公众账号“XYGAME”包括微信号“XYGAME_com”，“XY”也是其主要部分，与上海恺英公司游戏网站名称和微信公众账号名称及微信号中的“XY”相同，“GAME”是游戏的英文单词。因此，上海玄云公司微信公众账号“XYGAME”及微信号中的“XYGAME”与上海恺英公司游戏网站名称和微信公众账号名称“XY游戏”及上海恺英公司微信号“XY-Games”构成近似。一审法院还认为，上海恺英公司向用户提供的游戏服务，在行业内具有一定的知名度，上海玄云公司未经上海恺英公司许可同意，擅自使用与上海恺英公司提供游戏服务名称近似的微信公众账号，足以使相关公众造成混淆和误认，且实际上已造成混淆，故上海玄云公司注册使用名称为“XYGAME”、微信号为“XYGAME_com”的微信公众账号，构成不正当竞争，依法应当立即停止侵权。据此，一审法院判决：①上海玄云公司立即停止运营微信公众账号（账号名称“XYGAME”，微信号“XYGAME_com”）；②上海玄云公司赔偿上海恺英公司经济损失20万元；③上海玄云公司赔偿上海恺英公司为制止侵权支出的公证费3500元。

上海玄云公司不服一审判决，提起上诉。二审法院认为，“XY游戏”可以认定为知名服务的特有名称，上海玄云公司的被诉行为构成擅自使用他人知名服务特有名称的不正当竞争行为，遂判决驳回上诉，维持原判。

上述案件是一起发生在APP空间的新型纠纷，而案件的焦点在于：微信公众账号的账号名称和微信号是否属于我国《反不正当竞争法》保护的知名商品（服务）特有名称。

上述案件中，上海恺英公司的微信公众账号系该公司用于为APP用户提供手机游戏服务，其微信公众账号作为APP名称属于提供该款手机游戏服务的名称。从案件查明的事实来看，上海恺英公司的“XY游戏”平台设立在先，其名称为“XY游戏”、微信号为“XY-Games”作为“XY游戏”平台在APP网络空间的延伸，同样注册在先，并且上海恺英公司的微信公众账号经过数年经营已经具备较大规模并有为数众多的微信用户玩家。根据上述事实可以认定，涉案名称为“XY游戏”、微信号为“XY－Games”的微信公众账号在相关行业具有一定的知名度，为相关公众所知悉，属于我国《反不正当竞争法》保护的知名服务的特有名称。[①] 上海玄云公司使用的名称为“XYGAME”、微信号为“XYGAME_com”的微信公众账号，与上海恺英公司微信公众账号无论在名称上还是微信号上均高度近似，这必将使得相关微信用户误以为上海玄云公司提供的手机游戏服务是上海恺英公司提供的知名服务“XY 游戏”的游戏内容。上海玄云公司的被诉行为属于明显的“傍名牌”“搭便车”的行为，很容易造成相关微信用户对涉案双方的两个微信公众账号及其提供的网络服务产生混淆、误认，因此，上海玄云公司构成了擅自使用他人知名服务特有名称的不正当竞争。

四、专利权案件

美国学者罗伯特·P. 墨杰斯在《新技术时代的知识产权法》一书中指出：“新技术戏剧性地改变了知识产权的实践方式”，并且，“初步掌握知识产权法适应新技术的过程，就必须要懂得这些技术的主要特征”。由此，罗伯特·P. 墨杰斯提出了一项新的知识产权保护原则——“技术原则”。[②] 随着电子产品特别是移动平板设备的快速发展，电子产品的图形用户界面（Graphical User Interface，英文缩写为 GUI）成为市场竞争的焦点。其中，2012 年苹果公司和三星公司在美国加利福尼亚州的专利纠纷中就涉及苹果公司的多项图形用户界面外观设计专利。欧盟成员国，美国、日本等发达国家对图形用户界面的知识产权保护高度重视，已经明确将其纳入外观设计专利的保护范围。美国对图形用户界面的司法保护

① 我国 1993 年版《反不正当竞争法》第 5 条规定：“经营者不得采用下列不正当手段从事市场交易，损害竞争对手：(二)擅自使用知名商品特有的名称、包装、装潢，或者使用与知名商品近似的名称、包装、装潢，造成和他人的知名商品相混淆，使购买者误认为是该知名商品。”《最高人民法院关于审理不正当竞争民事案件应用法律若干问题的解释》第 1 条第一款进一步规定：“在中国境内具有一定的市场知名度，为相关公众所知悉的商品，应当认定为反不正当竞争法第五条第(二)项规定的‘知名商品’。人民法院认定知名商品，应当考虑该商品的销售时间、销售区域、销售额和销售对象，进行任何宣传的持续时间、程度和地域范围，作为知名商品受保护的情况等因素，进行综合判断。”

② 参见[美]罗伯特·P. 墨杰斯等：《新技术时代的知识产权法》，齐筠等译，中国政法大学出版社 2003 年版，前言第 1 页。

实践还表明，“美国对软件用户界面的保护采用过商业秘密、版权、商业外观和外观设计专利等多种形式，经历了开启保护—不予保护—重新保护的曲折历程。”[①] 在我国，自 2014 年 5 月 1 日起施行的《专利审查指南》第一部分第三章第 4.2 节新增了关于图形用户界面的产品外观设计的规定。

（一）《著作权法》难以保护图形用户界面（GUI）的新型权利

在司法实践中发现，部分图形用户界面（GUI）的开发者仍然延续以往《著作权法》保护其图形用户界面（GUI）的思维，寄希望于提起侵害著作权之诉保护其权利，而并未向国家知识产权局申请图形用户界面（GUI）外观设计专利权。在最高人民法院 2016 年 4 月公布的“2015 年度中国法院知识产权司法保护 50 件典型案例”中，有一起侵害计算机软件著作权纠纷及不正当竞争纠纷的案例，该案的裁判结果表明，当事人援引《著作权法》和《反不正当竞争法》保护图形用户界面（GUI）的诉请不能得到人民法院的支持。该案的基本案情如下。[②]

原告北京导视互动网络技术有限公司（以下简称导视公司）起诉被告湖北广播电视台和被告武汉卓讯互动信息科技有限公司（以下简称卓讯公司）侵害电视新媒体娱乐应用程序软件——TV 摇摇乐 APP 著作权并构成不正当竞争，请求法院判令湖北广播电视台、卓讯公司：①使用“经视摇摇乐”计算机软件侵犯导视公司“TV 摇摇乐”计算机软件著作权；②使用“经视摇摇乐”计算机软件运行后生成界面、文字作品存在侵犯导视公司“TV 摇摇乐”计算机软件运行后生成界面及文字作品的独创性权利；③“经视摇摇乐”计算机软件运行后功能存在侵犯导视公司“TV 摇摇乐”计算机软件运行后功能的独创性权利；④停止使用“经视摇摇乐”计算机软件及该软件运行后生成界面、文字作品及功能；⑤在公开媒体上针对案件诉讼请求第 1 项、第 2 项的侵权发表道歉声明并消除影响；⑥向导视公司支付侵权损害赔偿 100000 元（包含为制止侵权支出的合理费用）；⑦承担案件的全部诉讼费用。

湖北省武汉市中级人民法院经审理查明：2013 年 7 月 1 日，导视公

① 陈霞：《美国计算机用户界面外观设计保护的历史考察》，《人民司法·应用》2014 年第 7 期。

② 参见湖北省高级人民法院（2015）鄂民三终字第 00618 号民事判决书。

司开发完成名称为“TV 摇摇乐客户端软件 V1.0”计算机软件（以下简称 TV 摇摇乐），并向国家版权局申请计算机软件著作权登记。该软件开发完成后，导视公司、湖北广播电视台曾就该计算机软件的商业合作事项进行洽谈，但未能达成一致意向。2013 年 12 月 13 日，湖北广播电视台下属的湖北广播电视台经济频道（以下简称湖北经视）与卓讯公司签订《湖北经视摇摇乐产品开发服务协议》，约定卓讯公司根据湖北经视要求定制开发“湖北经视摇摇乐”软件产品，该软件除斗地主之外的版权归湖北经视所有。卓讯公司依约开发完成“经视摇摇乐”软件后，交付湖北经视。湖北经视将该软件产品通过电视、网络媒体向公众推广使用。导视公司发现后，于 2014 年 1 月 20 日、2014 年 1 月 24 日，通过湖北省武汉市中星公证处、北京市方圆公证处对湖北广播电视台下属的经济频道、官方网站使用、提供下载“经视摇摇乐”的情况，以及通过手机安装、运行“TV 摇摇乐”软件和“经视摇摇乐”软件，进行截屏对比的情况进行了公证。并以湖北广播电视台、卓讯公司侵害其计算机软件著作权及不正当竞争为由诉至法院。一审法院组织了双方对公证封存光盘内容进行勘验，双方对手机截屏内容均予以确认。根据手机对于“TV 摇摇乐”和“经视摇摇乐”截屏内容对比，显示两者运行主界面均有“摇金币”“刮刮乐”“有惊喜”“摇神争霸”“独一无二”“斗地主”“看视频”“好吃佬”等选项，各选项运行后生成的界面图形排列及文字的整体内容并不完全相同，仅存在部分文字和图标相似之处，包括：“刮出”提示页面的“偷偷收下”“炫耀一下”图标选项；奖品详情页面的“＋”“－”符号；“兑换”“奖品介绍”界面内容中领奖说明文字及排列方式；“赢金币”页面中的“赢金币双人赛”“赢金币四人赛”“赢金币六人赛”图标；“摇色子”页面的整体文字图形内容；“独一无二”页面及其规则说明、奖池查询部分的图形、文字排列方式；“我要爆料”页面排列；“新闻详情”页面的“X”和网页“×”“←”“→”主页符号等选项图标；“更多选项”页面的“邀请好友”“获奖信息”“关于我们”图标按钮。一审庭审中，经征询软件对比意见，导视公司明确表示已登记审核备案的“TV 摇摇乐”计算机软件程序、源程序及文档不作为证据提交，并认可被控的“经视摇摇乐”软件程序语句及其源程序与其登记注册的“TV摇摇乐客户端软件 V1.0”软件不同，仅指控涉案软件运行后显示的功能界面、文字和图标与其软件存在相同或相似的部分，构成对其计算机软件著作权的侵害。

一审法院认为，计算机软件保护的对象是计算机程序以及计算机程序的相关文档，而不包括计算机软件运行过程的数据计算方式以及功能性使用后所生成界面内容。导视公司主张权利的功能界面属于计算机程序运行后所生成的功能界面，供人机交流时进行选择使用，该界面中的文字和图标按钮也是软件程序运行的结果之一，属于计算机操作方法的体现，并非计算机软件程序语句的再现，并不属于计算机软件应当受到法律保护的表现形式。据此，一审判决驳回原告导视公司的全部诉讼请求。导视公司不服，提起上诉。湖北省高级人民法院二审判决驳回上诉，维持原判。

上述案件中，湖北省高级人民法院认为，移动智能终端 APP 实现的功能，体现的是计算机软件设计目的，属于设计、开发软件所用的思想，不属于软件著作权的保护范围。运行 APP 生成的图形界面，如果只是功能按钮的简单排列组合，且图形界面中的图标和文字也属于公共领域的常用图标和功能介绍性的说明文字，则不构成著作权意义上的美术作品和文字作品。在此情况下，权利人以计算机软件著作权为权利基础，主张被控侵权软件复制、抄袭其权利软件，应当提交权利软件的计算机程序及有关文档进行比对鉴定，不能仅比对两个软件运行后的功能、界面以及界面中的文字、图标部分相同或相似，反推被控侵权软件系复制、抄袭权利软件。上述案件的典型意义在于，在分析 APP 作品之间的相似性时，虽然不能把进行程序代码的比对绝对化，但也不能仅以权利人提交 APP 的简单图形界面的对比结果，反推两个 APP 相同或相似，从而认定构成侵犯计算机软件著作权。

（二）图形用户界面（GUI）外观设计专利权的司法保护

图形用户界面（GUI），有时也被称为计算机用户界面（computer user interface），是用户与计算机之间传递与交换信息的媒介、平台和对话接口，由界面支持软件和硬件组成，包括声音、图形、下拉菜单、帮助文本、命令以及鼠标和键盘等。[①] 有着“世纪大战”之称的美国苹果公司

① 参见陈霞：《美国计算机用户界面外观设计保护的历史考察》，《人民司法·应用》2014 年第 7 期。

与韩国三星公司之间“专利战”（Apple Inc. v. Samsung Electronics Co., Ltd.），因涉及多起图形用户界面（GUI）外观设计专利权保护问题，凸显了GUI这种新型知识产权的市场价值。西方国家的司法实践表明，GUI已经成为手机等移动互联网智能终端生产厂商的核心竞争力。2011年4月15日，苹果公司在美国北加州（California Northern District）起诉三星公司的多款主打手机产品侵犯其3件发明专利、4件外观设计专利以及商业外观（trade dress）的知识产权。2012年8月24日，美国加州圣何塞法院裁决三星公司侵犯苹果公司3件发明专利和3件外观设计专利以及商业外观，并判令三星公司赔偿苹果公司高达10.5亿美元的高额赔偿款。在上述3件外观设计专利中，有一件编号为“USD604，305”的外观设计专利比较特殊，该专利为Graphical User Interface for a Display Screen or Portion Thereof，即GUI外观设计专利。[①] 三星公司不服一审判决，提起上诉。法官高兰惠（Lucy Koh）下令重审该案，后称因陪审团计算错误，应从赔偿数额中剔除4.5亿美元的赔偿。最终，联邦巡回上诉法院裁决三星公司赔偿苹果公司5.482亿美元。但三星仍不服该判决，认为其中3.99亿美元赔偿金不合理，于是上诉至美国联邦最高法院。[②] 此外，2016年10月7日，美国联邦法院还认定三星公司侵犯了苹果公司包括“滑动解锁”“拼写自动纠正”“快速连接”在内的手机外观设计专利权，再次判决三星公司侵犯了苹果公司的GUI外观设计专利权，并判令三星公司赔偿苹果公司1.2亿美元。[③]

从2011年4月开始，三星公司在韩国、日本、德国、英国等多个国家起诉苹果公司侵犯其包括GUI在内的专利权。在英国，三星英国公司提起了确认不侵权之诉，请求法院确认其生产的Galaxy平板电脑产品不构成对苹果公司注册号为“000181607－0001”的欧盟注册外观设计专利的侵权。该案中，根据欧盟的相关法律规定，苹果公司从外观设计专利的7个设计特征入手，证明三星公司的产品与苹果公司的外观设计专利

① 参见张蔚、孙方涛：《苹果与三星专利战中的GUI设计》，《电子知识产权》2012年第9期。

② 参见《苹果三星专利案再次打响　输得起却不想输的战役》，http://digi.163.com/16/1011/14/C33PMCST001687H3.html，2017年7月17日。

③ 参见《三星被判赔苹果1.2亿美元　法院裁定解锁专利属苹果》，http://finance.sina.com.cn/chanjing/gsnews/2016－10－09/doc－ifxwrhpn9419003.shtml，2017年7月17日。

构成相同或近似，这7个设计特征分别是：（1）长方形、双轴对称的平板，四角相同且略有弧度；（2）整个前板覆盖不带任何装饰的平整透明表面；（3）窄而等宽的边缘包围着透明前表面；（4）被等宽边框包围的长方形显示屏居中设置，位于透明前表面之下；（5）后表面基本平整，侧边向上弯曲，与前表面相接形成卷曲的外边缘；（6）机体薄，由特征（5）体现；（7）通体设计简洁至极，没有指示屏幕显示方向的设计特征。2012年7月9日，英国法官科林·伯斯（Colin Birss）作出的一审判决认定：三星公司的产品对苹果公司的专利不构成侵权。英国法院认为，苹果公司享有上述外观设计专利权的特征（7）与产品屏幕上显示的内容没有关系，也就是说，“该特征与功能无关，并非由于功能的限制而造成”。不仅如此，科林·伯斯法官在法庭上还说出了一句广为流传的“名言”——“三星的 Galaxy Tab 平板电脑并没有苹果公司所疯狂追求的低调朴素和极简风格，它并不像苹果产品那样酷。”苹果公司不服一审判决，向英国皇家法院提起上诉。英国皇家法院法官罗宾·雅各布爵士（Sir Robin Jacob）于2012年10月18日作出二审判决，维持了一审判决。[①] 就在美国法院裁定三星公司赔偿苹果公司10.5亿美元的同一天，韩国首尔中央地方法院也对三星公司和苹果公司的专利诉讼案作出裁定，认定苹果公司和三星公司相互侵犯了对方的专利权。其中，苹果公司侵犯了三星公司2项专利权，需赔偿35000美元；三星公司侵犯苹果公司的1项专利，需赔偿22000美元。[②] 同时，韩国首尔中央地方法院还明确认定，三星没有抄袭苹果产品的“外观和感觉”。[③]

从上述GUI外观设计专利“世纪大战”的结果可以看出，苹果公司

① 参见刘阳子：《世纪大战　谁是赢家？——苹果、三星专利战争深度解读之三》，《中国知识产权报》2013年1月9日第005版。

② 参见《三星在美被判侵犯苹果6项专利　韩美判决差异巨大》，http://business.sohu.com/20120827/n351570556.shtml，2017年7月17日。

③ 参见刘阳子：《手机专利战火会蔓延到中国吗？——苹果、三星专利战争深度解读之四》，《中国知识产权报》2013年2月6日第005版。

和三星公司在不同国家提起GUI外观设计专利权诉讼的裁判结果大相径庭。[①]有学者认为，这一现象的背后有着复杂的原因：一是苹果公司和三星公司在不同国家诉讼中的诉讼内容有一定的差异；二是美国、韩国等国家的法院作出的裁判结果是在维护本国企业的利益；三是有的法院出于维持良性竞争、控制垄断的考量作出了相应的裁判结果。[②]

在我国，2014年8月14日，北京奇虎科技有限公司（以下简称奇虎公司）获得了我国颁发的第一件GUI外观设计专利证书，实现了国内GUI外观设计专利保护的零的突破。截至2016年4月，奇虎公司和奇智软件（北京）有限公司（以下简称奇智公司）已经申请了328件GUI外观设计专利。2016年4月22日，奇虎公司、奇智公司因认为该公司开发设计的安全优化图形用户界面（GUI）外观设计专利权遭到侵犯，将北京江民新科技术有限公司（以下简称江民公司）起诉至北京知识产权法院，请求法院判令江民公司立即停止侵犯奇虎公司、奇智公司外观设计专利权的行为，在江民公司网站首页显著位置和《法制日报》显著位置连续30天刊登声明、消除影响，并赔偿奇虎公司、奇智公司经济损失及合理开支合计1000万元。奇虎公司、奇智公司起诉称，该公司于2014年开发设计了安全优化的图形用户界面，并被授予外观设计专利权。2015年，江民公司在其推出的"江民优化专家"软件中，使用了与奇虎公司、奇智公司高度近似的图形用户界面，侵犯其专利权。该案被新闻媒体称之为"中国第一起GUI专利侵权诉讼"。[③]江民公司针对该案的外观设计专利，向国家知识产权局专利复审委员会提出了无效宣告请求，并据此申请北京知识产权法院中止该案的诉讼。合议庭经审查认为，奇虎公司、奇智公司已提交涉案外观设计专利权评价报告，可以认定涉案外观设计专利权处于稳定状态，故该案可以不中止审理，据此驳回了江民公司中

① 2013年6月25日，日本知识产权高等法院就苹果公司诉三星电子的智能手机、平板电脑终端等侵犯其名称为"用于媒体播放器的智能同步操作"专利权（特许第4204977号）一案，作出不侵权判决。该案所涉专利为手机终端等与计算机连接时进行图像、音乐等数据同步功能的发明专利权，不属于GUI外观设计专利权。参见园田吉隆：《苹果三星日本专利之争的启示》，《中国知识产权报》2013年8月28日第005版。

② 参见冯晓青、王艳秋：《三星、苹果"世界专利审判"解析》，《中国审判》2012年第10期。

③ 参见《360打响中国GUI专利司法保护第一枪》，http://www.sohu.com/a/71529738_114891，2017年7月17日。

止诉讼的申请。[1] 2016 年 9 月 22 日，北京知识产权法院开庭审理了这起国内首例图形用户界面外观设计专利侵权案件。庭审中，奇虎公司、奇智公司提供的“外观设计专利证书”显示，奇虎公司、奇智公司于 2014 年申请了名称为“带图形用户界面的电脑”的外观设计专利，专利号分别为第 ZL201430329167.3 号和第 ZL201430324283.6 号，并先后获得授权。江民公司辩称，奇虎公司、奇智公司主张专利权的名称为“带图形用户界面的电脑”，而江民公司只开发并免费发布了“江民优化专家”，该软件具有图形用户界面，但并没有制造或销售电脑行为，不属于侵犯专利的行为。对此，奇虎公司、奇智公司认为，用户下载安装江民公司涉案软件的过程，就是制造、生产、经营图形用户界面产品的行为，并且双方的外观设计在用户界面长宽比例、视图上下分界高度比例、分界线为进度条、圆形图标位置等 6 个方面具有相同之处。江民公司则认为，该公司的图形用户界面软件的外观设计与奇虎公司、奇智公司的 GUI 外观设计专利既不相同也不构成近似。[2]

图形用户界面（GUI）外观设计专利权的司法保护，存在许多全新的法律适用问题，对于我国的专利审判来说尚属于有待探索的新型案件。美国亚太法学研究院执行长、北京大学访问教授孙远钊指出：“在外观设计专利侵权案中，若想确定是否侵权，需要把涉案专利的权利要求保护范围和被诉外观设计进行逐项比对。在判断某个发明点是否为功能性特征时，通常要求当事人举证证明有无替代方案可以达到同样的结果，如果有替代的设计方案，那么功能性较低；如果没有替代方案，则功能性就较高。”[3] 从西方发达国家的司法实践来看，判断电子产品显示的图案是否为外观设计专利保护的图形用户界面，其标准并不统一，而且比较难以把握，这对人民法院的专利审判工作提出了新的挑战。当前，无论是《专利法》还是最高人民法院颁布的相关专利法司法解释，无论是最高人民法院发布的指导性案例还是知识产权年度报告，都还没有关于

---

① 参见《全国首例 GUI 外观设计专利侵权案迎来新进展》，http://www.v4.cc/News－1453103.html，2017 年 7 月 17 日。

② 参见高鑫：《首例图形用户界面外观设计专利侵权案开庭》，http://news.xinhuanet.com/legal/2016－09/22/c_129294172.htm，2017 年 7 月 17 日。

③ 祝文明、石月炜：《360 VS 江民：打响 GUI 专利保护“第一枪”》，《中国知识产权报》2016 年 9 月 28 日第 009 版。

APP 图形用户界面（GUI）外观设计专利权的特别规定或者是裁判规则。众所周知，APP 图形用户界面（GUI）的硬件载体主要是屏幕为手掌大小甚至尺寸更小的智能手机，因此，APP 的图形用户界面（GUI）的外观设计空间是比较有限的。如何既保护 APP 图形用户界面的专利权人的合法权益和创新热情，又合理兼顾其他 APP 开发商的开发利益，不让设计空间有限的图形用户界面（GUI）被某一在先权利人所垄断，这在世界上都是一个难题。并且，在侵害 APP 图形用户界面（GUI）外观设计专利权的专利诉讼中，该领域的侵权比对标准、现有技术抗辩、先用权抗辩等司法裁判规则也亟待探索和总结。

第二节　一般侵权民事案件

一、手机预装 APP 无法卸载纠纷

手机预装 APP 无法卸载已经成为智能手机销售商普遍制定的“霸王条款”。据深圳市消费者协会统计，该协会随机抽选的 6873 名消费者问卷调查显示，95.32% 的手机预装了 APP，88.91% 的手机预装的 APP 不可卸载。对此，98.60% 的手机消费者认为不合理，对此表示不满意。2014 年 10 月底，深圳市消费者协会与广东省的 22 家市、区消费者权益保护协会联名上书工业和信息化部，要求手机预装的 APP 应当允许消费者自行卸载。[①]深圳市福田区人民法院受理的姚某诉苹果公司 iPhone 手机预装 APP 无法卸载一案，被称为我国的第一起手机预装 APP 无法卸载纠纷案[②]，该案的基本情况如下。

2013 年，姚某在深圳购买了一部价格为 4600 元的港版苹果手机

① 参见《苹果预装 app 不能卸　妹子起诉：应重新设计 iOS 》，http://news.mydrivers.com/1/436/436052.htm，2017 年 7 月 17 日。

② 参见王纳：《深圳女子状告苹果：iPhone 预装软件删不掉》，http://tech.163.com/14/0715/14/A170ELAK000915BE.html，2017 年 7 月 17 日。又可参见李亚坤：《用户诉苹果预装软件不可删案再开庭　此前一审败诉》，http://gd.sina.com.cn/news/sz/2015-06-25/detail-ifxehfqi8279212.shtml，2017 年 7 月 17 日。

iPhone 5，但在使用过程中，她发现苹果手机上预装的很多诸如 Game Center、股市、指南针、语音备忘录等 APP 根本无法卸载，并且其中一部分 APP 是其根本用不着的软件。在人民网、《中国青年报》等媒体曝光苹果公司涉嫌窃取用户隐私信息后，姚某怀疑苹果预装的这些 APP 会监控、窃取其隐私，并且产生额外的流量和费用。姚某打电话询问苹果的深圳零售商，得到的答复是“不知道”。姚某认为，苹果公司明知其生产、销售的苹果手机存在多种侵犯消费者权益的问题，但该公司凭借其在智能手机领域的市场地位，忽视了明显居于弱势地位的手机用户，即广大消费者的合法权利，仍然在中国大陆地区销售苹果 iPhone 5 手机，侵犯了消费者依法享有的选择权、知情权、隐私权以及个人信息安全。

2015 年 7 月 7 日，姚某在公益法律援助平台的支持下，将深圳两家苹果手机的销售商及苹果手机在中国大陆的经销商——苹果电子产品商贸（北京）有限公司起诉至深圳市福田区人民法院。姚某在诉状中称，苹果手机在使用中存在大量不便，其中包括：第一，苹果手机的手机卡与其他手机卡相比，要经过“剪卡”，即减小手机卡尺寸后才能正常安装使用，给手机用户带来极大不便；第二，苹果手机的用户只能从该公司唯一指定的网络应用程序销售平台 App Store 中购买和下载 APP；第三，苹果手机如果与计算机实现数据导入、导出等信息传输，需要安装专门匹配的计算机软件，操作极其不便；第四，在苹果手机用户购买的苹果手机中，存在苹果公司强制性预装的大量 APP，即便用户不需要这些 APP，也无法将其卸载或删除。并且，姚某还怀疑苹果手机中强制性预装的 APP 有窃取手机用户的个人信息、监控手机用户的地理位置、耗费手机流量并产生上网费用等其他问题。据此，根据《消费者权益保护法》的规定向法院提起诉讼。

姚某的诉讼请求共有 6 项，其诉讼请求分别为：①判令苹果电子产品商贸（北京）有限公司公开原告购买的苹果手机 iPhone 5 中的预装软件是否存在监控及窃取用户私密信息的功能；②判令苹果电子产品商贸（北京）有限公司公开苹果手机 iPhone 5 设置唯一的软件下载途径（App Store）是否存在监控及窃取用户私密信息的功能；③判令苹果电子产品商贸（北京）有限公司公开用户不能自由卸载预装软件的理由及是否会产生流量和费用的相关情况；④判令苹果电子产品商贸（北京）有限公司须为用户能自由卸载预装软件而重新设计手机系统功能；⑤判令苹果电子产品商贸（北京）有限公司就原告不能自由卸载预装软件产生的不便，在全国性媒体上公开赔礼道歉；⑥判令两家销售商承担连带赔偿责任。

深圳市福田区人民法院经审理后认为，姚某对苹果手机的质量是认可的，其在购机时也知晓苹果手机预装 APP 不可卸载，但其仍然自愿购买苹果手机，其要求重新设计手机系统并赔礼道歉的诉讼请求，法院不予支持。对于姚某主张苹果公司存在侵犯用户知情权和隐私权问题，一审法院认为，苹果公司已作出相应回答，该诉讼请求不存在判决的必要。据此判决：驳回姚某的全部诉讼请求。

姚某不服一审判决，提起上诉，请求撤销原判，依法改判支持其一审全部诉讼请求。该案于 2015 年 6 月 24 日在深圳市中级人民法院二审开庭审理。二审庭审中，姚某提交了一份新的证据，即关于深圳市消费者协会（深圳市消费者委员会）对手机无法卸载恶意预装程序提起公益诉讼的媒体报道，这份报道称深圳市消费者委员会等单位联名上书工业和信息化部，提请工业和信息化部规范手机预置软件不可卸载现象，希望从保护消费者知情权和选择权的角度，从保护国家信息安全的高度来考虑相关问题，工业和信息化部回复已委托电信研究院研究此事。姚某的委托诉讼代理人认为，预装 APP 不可卸载是“霸王条款”，即使消费者明知道苹果手机中预装的 APP 不可卸载却仍然购买，这并不能否认消费者权益受到损害。苹果公司的委托诉讼代理人认为，苹果公司在其手机中预装 APP 不可卸载是为了提升用户体验，不涉及侵犯隐私权的问题。二审庭审中，对于法官当庭调查、询问苹果手机的安全隐患问题，苹果公司的委托诉讼代理人表示并不清楚。目前该案还在进一步审理中。

手机预装 APP 无法卸载纠纷是一类新型的民事纠纷，其纠纷性质有待研究。对于手机预装 APP 无法卸载纠纷有可能属于以下性质。

第一，合同纠纷。手机生产商、手机销售商和手机用户之间存在买卖合同关系，手机用户就手机存在的问题提起民事诉讼，可能构成买卖合同纠纷。手机预装 APP 无法卸载纠纷，可以作为手机预装 APP 无法卸载是否违反了买卖合同的附随义务进行审理。但是，如果将手机预装 APP 无法卸载纠纷定性为买卖合同纠纷，那么由于手机本身并不存在质量问题，作为原告的手机用户的诉讼请求难以得到支持。

第二，侵权纠纷。如果手机预装的 APP 窃取用户隐私信息，则属于侵犯隐私权的侵权纠纷；如果手机预装的 APP 产生额外手机流量及费用，则属于侵犯财产权的侵权纠纷，此类纠纷可以归入产品责任纠纷之中。如果将手机预装 APP 无法卸载纠纷定性为侵权责任纠纷，作为原告的手机用户在诉讼中将面临一个困境，即仅仅凭借原告个人的举证能力，几乎无法举证证明手机预装的 APP 存在窃取用户隐私信息、产生额外手机流量和费用等侵权行为。民法意义上的产品侵权责任，是指产品的生产者、销售者因生产、销售缺陷产品致使他人遭受人身伤害、财产损失，或者有使他人遭受人身伤害和财产损失的危险，应当承担的侵权责任。在现实生活中，同样一款手机预装的 APP，可能对部分手机用户十分实用，但对于另一部分手机用户毫无意义，在此情况下，手机预装的 APP 是否属于“商品缺陷”或“服务缺陷”，这是一个值得研究的问题。①

第三，垄断纠纷。如果某款手机的生产者属于具有市场支配地位的经营者，且其在手机中预装 APP 存在滥用市场支配地位，排除、限制竞争的行为，那么有可能构成滥用市场支配地位的垄断纠纷。具有市场支配地位的经营者滥用市场支配地位的表现形式之一是捆绑交易，其具体是指具有市场支配地位的经营者滥用市场支配地位，没有正当理由搭售商品，或正在交易时附加其他不合理的交易条件的行为。② 笔者认为，此种情况目前仅在理论上存在，手机生产商完全可以抗辩称其没有构成“滥用市场支配地位”，因为购买手机的消费者有购买其他品牌和型号的多种选择。

---

① 关于“商品缺陷”或“服务缺陷”的问题，2013 年修正的《中华人民共和国消费者权益保护法》第 48 条规定：“经营者提供商品或者服务有下列情形之一的，除本法另有规定外，应当依照其他有关法律、法规的规定，承担民事责任：（一）商品或者服务存在缺陷的；（二）不具备商品应当具备的使用性能而出售时未作说明的；（三）不符合在商品或者其包装上注明采用的商品标准的；（四）不符合商品说明、实物样品等方式表明的质量状况的；（五）生产国家明令淘汰的商品或者销售失效、变质的商品的；（六）销售的商品数量不足的；（七）服务的内容和费用违反约定的；（八）对消费者提出的修理、重作、更换、退货、补足商品数量、退还货款和服务费用或者赔偿损失的要求，故意拖延或者无理拒绝的；（九）法律、法规规定的其他损害消费者权益的情形。经营者对消费者未尽到安全保障义务，造成消费者损害的，应当承担侵权责任。”

② 参见最高人民法院民事案件案由规定课题组编著：《最高人民法院民事案由规定理解与适用》（2011 年修订版），人民法院出版社 2011 年版，第 287 页。

第四，不正当竞争纠纷。我国《反不正当竞争法》第12条关于“禁止不正当附条件销售行为”条款的规定：“经营者销售商品，不得违背购买者的意愿搭售商品或者附加其他不合理的条件。”按照上述规定以及最高人民法院颁布的《民事案件案由规定》，手机预装APP且无法卸载的行为，可能构成捆绑销售不正当竞争纠纷。有观点认为，虽然手机预装的APP没有单独收费，但APP的开发商开发APP需要付出一定的成本，手机预装的APP的费用可能已经包含在手机用户购买该手机的总费用之中。但是，手机预装的APP并非典型的单独计价收费的“捆绑销售”行为，并且APP的开发商开发APP的成本，不一定会在销售手机时分摊到每部手机的货款之中，而是依赖于APP用户对该APP的后续使用以获得收益。此外，手机预装APP无法卸载纠纷还涉及我国《反不正当竞争法》是否能够由消费者直接起诉制止不正当竞争行为的问题。我国现行的《反不正当竞争法》第1条关于立法目的的条文规定：“为保障社会主义市场经济健康发展，鼓励和保护公平竞争，制止不正当竞争行为，保护经营者和消费者的合法权益，制定本法。”按照该条款的规定，《反不正当竞争法》的立法目的旨在既保护经营者又保护广大消费者，但是《反不正当竞争法》第20条规定：“经营者违反本法规定，给被侵害的经营者造成损害的，应当承担损害赔偿责任，被侵害的经营者的损失难以计算的，赔偿额为侵权人在侵权期间因侵权所获得的利润；并应当承担被侵害的经营者因调查该经营者侵害其合法权益的不正当竞争行为所支付的合理费用。被侵害的经营者的合法权益受到不正当竞争行为损害的，可以向人民法院提起诉讼。”也就是说，我国的《反不正当竞争法》只赋予了经营者向人民法院起诉的诉权，并没有赋予消费者依据《反不正当竞争法》向人民法院起诉制止不正当竞争行为的诉权。对此问题，有观点认为：“不正当竞争行为同时也是侵犯消费者合法权益的行为，其损害的对象可能是广大消费者。鉴于消费者不是经营者，因此，依照《反不正当竞争法》第20条第一款的规定，消费者不能提起本款规定的不正当竞争诉讼，但是，可以依据《消费者权益保护法》的有关规定向人民法院院提起有关的诉讼。”[①] 值得注意的是，我国正在修订的《反不正当竞争法（修订草案送审稿）》第17条第二款规定：“经营者或者消费者受到不正当竞争行为侵害的，可以依法向人民法院提起诉讼。”按照该规定，消费者同样可以依据《反不正当竞争法》向人民法院起诉制止不正当竞争行为。上述条款如果能够得到审议通过，将有利于保护广大APP用户的权益。

我国《侵权责任法》第2条的规定：“侵害民事权益，应当依照本法承担侵权责任。本法所称民事权益，包括生命权、健康权、姓名权、名誉权、荣誉权、肖像权、隐私权、婚姻自主权、监护权、所有权、用益物权、担保物权、著作权、专利权、商标专用权、发现权、股权、继承权等人身、财产权益。”该条款以列举和“等”字兜底的方式对民事权益作出了规定。在当前的司法实践中，对于手机预装APP无法卸载纠纷中的新型民事权益，可以考虑通过适用《侵权责任法》第2条的规定予以保护。

二、名誉权纠纷

APP空间的信息传播速度之快、范围之广，已经远非PC互联网的传播途径所及，在APP空间侵害名誉权的现象也比较普遍。其中，肯德基诉微信账号名誉权纠纷一案被认为具有重要的法治价值，[②] 该案的基本案情如下。

2015年上半年，在微信空间广泛流传着“烤熟的肯德基鸡肉有活蛆”“肯德基使用6个翅膀、8条腿的怪鸡做鸡翅和鸡腿”等信息，有的微信公众号以带有轰动效应的标题和带有明显PS修改痕迹的图片传播信息上述信息。以上信息不仅在微信公众账号传播，而且还被部分微信个

① 《最高人民法院关于审理不正当竞争民事案件适用法律若干问题的意见(试行)(意见稿)》，转引自谢晓尧《在经验与制度之间：不正当竞争司法案例类型化研究》，法律出版社2010年版，第21页。

② 参见《肯德基状告十个微信公众号名誉侵权　一审获赔60万元》，http://finance.sina.com.cn/sf/news/2016-02-05/143619879.html，2017年7月17日。又可参见王传涛：《评论：肯德基诉微信账号具有法治价值》，http://tech.sina.com.cn/i/2015-06-04/doc-icrvvqrf4098884.shtml，2017年7月17日。

人用户上传到微信朋友圈中共享。其中一篇文章采用第一人称和第三人称相结合的叙事方式，并配上插图，通过“他人对肯德基厂真实的探访，客观地披露肯德基厂的内幕”，以及作者自身的“思考”“评价”，最后加上夸张的标题——《昨晚刚发生的，现在事情严重了才播出来，赶紧通知家人吧!!》，指出肯德基所供应的鸡肉食品不仅为激素鸡，而且为没有毛和多个翅膀、多个腿的怪鸡。肯德基认为，截至2015年4月底，微信公众账号上已经有4000多条相关虚假内容，130多个账号的帖子阅读数超过10万人次。其中，截至2015年4月24日，“广州男人女人”微信公众号（微信号：gznrnr）的点赞数已达到7586次。微信公众账号的上述传播虚假信息的行为，严重损害了肯德基的品牌形象和名誉，造成其销售量大幅下滑。因不堪长期网络谣言的困扰，肯德基将10个涉嫌造谣的微信账号诉至法院，要求被告立即停止侵权行为、赔礼道歉，并主张了合计达350万元的赔偿款。2015年6月，上海市徐汇区人民法院已受理并立案。

在该案一审庭审中，肯德基认为，被告利用微信公众账号平台发布、传播对肯德基品牌具有诋毁性的评论及照片，严重损害了消费者对肯德基品牌所有者的信赖，降低了肯德基品牌产品的社会评价，给肯德基造成了重大的商业损失，侵犯了肯德基的名誉权。被告辩称，涉案文章为转发、并非原创，其从提醒公众注意食品安全的角度，才转发了涉案文章，也无更改、夸大，不具有侵权的故意和过错，类似的文章在其他网络及移动媒体上也被大量转发，被告不具有侵权故意和过错。

上海市徐汇区人民法院经审理认为，涉案文章系没有事实依据的虚构而成，主观感情色彩也呈现极不公正的偏向。文中的批评性内容更充斥了“倾销”“健康受到极大的伤害”“大量激素的洋垃圾食品”“爱国意识淡漠”等贬义、侮辱性的词语，也让社会公众对原告肯德基在商业经营中的商业道德产生合理的怀疑，已完全超出了评论性文章的合理界限。涉案文章的内容因严重失实的报道，通过感情色彩大肆渲染替代了对某种现象的评价，已经不属于对食品安全问题的正常评论及批评，应认定为侵害评论对象名誉权的行为。涉案文章仅为网络传闻，被告对文章中明显存在的诽谤、侮辱性言辞视而不见，并多次转发的行为存在明显过错。此外，所转发的文章中也未披露其为转发，被告在选择、发布、转发时存在希望涉案文章能够被社会公众广泛传阅、认同的故意，并造成了数十万人阅读的严重后果。被告在并不确定文章所写事实是否真实的情况下，对涉案文章中多处存在凭空捏造的事实，以及诋毁、诽谤肯德基商业信誉、产品声誉的言辞，采取置之不理态度，存在明显的过错，已经构成侵权，直接造成原告肯德基社会评价降低和严重的人格损害，进而导致财产利益的损失。据此，法院判决被告在主流门户网站新闻版块首页的显著位置赔礼道歉，并酌情确定赔偿肯德基经济损失及合理维权费用60万元。

在APP空间，大型企业更容易成为名誉权被侵犯的对象。农夫山泉股份有限公司（以下简称农夫山泉公司）诉北京字节跳动科技有限公司（以下简称字节跳动公司）今日头条APP名誉权纠纷一案即是一起典型的APP空间名誉权纠纷案件。[①]

农夫山泉公司是国内著名的瓶装饮用水生产企业之一，其享有的“农夫山泉”注册商标为驰名商标，其生产的农夫山泉牌瓶装饮用天然水具有较高知名度及广泛影响。字节跳动公司为今日头条APP以及今日头条网（www.toutiao.com）的研发和运营公司。2015年5月14日，农夫山泉公司发现在今日头条网上有三篇文章，标题分别为《又有一批杀人食品曝光了，哪个你没吃过?》《又有一批杀人食品曝光了，看清楚了有没有你常吃的!》《这一批杀人食品有你经常吃的吗?》。2015年5月27日，农夫山泉公司又发现在今日头条APP上也有上述三篇文章。其中，《又有一批杀人食品曝光了，哪个你没吃过?》显示是由“头条号”用户“深圳之窗”于2015年5月3日发布的。该文文首插配农夫山泉瓶装饮用水在超市柜台摆放的图片和漂浮着不明物的一片水域的图片，其中在上图配文写到“北京桶装水销售协会通知下架农夫桶装水”，下图配文写到“农夫山泉一水源地被曝垃圾围城”“相关专题：企业聚焦：农夫山泉陷‘霉菌门’”。《又有一批杀人食品曝光了，看清楚了有没有你常吃的!》显示是由“头条号”用户“DIY自做美食”于2015年4月10日发布的。该文文首插配农夫山泉4升桶装水图片，配文写到“北京桶装水销售协会通知下架农夫桶装水”。《这一批杀人食品有你经常吃的吗?》显示是由“头条号”用

① 参见杭州市西湖区人民法院(2015)杭西民初字第2920号民事判决书。

户“安全开发区”于2015年3月28日发布的。该文文首插配漂浮着不明物的一片水域的图片，配文写到“农夫山泉一水源地被曝垃圾围城”。2015年8月14日，农夫山泉公司以字节跳动公司侵害其名誉权为由诉至法院，请求判令：①字节跳动公司立即删除其在网站（www.toutiao.com）及互联网网络软件“今日头条”上发布的涉案网络文章；②字节跳动公司就其上述侵害名誉权的行为在其网站（www.toutiao.com）及互联网网络软件“今日头条”上以公开声明形式赔礼道歉；③字节跳动公司赔偿经济损失100万元。

杭州市西湖区人民法院认为，涉案网络文章确实是“头条号”用户发布在今日头条APP上的，只是字节跳动公司的搜索引擎将这些信息通过机器计算分类整理后再智能推送给用户，没有证据显示字节跳动公司对侵权文章进行过主动编辑、组织或者修改，故就案涉侵权文章而言，字节跳动公司是提供网络存储空间和链接服务的网络服务提供者。字节跳动公司只在接到被侵权人通知后才负有采取必要措施的义务，否则不承担侵权责任。农夫山泉公司没有向字节跳动公司发出通知，字节跳动公司在收到起诉状之后已经自动将案涉侵权文章删除、屏蔽或断开链接，故无须承担案件责任。据此判决驳回农夫山泉公司的诉讼请求。

上述两起案件中的涉案文章均不是涉案被告原创的文章，但法院作出了不同的实体处理结果。在肯德基诉微信公众账号一案中，法院认定被告转发涉案文章的行为侵犯了他人的名誉权；在农夫山泉诉字节跳动公司一案中，法院认定被告作为网络服务提供者不构成侵权。对此，笔者认为，根据《最高人民法院关于审理名誉权案件若干问题的解答》第7条的规定，是否构成侵害名誉权的责任，应当根据受害人确有名誉被损害的事实、行为人行为违法、违法行为与损害后果之间有因果关系、行为人主观上有过错来认定。在肯德基诉微信公众账号一案中，被告虽然仅仅是在微信公众账号中转发侵害他人名誉权的文章，但其作为微信公众账号的经营者，在并不确定文章所写事实是否真实的情况下转发该文章，对涉案文章中多处存在凭空捏造的事实，以及诋毁、诽谤肯德基商业信誉、产品声誉的言辞置之不理，存在过错，已经构成侵犯名誉权。农夫山泉诉字节跳动公司一案涉及的问题更加复杂，该案中的涉案文章并非今日头条APP的经营者发布的，而是网络用户发布到今日头条APP

中的，这就涉及作为今日头条APP平台的经营者字节跳动公司，其作为提供网络存储空间和链接服务的网络服务提供者，是否具有事前审查用户发布网络信息的义务。该案中，法院认为，字节跳动公司只在接到被侵权人通知后才负有采取必要措施的义务，否则不承担侵权责任。对此，笔者认为，APP平台的经营者在作为提供网络存储空间和链接服务的网络服务提供者的情况下，当用户在其经营的APP空间发布信息时，如果其不确定涉案文章所写事实是否真实，APP平台的经营者没有主动事前审查的义务，如果涉案文章明显不符合日常生活经验法则或基本的科学逻辑知识，或者是含有诋毁、诽谤他人名誉的评论或言辞，APP平台的经营者则负有及时删除或屏蔽涉案文章的义务，APP平台的经营者如果认为其难以判断真伪，至少应当要求发布文章的用户提供内容真实的依据。

三、APP平台的商品（服务）侵权纠纷

随着APP的发展和普及，APP平台销售的商品或提供的服务侵犯他人人身权等合法权益的纠纷越来越多。在此类纠纷中，APP平台并非直接侵权人，APP平台与直接侵权人和被侵权人之间的法律关系也存在争议，由此导致APP平台是否应当承担侵权责任以及应当在什么范围内承担责任的问题十分突出。

以郭某某诉北京HLJ信息技术有限公司、韩某某健康权纠纷案为例。[①] 原告郭某某诉称，郭某某于2014年10月21日通过苹果手机中的被告HLJ公司经营的APP预订了一款美睫的上门服务，并支付了相关费用。次日，被告北京HLJ公司指派的美甲师韩某某到达郭某某住所向郭某某提供美睫服务。同日，美甲师韩某某完成服务后，郭某某发现自己眼睑又红又肿，表示眼睛有疼痛等症状，美甲师韩某某告知这属于正常现象，稍后即可恢复正常，但郭某某眼部疼痛和症状不断加剧。2014年10月24日，郭某某到医院就诊，医院出具的诊断结果是眼组织充血严重，系化学刺激导致的眼部结膜炎。后来，因为病情继续恶化，郭某某

① 参见徐州市中级人民法院(2015)徐民一(民)初字第1731号民事判决书。

到上海交通大学医学院附属仁济医院就诊，诊断为双眼结膜充血、角膜上皮点状脱落。郭某某认为，美甲师韩某某系 HLJ 公司指派从事美睫服务的雇员，HLJ 公司对韩某某负有监督和管控的法律职责，韩某某在提供美睫的服务过程中，因其过错导致了郭某某的人身损害，HLJ 公司与韩某某对郭某某的人身损害构成了共同侵权，应当对其损害后果承担连带赔偿责任。郭某某起诉要求 HLJ 公司与韩某某共同赔偿医疗费等经济损失以及精神损害赔偿金。

被告 HLJ 公司辩称，该公司系提供居间服务的 APP 网络服务平台，没有直接提供美睫的上门服务，被告韩某某也不是 HLJ 公司雇佣的服务人员，若案件涉及侵权，那么适格主体应为向原告郭某某提供美甲美睫服务的韩某某。且原告郭某某在注册登录 APP 前，应该阅读了该 APP 平台的免责声明，即被告 HLJ 公司不对服务提供者发布的服务内容负责，不对服务提供者提供的服务负责，也不对服务提供者在 APP 平台上提供的任何服务进行担保；服务提供者与服务接受者之间的纠纷由双方自行处置，被告 HLJ 公司不对其负责。请求法院驳回原告郭某某的诉讼请求。

法院经审理查明：被告 HLJ 公司曾对被告韩某某进行身份证信息的安全认证及明星认证，且均验证通过，被告韩某某接受的方案类型为 B 方案。被告 HLJ 公司于 2015 年 7 月 23 日向法院出具情况说明："……对方案 B 的说明：本公司推行两个方案，即 A 方案和 B 方案。A 方案是对于手艺人所有交易不收取任何平台手续费，并且公司在 2015 年 7 月 1 日前所有在平台上交易的单子，对手艺人有 40 元/单进行补贴。B 方案是对于手艺人所有交易不收取任何平台手续费，平台也不对其进行补贴……在本公司的交易是通过在支付宝名下开立的托管账户，交易成功后支付宝将该账户内交易款按要求通过银联系统支付给手艺人和将手续费支付给平台。涉案的手艺人韩某某采用的是 B 方案，平台不收取其交易的手续费，所有交易款项全是韩某某收入，平台也不对其进行补贴。"

徐州市中级人民法院经审理认为，原告郭某某的损害后果与被告韩某某提供的美睫服务之间存在因果关系，被告韩某某应对原告郭某某的损害后果承担全部的赔偿责任。被告 HLJ 公司系一家营利性企业，其通过在其网络平台上公布相关美甲师信息，由消费者在其网络平台上选择美甲师并订购相关服务，HLJ 公司则在该类经营活动中获取一定的利益。

根据权利义务相一致原则，被告 HLJ 在享受其从该平台经营获取的利益的同时，也需履行相关的义务。被告 HLJ 公司在接受被告韩某某作为美甲师在其网络平台上发布信息之前，仅对被告韩某某的身份证信息进行了认证，而对其今后提供的服务所可能涉及的相关资质等信息未进行审核。在该案中，被告韩某某提供的美睫服务造成原告人身损害，被告 HLJ 公司以存在免责声明为由认为自身无须对本次交易承担任何责任，法院认为 HLJ 公司的免责声明系属格式条款，其免除自身责任，加重消费者的责任和风险，该格式条款系属无效。考虑被告 HLJ 公司的经营性质、过错程度以及其作为非直接侵权人的地位，酌情判令被告 HLJ 公司在 30% 的范围内对原告郭某某的损害后果承担补充赔偿责任。据此判决：被告韩某某在判决生效之日起十日内赔偿原告郭某某医疗费等经济损失以及精神损害赔偿金等费用，合计 20862.47 元；被告北京 HLJ 信息技术有限公司在第一项判决数额的 30%，即 6258.74 元的范围内对原告郭某某承担补充赔偿责任；驳回郭某某的其他诉讼请求。该案的各方当事人均未提出上诉，一审判决已生效。

有观点认为，利用 APP 平台开展的商业活动属于 O2O 模式的一种具体形式，雇佣关系与居间关系这两种法律关系在客观行为的表现上发生了重合，在此情况下，应当以披露义务为标准区分两种法律关系。[①] 笔者赞同上述意见，在上述案件中，APP 平台经营者与直接侵权人之间属于雇佣关系还是居间关系，因为 APP 技术的发展而变得难以区分。在 APP 平台销售商品或提供服务的过程中，APP 平台经营者与直接侵权人往往未以明确的合同形式约定双方的法律关系，但是，上述两者之间不论是存在雇佣法律关系还是居间法律关系，双方系存在密切合作联系的利益共同体。具体来说，直接侵权人关注的是金钱收益，APP 平台经营者关注的是用户数量和市场份额。在 APP 平台经营者销售商品或提供服务侵害他人合法权益的情况下，直接侵权人应当承担全部侵权责任，而 APP 平台经营者的销售商品或提供服务，尽管在主观上不具有侵权的故意，但如果其未尽到合理的注意义务和审查义务，APP 平台经营者仍然存在

---

① 参见 Satan James：《法官说法：侵权类案件中，居间 APP 平台应如何承担法律责任？》，http://blog.sina.com.cn/s/blog_70a21b920102wjre.html，2017 年 7 月 17 日。

过错，在客观上属于帮助侵权的行为，因此，APP 平台经营者应当根据其过错程度在相应的范围内对直接侵权人造成的损害后果承担补充赔偿责任。

第三节　诉前行为保全案件

诉前行为保全是指利害关系人因情况紧急，可以在提起诉讼或者申请仲裁前向有管辖权的人民法院申请采取保全措施，责令被申请人作出一定的行为，或者禁止其作出一定的行为，以防止被申请人正在实施的行为或者是将要实施的行为给申请人造成不可弥补的损害。在西方发达国家的民事诉讼中，诉前行为保全得到了广泛的运用。如在德国的知识产权诉讼中，60%～65%的案件是从诉前行为保全程序开始的，而且绝大部分案件也是在这个程序中结束的；又如，在2006年举办的国际五金展会期间，德国的科隆法院下达了多达50个诉前行为保全的裁定。[①] 作为2013年新施行的《中华人民共和国民事诉讼法》（以下简称《民事诉讼法》）新增加的法律程序，诉前行为保全已经成为我国民事诉讼制度中的一项重要制度，并且逐渐适用到一些互联网领域发生的案件中。2016年7月7日，最高人民法院副院长陶凯元在全国知识产权审判工作座谈会暨全国法院知识产权审判“三合一”推进会上要求：“建立程序规范、保护有力的司法临时保护机制，合理发挥行为保全、财产保全、证据保全的制度效能，提高知识产权司法救济的及时性、便利性和有效性。”[②] 近年来，最高人民法院根据知识产权司法保护的发展需要，与时俱进地调整了行为保全的司法政策，从以前的审慎审查调整为现在的积极合理运用行为保全，强化了司法保护的及时性、便利性和有效性。

在司法实践中，互联网空间的纠纷往往具有新兴前沿网络技术判断与法律判断相互交织等特点，互联网诉前行为保全面临着诸多挑战和困

① 参见王鸿:《关于知识产权保护诉前临时禁令制度的思考》,《中国发明与专利》2014年第2期。

② 刘婧:《陶凯元:充分发挥司法保护知识产权主导作用》,http://www.court.gov.cn/zixun-xiangqing-23241.html,2017年7月17日。

境。在腾讯公司诉网易公司等“网易云音乐”平台侵害信息网络传播权纠纷案中,[1] 申请人腾讯公司对移动客户端 APP 的被诉侵权行为进行了公证证据保全，该案是一起典型的 APP 空间诉前行为保全的案件，其主要案情如下。

申请人深圳市腾讯计算机系统有限公司（以下简称腾讯公司）因与被申请人广州网易计算机系统有限公司（以下简称广州网易公司）、被申请人网易（杭州）网络有限公司（以下简称杭州网易公司）、被申请人杭州网易雷火科技有限公司（以下简称网易雷火公司）、被申请人中国联合网络通信有限公司湖北省分公司（以下简称湖北联通公司）、被申请人广东欧珀移动通信有限公司（以下简称广东欧珀公司）发生著作权争议，于 2014 年 11 月 10 日向湖北省武汉市中级人民法院申请诉前行为保全，腾讯公司请求：第一，责令广州网易公司、杭州网易公司、网易雷火公司停止通过“网易云音乐”平台（网址：music. 163. com，及其 PC 端、移动客户端 APP）向公众传播腾讯公司享有专有著作权的歌曲，这些歌曲包括《时间都去哪儿了》《爱的供养》《画心》等，共计 623 首；第二，责令湖北联通公司停止提供网易云音乐畅听流量包的服务；第三，责令广东欧珀公司停止在其 OPPO 品牌手机中内置网易云音乐 APP 的行为。同时，腾讯科技（深圳）有限公司广州分公司作为担保人，为腾讯公司此次诉前行为保全申请提供了 300 万元的银行存款作为担保。

湖北省武汉市中级人民法院经审查认为，申请人腾讯公司对涉案 623 首音乐作品依法享有信息网络传播权。五被申请人以互联网络、移动手机网易云音乐畅听流量包、内置网易云音乐 APP 等方式，向网络用户大量提供涉案音乐作品。该行为涉嫌侵犯申请人腾讯公司对上述 623 首音乐作品依法享有的信息网络传播权，且五被申请人向网络用户提供的音乐作品数量较大，造成了申请人腾讯公司巨大的经济损失。武汉市中级人民法院考虑到在网络环境下被控侵权行为如不及时予以禁止，将会使被申请人广州网易公司不当利用申请人腾讯公司权利获得的市场份额进一步快速增长，损害申请人腾讯公司的合法利益，并且这种损害将难以弥补。据此，对五被申请人通过网络传播涉案 623 首音乐作品涉嫌侵权

---

① 参见刘志月:《腾讯指网易涉嫌侵犯网络著作权　法院组织听审会》,《法制日报》2014 年 12 月 9 日第 008 版。

的行为应当予以禁止。担保人为申请人腾讯公司提出的诉前行为保全申请进行了担保，经法院查证属实，诉前行为保全申请的担保程序合法。据此，武汉市中级人民法院于2014年11月11日发布如下诉前行为保全措施：第一，被申请人广州网易公司、被申请人杭州网易公司、被申请人网易雷火公司于裁定生效之日起立即停止通过网易云音乐平台向公众提供623首音乐作品的行为；第二，被申请人湖北联通公司于裁定生效之日起立即停止向其移动手机客户提供网易云音乐畅听流量包中的涉案623首音乐作品的移动网络服务行为；第三，被申请人广东欧珀公司于裁定生效次日起十日内停止通过其品牌为OPPO R830S型号（合约机）移动手机中内置的网易云音乐APP向移动手机客户传播涉案623首音乐作品的行为；第四，冻结担保人腾讯科技（深圳）有限公司广州分公司的银行存款300万元；第五，驳回申请人腾讯公司提出的其他申请；第六，申请人腾讯公司应当在裁定生效后三十日内起诉，逾期不起诉的，法院将解除裁定指定的措施。

诉前行为保全裁定送达后，被申请人湖北联通公司及被申请人广东欧珀公司立即停止了被控侵权行为，表示积极履行法院裁定的义务。被申请人广州网易公司、杭州网易公司、网易雷火公司不服该裁定，向法院提出复议申请。具体理由如下：①腾讯公司没有证据证明该公司遭受了巨大经济损失；②腾讯公司并不享有涉案623首音乐作品的全部著作权，无权禁止“网易云音乐”平台向公众提供涉案音乐作品；③原被申请人湖北联通公司并没有实施涉案侵权行为；④“网易云音乐”平台由复议申请人网易雷火公司运营、管理，与其他复议申请人广州网易公司和杭州网易公司无关，诉前行为保全裁定认定广州网易公司、杭州网易公司和网易雷火公司共同运营涉案“网易云音乐”平台，缺乏事实依据；⑤法院没有进行音乐作品的音源比对就判定被控侵权的623首音乐作品与申请人申请的涉案音乐作品一致，该认定没有事实依据；⑥音乐作品《你叫什么名字》在禁令清单中属于重复计算，裁定认定被控侵权作品的数量错误；⑦“网易云音乐”平台中的586首被控音乐作品只是提供链接服务，音乐作品的内容来源于第三方，且“网易云音乐”平台已经获得合法授权。

武汉市中级人民法院于2014年12月3日以听证的方式，审查了三复议申请人的复议申请。经复议，法院裁定驳回复议申请人广州网易公司、杭州网易公司、网易雷火公司的复议申请。

该案复议过程中，申请人腾讯公司发现被控侵权行为仍在继续，向武汉市中级人民法院提交了书面申请，申请法院对违反诉前行为保全裁定应予处罚。武汉市中级人民法院在听证中，对申请人提出的触犯申请也进行了听证，并作出了相应的处罚措施。复议决定书发出后，被控侵权行为已经按照法院诉前行为保全裁定的要求全面停止。①

一、APP 诉前行为保全的法律适用问题

APP 空间的诉前行为保全，通常会涉及以下几个方面的法律适用问题。

（一）诉前行为保全对象的确定

在上述案例中，诉前行为保全的对象虽然是主体身份明确的 5 个被申请人，但诉前行为保全的对象仍然难以确定，这表现在以下几个方面。

第一，在腾讯公司诉网易公司等“网易云音乐”平台侵害信息网络传播权纠纷案中，“云音乐平台”很有可能使用了当前互联网领域最为前沿和尖端的“云计算”的网络技术，此类案件法院即便经过开庭审理也较难确定实际的侵权行为主体，更何况在诉前行为保全程序中，在未经举证、质证、调查和辩论的实质性审查的情况下，5 个被申请人之间有无共同侵权的意思联络以及侵权意义上的分工合作关系，法院难以作出判断。

第二，被申请人中包括了广州网易公司、杭州网易公司、网易雷火公司 3 个关联公司，上述 3 个关联公司均是经营“网易云音乐”平台的主体，还是只有其中一部分公司是经营“网易云音乐”平台的主体，同样难以判断。

第三，5 个被申请人至少包括了“网易云音乐”平台运营商、音乐流量包提供商和预装 APP 的手机生产商三种情况，其具体的被控侵权行

① 参见刘志月：《腾讯指网易涉嫌侵犯网络著作权　法院组织听审会》，《法制日报》2014 年 12 月 9 日第 008 版。

为并不相同，而且平台运营、流量包提供和预装 APP 这三个环节使用的信息网络传播技术又完全不同，法院只能有针对性地分别采取行为保全措施。该案中，法院裁定广州网易公司、杭州网易公司、网易雷火公司 3 个公司停止通过网易云音乐平台向公众提供涉案 623 首音乐作品的行为，裁定湖北联通公司停止向其移动手机客户提供涉案 623 首音乐作品的移动网络服务行为，裁定广东欧珀公司停止通过 OPPO R830S 型号手机中内置的网易云音乐 APP 向移动手机客户传播涉案 623 首音乐作品的行为，但是，在湖北联通公司提供流量包的环节和广东欧珀公司预装 APP 的环节，能否通过技术设置手段将涉案 623 首音乐作品从全部数以万计的音乐作品库中区分出来，涉及较为复杂的技术问题。申言之，如果裁定广州网易公司、杭州网易公司、网易雷火公司这 3 个被申请人停止通过网易云音乐平台向公众提供音乐作品的行为就可以从源头上制止侵权，那么该案对湖北联通公司和广东欧珀公司采取行为保全的必要性也就值得怀疑了。

（二）胜诉可能性的审查

与诉前证据保全和诉前财产保全不同的是，诉前行为保全不是一项程序性的权利，而是要求法院审查申请诉前行为保全的当事人后续起诉案件中的胜诉可能性。审查胜诉可能性是世界各国法院审查诉前行为保全申请的共同做法，正如有学者指出的那样："诉前行为保全申请能否获得支持，确认申请人本案胜诉性是一个重要前提。"① "胜诉的可能性"在一定意义上体现为申请人提供的证据要达到的证明程度。对于"胜诉可能性"的标准，在司法实践中历来有不同的意见。有观点认为，诉前行为保全是一种特殊的法律救济渠道，如果对诉前行为保全的申请条件过于宽松，容易导致申请人滥用该项权利从而打击竞争对手或损害他人的合法权益，因此，法院对于"胜诉可能性"的审查，应当采取较高的审查标准，即只有在申请人达到了"基本无误"或者是"确定无疑"的胜诉可能性，法院才应当采取诉前行为保全措施。② 另外一种观点认为，

① 潘伟：《关于知识产权诉前行为保全的法律思考》，《法律适用》2004 年第 4 期。

② 参见宋鱼水、杜长辉、冯刚、蒋利玮：《知识产权行为保全制度研究》，《知识产权》2014 年第 11 期。

胜诉可能性只要大于50%，法院就可以采取诉前行为保全措施。[①] 然而，在APP空间的互联网诉前行为保全的案件中，有些网络技术十分复杂。如“云技术”的问题，有些技术事实问题，即便是经过举证质证和庭审调查的实体审理后也难以查明，但在诉前行为保全程序中，往往在不经过听证的情况下，法院就要在48小时内作出判断和裁定，这就存在一个问题——法院在诉前行为保全程序中对“胜诉的可能性”的审查，到底需要审查到一个什么样的程度。以上述案例为例，该案中，广州网易公司向法院提交的复议申请书认为：腾讯公司提供的证据并未证明涉案623首音乐作品从原始权利人到腾讯公司的完整授权过程，并且，法院从收到腾讯公司的材料到作出诉前行为保全裁定仅用了一天的时间，根本不可能查清涉案623首音乐作品各自的原始权利人以及信息网络传播权层层授权流转的经过，即使根据现有的授权文件，腾讯公司也并非对全部涉案音乐作品（包括词、曲和表演等权利）享有权利，腾讯公司无权要求“网易云音乐”平台停止提供全部的涉案623首音乐作品，因此，法院认定腾讯公司享有全部音乐作品的信息网络传播权显然属于认定事实错误。[②]

（三）难以弥补的损失的判断

按照《布莱克法律词典》的解释，“难以弥补的损害”（irreparable injury）指的是难以通过计算确定或者是难以通过经济赔偿给予救济的损害，因此通常以禁令的方式给予救济。[③] “难以弥补损害规则”（irreparable injury－rule）是指在存在难以弥补的损害情形下采取禁令给予救济的规则。[④] 但是，“难以弥补的损害”是一个主观判断性很强的问题，需要法官合理行使自由裁量权。因此，在网络诉前行为保全案件中，“难以弥补的损害”主要有以下两个判断标准。

---

① 参见祝文明、蒋利伟：《北京三中院组织知识产权诉前行为保全专题研讨》，《中国知识产权报》2014年4月23日第009版。

② 参见刘志月：《腾讯指网易涉嫌侵犯网络著作权　法院组织听审会》，《法制日报》2014年12月9日第008版。

③ See Bryan A. Garner, *Black's Law Dictionary* (9th *Edition*), New York: Thomson West, 2009, pp. 856－857.

④ 同上书，第906页。

其一，申请人遭受的损害无法用金钱赔偿来弥补。最高人民法院的司法观点认为："与诉中保全相比，诉前保全更加强调损害的不可弥补性。这一原因条件的本质要求在于，等待利害关系人起诉并由法院作出终局裁决时所给予的救济是否能够对其在此期间内所受的损害提供充分的法律补偿。对于金钱请求或者在社会观念上可以容易地转化为金钱请求的案件，通常不认为该损害不可弥补。"①

其二，申请人的网络市场份额和网络竞争优势的损失难以得到弥补或者是恢复原状。被申请人网易公司是"网易云音乐"平台的经营者，而申请人腾讯公司则是"QQ 云音乐"平台的经营者，不仅两者在同一领域存在竞争关系，而且从网络音乐消费者的消费习惯来看，一旦消费者习惯了在某一音乐平台获取音乐作品，其难以再转换到其他音乐平台。

（四）审查时限 48 小时的起算

诉前行为保全有着严格的审查时限的规定，最高人民法院的司法观点认为："由于诉前保全仅在情况紧急下才能提起，人民法院在接受诉前保全申请后，必须在较短的时间内及时作出裁定。"② 根据《民事诉讼法》第 101 条第二款的规定，人民法院接受申请后，必须在 48 小时内作出裁定。但是，互联网侵权往往存在比较复杂的技术问题，要求法官在 48 小时内从申请人提供的初步证据判断被控侵权的主体身份以及被控侵权行为是否存在的难度较大。更何况，人民法院在 48 小时内，还要对申请人提供的担保的有效性进行审查，如果是现金担保还比较容易，但如果是保证、房产等形式的担保，则很难作出准确的判断。在司法实践中，法院对 48 小时的审查时限的起算产生了三种不同的做法："一是以接受当事人申请为 48 小时的起算点；二是以申请人的申请经初步审查符合法律规定的形式要件时为 48 小时的起算点；三是以进行实质性审查后为 48 小时的起算点，实质性审查以召集双方当事人举行听证为标志。"③ 审查

---

① 最高人民法院民事诉讼法修改研究小组编著：《〈中华人民共和国民事诉讼法〉修改条文理解与适用》，人民法院出版社 2012 年版，第 230 页。

② 同上书，第 231 页。

③ 胡充寒：《我国知识产权诉前禁令制度的现实考察及正当性构建》，《法学》2011 年第 10 期。

时限48小时的起算，直接影响到申请人的权益能否得到及时保障，而司法实践中不同做法的“司法乱象”又增加了诉前行为保全措施的不确定性。

（五）复议制度的形同虚设

《最高人民法院关于适用〈中华人民共和国民事诉讼法〉的解释》第171条规定，当事人对保全裁定不服的，可以自收到裁定书之日起五日内向作出裁定的人民法院申请复议，人民法院应当在收到复议申请后十日内审查。从复议程序的制度设计目的来看，复议程序有着重要的程序正义价值，正如最高人民法院的司法观点所言：“如果被申请人不服诉前保全裁定并提出复议，在复议时原则上应通过辩论程序补充听取双方当事人意见，从而有机会对诉前保全裁定的适当性进行较为深入的调查。”[①] 但是，上述司法解释并没有规定进行复议的审判组织。司法实践中，由作出诉前行为保全裁定的原合议庭对当事人提出的复议申请进行审查的情形比较普遍。笔者并不怀疑法官的公正性，但是，经济学的“理性人”理论警示人们：任何人都是一个有着自身利益最大化倾向的“理性人”，法官为维护自己作出的裁判结果的权威性，难以保证其能够毫无芥蒂地改变自己原先作出的裁判结果，特别是诉前行为保全这类刚刚作出的裁判结果。的确，原合议庭作出复议决定和新组成的合议庭作出复议决定相比各有利弊，正如有学者指出的那样：“由作出裁定的原合议庭对原有的材料进行复议，很可能使复议形同虚设，无法对审查实施有效监督，如果由新组成的合议庭对裁定后出现新情况的原裁定进行复议，很可能会降低复议的效率。”[②] 但笔者认为，复议制度有着矫正诉前行为保全错误的程序正义价值，如果说作出诉前行为保全裁定体现的是效率优先于公正的价值取向，那么复议制度就不应当再形同虚设。

---

① 最高人民法院民事诉讼法修改研究小组编著:《〈中华人民共和国民事诉讼法〉修改条文理解与适用》,人民法院出版社2012年版,第230页。

② 胡充寒:《我国知识产权诉前禁令制度的现实考察及正当性构建》,《法学》2011年第10期。

二、APP 诉前行为保全程序的完善

对于 APP 领域的诉前行为保全程序的完善，笔者提出以下构想。

（一）完善听证程序

法院作出网络案件的诉前行为保全裁定，至少要经过以下十几项程序：立案、分案、承办法官审查材料、上网勘验、合议庭合议、通知申请人提供担保、审查担保、制作文书、校核文书、签发文书、印制文书、送达文书。如果案件涉及的网络技术问题比较复杂，承办法官往往还要询问申请人，甚至咨询技术专家。而上述全部工作需要在 48 小时之内完成。不仅如此，按照加强裁判文书说理的要求，制作民事裁定书需要承办法官投入大量的时间和精力。[①] 此外，网络案件的一大特点是外地当事人较多。因此，如果要求法院在 48 小时的审查时限内组织各方当事人进行听证，显然是不现实的。笔者认为，诉前行为保全的复议制度可以较好地弥补法院作出诉前行为保全裁定的审查不足，如果被申请人不服诉前行为保全裁定并提出复议，在复议时人民法院应当组织听证，在听证的举证质证和辩论程序中，充分听取各方当事人意见，从而有机会对诉前保全裁定的合法性与适当性进行较为深入的审查。申言之，法院作出诉前行为保全裁定的程序中，听证并非必经程序，但是在诉前行为保全的复议程序中，应当引入必要的听证程序。在各方当事人参加的听证程序中，法院应当听取被申请人的抗辩意见，在听证中实行举证、质证和辩论，如果涉及比较复杂的网络技术问题，应当采取上网勘验等方式予以调查核实，在有必要的情况下，还应当准许专家辅助人出庭说明专门的技术问题。

---

① 以湖北省武汉市中级人民法院（2014）鄂武汉中知禁字第 00005 号民事裁定书为例，该案涉及腾讯公司、网易公司、湖北联通公司等六方当事人，且法院裁定 5 个被申请人的具体行为保全措施不尽相同。据统计，上述民事裁定书正文有 2778 字，如果加上 623 首音乐作品的附件清单（包括歌名、表演者、著作权人、专有权利等信息），整个民事裁定书长达 23168 字。参见湖北省武汉市中级人民法院（2014）鄂武汉中知禁字第 00005 号民事裁定书。

（二）建立相对实质审查标准

网络案件的专业技术性一般较强，如果要求法官在申请人提供单方证据的情况下，在48小时内对被申请人是否构成侵权作出全面的实质性审查判断，既不现实也不合理。美国法院的判例表明，法院作出诉前行为保全裁决时，对申请人胜诉的可能性不作过高的要求，胜诉的可能性在20%～40%之间即可。[①]《日本民事保全法》第23条第2款规定："为避免所争执权利关系给权利人造成显著的损失或紧迫的危险时，有必要确定法律关系的临时状态，而发出假处分命令。"并且，假处分的作出一般具有"非对审性"，即法院无须通知被申请人，也不经过辩论程序，而是仅仅通过询问申请人便可以作出决定，旨在确保诉前行为保全的及时性。[②] 因此，法院作出诉前行为保全裁定时，对于胜诉可能性的审查，只能是一个初步的审查；而在复议程序中，法院应当对申请人胜诉可能性进行比较严格的审查。对于难以弥补的损害，申请人应当提交其市场份额被侵占或者是商誉受到了实际损害的初步证据。至于在多个被申请人被控侵权的情况下，法院可以通过审查被申请人之间的关联关系或分工合作关系的初步证据，认定其是否共同实施了被控侵权行为。

（三）合理设定审查时限

在司法实践中确定48小时的审查时限的三种做法均有其局限，理由如下。

第一，48小时的审查时限不宜以法院接受当事人申请书之时为起算点。从司法实践的情况来看，诉前行为保全措施往往会对被申请人产生重大影响，因此法院一般会责令申请人提供初步证据和担保，从而防止申请人滥用诉前行为保全的权利打击竞争对手或实施其他恶意侵犯他人权益的行为。如果申请人仅仅提交了申请书而不提交初步证据和必要的担保，法院是不能够直接作出诉前行为保全裁定的。

第二，48小时的审查时限不能以法院经初步审查认为申请符合法律规定的形式要件时开始起算，这种做法实际上是将法院的审查时间置于

---

① 参见周翠：《行为保全问题研究——对〈民事诉讼法〉第100—105条的解释》，《法律科学（西北政法大学学报）》2015年第4期。

② 参见吕辉：《论日本行为保全制度及其启示》，《湖北社会科学》2013年第2期。

48 小时的审查时限之外，不符合诉前行为保全制度的立法目的。

第三，我国《民事诉讼法》并未规定法院作出行为保全裁定之前应当召集双方当事人举行听证，更何况部分被申请人并不积极配合法院举行听证，法院如果以传票等方式通知双方当事人听证，必将耗费相当长的时间，而且，即便被申请人配合法院听证，其办理委托代理人的委托手续和前往法院参加听证的差旅时间又要另算，这显然不利于在诉前及时制止侵权行为。

诉前行为保全 48 小时的审查时限应当以申请人提供申请书和初步证据之时开始计算，法院如果认为应当提供担保，应当在审查时限开始计算的 24 小时之内责令申请人提供担保，申请人应当在提供申请书和初步证据之后的 48 小时审查时限内提供担保。

（四）创设诉前行为保全撤销和变更制度

我国《民事诉讼法》设立的诉前行为保全制度，并没有赋予被申请人在申请复议被驳回后启动变更行为保全措施的权利，也没有赋予被申请人在申请复议被驳回后启动申请撤销行为保全措施的权利。显而易见的是，法院对诉前行为保全申请的审查难点在于损失的难以弥补以及胜诉的可能性。但是，诉前行为保全措施不能等同于案件的实体审理结果，随着案件实体审理的深入，如果有证据表明诉前行为保全措施与案件最终的裁判结果并不一致，那么，赋予被告申请撤销或变更诉前行为保全措施的权利，是程序正义的要求。当然，法院如果发现诉前行为保全措施与案件最终的裁判结果不一致，也可以依职权撤销或者变更诉前行为保全措施。如果说诉前行为保全措施的申请人的损害是难以弥补的话，那么，保全错误给被申请人造成的市场份额等方面的损害往往同样是难以弥补的，因此，创设诉前行为保全撤销和变更制度，可以减少诉前行为保全错误给被申请人造成的损失。

（五）赋予上级法院复议审查权

当事人对法院作出的诉前行为保全裁定是否可以上诉，各国的规定不尽相同。在美国，对于同意或拒绝诉前行为保全申请的裁决，当事人有权上诉。[①] 由作出诉前行为保全裁定的原合议庭或原审法院的其他合议庭进行复查，均难以保证被申请人的抗辩理由能够被充分考虑。为避免诉前行为保全的复议制度形同虚设，有必要赋予上一级法院复议权。事实上，按照我国《民事诉讼法》的规定，对于罚款、拘留等妨害民事诉讼强制措施决定，当事人如果不服，可以向上一级法院申请复议。由此可见，立法者对于法院采取比较严厉的强制措施时，倾向于由上一级法院通过复议程序进行监督。诉前行为保全往往关系到被申请人的重大利益，也应当赋予上一级法院复议审查权，即当事人不服法院作出的诉前行为保全裁定的，可以向上一级法院申请复议一次，上一级法院经过审查，作出维持、撤销或变更诉前行为保全措施的决定。

（六）诉前"紧急法官"与诉中办案法官相区分

通过对互联网诉前行为保全案件的法律文书的分析可以发现，当前我国的诉前行为保全案件基本上是分散到各个审判业务庭审理。在诉前行为保全制度的设计中，有两个重要的原则，即"禁止先决拘束"（Prajudizverbot）和"禁止本案先决"（Hauptsachevorweg - nahmeverbot），也就是说，诉前行为保全裁定不对本案裁判结果发生先决拘束的效力，法官在诉前行为保全程序中也不得对本案的结果先行作出裁判。[②] 然而，由同一法院的同一审判庭甚至同一合议庭的法官审理诉前行为保全案件和随后起诉的实体案件，很有可能发生"先决拘束"的情况，即诉前行为保全裁定的结果影响到后续实体案件的最终审理结果。在这个问题上，荷兰法院引入了"紧急法官"的制度设计，由专门的"紧急法官"审理诉前行为保全等紧急程序的案件。从该项制度运行的效果来看，"紧急法官"获得了广泛的尊重，被誉为"智者"和"救火队员"。[③] 笔者认为，我国有必要借鉴荷兰法院的成功经验，引入"紧急法官"制度，实现诉

---

① 参见张茂:《美国国际民事诉讼法》,中国政法大学出版社 1999 年版,第 262 页。

② 参见 Wieczorek / Schütze / Thümmel ,vor § 916 Rn. 16; Z? ller / Vollkommer, § 938 Rn. 3,转引自周翠《行为保全问题研究——对〈民事诉讼法〉第 100—105 条的解释》,《法律科学(西北政法大学学报)》2015 年第 4 期。

③ 参见 Blankenburg. in: Blankenburg/Leipold/Wollschlager (Hrsg.), Neue Methoden im Zivilverfahren. 1991: 126,转引自周翠《行为保全问题研究——对〈民事诉讼法〉第 100—105 条的解释》,《法律科学(西北政法大学学报)》2015 年第 4 期。

前“紧急法官”与诉中办案法官相区分。

第四节 行政案件

2014 年下半年，一种新型的打车出行方式——移动打车（也被称为网约车）在全国一线城市和二线城市兴起。滴滴、快滴、优步等移动打车 APP 平台利用 GPS 全球定位系统等技术，在乘客、闲置车辆的驾驶员等主体之间建立了连接，提供了一种有别于乘坐出租车的传统出行方式的新型打车服务。与此同时，移动打车是否属于“非法营运”的问题一直争论不断，并由此引发了被称为“互联网专车第一案”的“滴滴专车”驾驶员陈某诉济南客运管理中心的行政诉讼案件。

2015 年 1 月 7 日，“滴滴专车”驾驶员陈某按照移动打车 APP 平台的预约订单，从山东省济南市市中区八一银座到济南西站运送乘客，到达目的地后，被济南市城市公共客运管理中心（以下简称市客管中心）执法人员叫停并进行询问。询问之后，执法人员以“非法营运”为由将其车辆暂扣。陈某认为自己已经通过“滴滴专车”组织的培训并且将自己的车辆办理了挂靠手续，不构成“非法营运”，故于 2015 年 1 月 23 日向市客管中心申请听证。2015 年 2 月 11 日，市客管中心举行了听证会，经过听证，市客管中心仍然认定陈某的行为属于“非法营运”，因此出具《行政处罚决定书》，对陈某作出“责令停止违法行为，处以 2 万元罚款，没收违法所得”的行政处罚。陈某不服处罚决定，将市客管中心诉至山东省济南市市中区人民法院，请求法院判令市客管中心撤销该行政处罚。2015 年 3 月 18 日，济南市市中区人民法院立案受理了该案。该案因为涉及法律适用问题，需送请有关机关作出解释，法院进行了三次延期。案件的庭审围绕四个争议焦点开展：一是被告市客管中心是否具有行政处罚主体资格和行政权限；二是处罚的程序是否合法；三是被告市客管中心作出的行政处罚依据事实是否充分；四是被告市客管中心的法律适用是否正确。[①] 该案从法庭辩论焦

① 参见《“全国专车第一案”再次延期宣判 已延期两次》，http://sd.people.com.cn/n/2015/1218/c166192－27345904.html，2017 年 7 月 17 日。

点来看，“专车是否合法”似乎不在案件的审查范围之内，案件的争议焦点主要集中在处罚的具体行政行为是否合法上。但是，毋庸置疑的是，该案具有重要的示范导向意义，其裁判结果必将对我国已经拥有数亿消费者的移动打车行业产生重大影响。2016 年 12 月 30 日，山东省济南市市中区人民法院就原告陈某诉被告济南市城市公共客运管理服务中心行政处罚一案作出裁判，判决撤销被告济南市城市公共客运管理服务中心于 2015 年 2 月 13 日作出的鲁济交（01）罚（2015）8716 号《行政处罚决定书》。[①] 笔者认为，我国的“互联网专车第一案”是 APP 的网上应用与网民的网下生活形成互动从而引发对传统行业经营和行政管理秩序冲击的新型问题，这其中涉及以下几个方面的问题。

一、移动打车 APP 平台和网约车的法律地位问题

关于移动打车 APP 平台的法律地位问题，现在无论是法学理论界还是实务界都是众说纷纭。移动打车 APP 平台的经营者认为，移动打车服务是一个多方关系，甲方是乘客、乙方是汽车租赁公司、丙方是劳务公司、丁方是移动打车 APP 平台公司。乘客与汽车租赁公司之间是汽车租赁关系，劳务公司派遣司机为乘客提供专业代驾服务，劳务公司与汽车租赁公司形成劳务派遣关系，专车软件为乘客、汽车租赁公司以及劳务公司提供信息沟通服务，专车软件与乘客、汽车租赁公司以及劳务公司

① 山东省济南市市中区人民法院(2015)市行初字第 29 号行政判决书认为:“网约车这种客运服务的新业态,作为共享经济产物,其运营有助于提高闲置资源的利用效率,缓解运输服务供需时空匹配的冲突,有助于在更大程度上满足人民群众的实际需求。因此,当一项新技术或新商业模式出现时,基于竞争理念和公共政策的考虑,不能一概将其排斥于市场之外,否则经济发展就会渐渐缓慢直至最后停滞不前。在本案当中,我们既要依据现行有效的法律规定审查被诉行政行为的合法性,以体现法律的权威性和严肃性,同时也要充分考虑科技进步激发的社会需求、市场创新等相关因素,作出既符合依法行政的当下要求,又为未来的社会发展和法律变化留有适度空间的司法判断。陈某的行为构成未经许可擅自从事出租汽车客运经营,违反了现行法律的规定。但虑及网约车这种共享经济新业态的特殊背景,该行为的社会危害性较小。因此,在本案审理中,应当对行政处罚是否畸重的情形予以特别关注。在现有证据下,被告将本案行政处罚所针对的违法行为及其后果全部归责于原告,并对其个人作出了较重的行政处罚,处罚幅度和数额畸重,存在明显不当。根据《中华人民共和国行政诉讼法》第 70 条的规定精神,依法应当予以撤销。”参见《互联网专车第一案宣判,监管部门处罚决定被撤销(判决全文)》,http://www.sohu.com/a/123144603_355771,2017 年 7 月 17 日。

形成信息服务关系。[①] 因此，移动打车 APP 平台公司只是一个互联网信息平台，仅仅负责提供租赁车辆和劳务公司驾驶员的相关信息，整合成一个客运服务，为社会提供有偿服务。例如，“滴滴打车”公司自称只是“移动出行的撮合平台”；又如，优步（Uber）公司网站《用户条款》明确表述，Uber 与司机之间，不存在雇佣关系，Uber 将该公司定义为一个中间人（居间人）。[②] 按照这种观点，移动打车 APP 平台的经营者实际上规避了我国交通运输行业的各种监管规定。

我国多个地方的交通管理部门，有的直接将网约车定性为从事“非法营运”的“黑车”，并据此对网约车的营运行为作出了行政处罚。网约车作为新生事物，相关法律、法规对网约车的法律地位没有明确的规定，使得其与黑车的界限有所混淆，因此，社会公众迫切需要在现行法律法规基础上，明确网约车的法律定位，将其与黑车加以区分。从我国的相关规定来看[③]，认定“非法营运”的黑车有两个基本要件：一是车辆营运未取得道路运输经营许可资质；二是驾驶员从事的行为应当是经营性的运输行为。

---

① 参见陈凌浩：《法治视野下的专车服务研究与治理》，http://www.xzbu.com/3/view-7370245.htm，2017 年 7 月 17 日。又可参见田海峰、邓溪海：《论“专车第一案”中的法律问题及反思》，《东南大学学报（哲学社会科学版）》2015 年 S2 期。

② 优步（Uber）公司网站显示，优步仅仅是一款叫车软件，其《用户条款》的具体表述是：私家车的提供方，以及私家车司机本身，属于“第三方汽车租赁服务提供商和驾驶员服务提供商（统称汽车服务提供商）”，并且，“为了避免疑问，特澄清如下信息：Uber 本身不提供汽车服务，并且 Uber 也不是一家承运商。汽车服务是由汽车服务提供商提供的，您可以通过使用应用程序和/或服务发出请求。Uber 只是充当您和汽车服务提供商之间的中间人。因此，汽车服务提供商向您提供的汽车服务受到您与汽车服务提供商之间（将要）签订的协议的约束。Uber 绝不是此类协议中的一方。”

③ 我国现行的相关法律、法规主要有如下规定：《中华人民共和国道路运输条例》第 8 条、第 10 条关于“申请从事客运经营”所要求的条件、审批材料的规定，以及第 63 条“违反本条例的规定，未取得道路运输经营许可，擅自从事道路运输经营的，由县级以上道路运输管理机构责令停止经营；有违法所得的，没收违法所得，处违法所得 2 倍以上 10 倍以下的罚款；没有违法所得或者违法所得不足 2 万元的，处 3 万元以上 10 万元以下的罚款；构成犯罪的，依法追究刑事责任”的规定。国务院自 2003 年 3 月 1 日实施的《无照经营查处取缔办法》第 2 条规定：“任何单位和个人不得违反法律、法规的规定，从事无照经营。”同时，根据该办法第 4 条规定，应当取得而未依法取得许可证或者其他批准文件和营业执照；擅自从事经营活动的无照经营行为，由工商行政管理部门依照本办法的规定予以查处。交通部 2005 年 10 月 12 日《转发国务院法制办关于明确对未取得出租车客运经营许可擅自从事经营活动实施行政处罚法律依据的复函的通知》第 4 条规定：“未制定《道路运输管理条例》或《出租汽车管理条例》的，应当依据《无照经营查处取缔办法》等十四条对未取得经营许可证件擅自从事出租汽车经营活动的行为实施行政处罚。”

有观点将网约车定义为："网络预约出租汽车服务（网络约租）是指基于移动互联网、以手机 APP 为主要服务平台，为具有出行需求的顾客和具有出行服务资格与能力的驾驶员提供有保障的连接服务的新型服务模式。这一新型服务模式除了提供预约租车服务之外，还可以通过创新性地利用信息技术、大数据分析技术和管理优化技术来开发、整合一系列综合服务。例如：驾驶员服务质量与信用评价，服务事前、事中和事后全程追溯，导航，拼车，交通自动化调度，城市交通拥堵治理，乃至区域、城市竞争力评价，等等。"[①] 有研究认为，网约车与黑车在经营资质、营利性和安全性等主要特征方面有着明显差别，因此网约车其实并不等于黑车。[②] 对此，具体理由如下：首先，从经营资质来看，黑车完全没有经营资质，网约车不仅有移动打车 APP 平台，还挂靠汽车出租公司；其次，从营利来看，黑车的价格和服务没有任何标准和监管，而网约车在价格、服务等方面受到移动打车 APP 平台监管；最后，从安全性来看，黑车几乎没有任何安全保障，而网约车及其驾驶员要经过移动打车 APP 平台审核和管理，还是有一定的保障。当然，移动打车 APP 平台并非如同平台经营者所言仅仅是一个移动互联网的信息平台，移动打车 APP 平台实际上兼有汽车租赁公司和劳务公司的性质，属于 APP 时代的新型法律主体，因此，将移动打车 APP 平台纳入交通运输的行政监管范围是非常有必要的。

二、分享经济条件下互联网新型商业模式的合法性问题

移动打车行业是随着移动互联网 APP 技术发展而兴起的一种移动服务类的新型商业模式，其本质是充分利用社会现有的闲置资源以缓解原有传统行业供需关系紧张的矛盾。正如有学者指出的那样，移动打车服务契合了"互联网 +"创新思维下社会群体多元化、差异化的服务需求；又与"服务经济"时代所提倡的便捷高效、个性定制等服务理念不谋而

① 《私家车用作"（网约）专车"所涉及的几个重要法律问题详解》，http://finance.sina.com.cn/sf/news/2016-06-30/114735445.html，2017 年 7 月 17 日。

② 参见陈枝辉：《专车第一案：法律撞上市场法院应该怎么判？》，http://www.360doc.com/content/16/0507/10/943329_556962378.shtml，2017 年 7 月 17 日。

合；更是对当前出租车市场资源高效配置的一个有力推动。[①] 移动打车是分享经济条件下的一种新型商业模式，并且移动打车 APP 服务还有力地推动了分享经济的发展。但是，正如很多新型商业模式一样，移动打车行业对原有的行政管理制度造成了巨大冲击，原有的法律法规成了新型的移动打车 APP 服务生存和发展的法律壁垒。

中国信息通信研究院政策与经济研究所副总工何霞的研究表明，当前多数国家的政府允许网约车进入以弥补公共交通的不足，方便消费者出行。[②] 美国作为一个判例法的国家，美国联邦法院在司法实践中率先对 APP 技术发展产生的移动互联网新型商业模式给予了法律保护。美国联邦第七巡回上诉法院波斯纳法官在其执笔的上诉人（原审原告）伊利诺伊州运输贸易协会等与被上诉人（原审被告）芝加哥市政府、被上诉人（原审追加被告）DAN BURGESS 等一案的判决中指出："'财产'权利之中不包括免于竞争的权利"，在交通运输领域，"相比于各种出租车（Yellow Cab，Flash Cab，Checker Cab，et al），有些人更喜欢 Uber，他们更倾向于某一种商业模式。芝加哥市意图鼓励这种竞争，而不是像原告——他们均为出租车拥有者——要求的那样，对此进行打压。"并且，波斯纳法官在该案的判决中明确肯定了 Uber 等出行共享服务运营商的合法性："随着 TNPs（交通运输网络提供者）的出现，放宽管制运动进一步发展。芝加哥市政府选择支持放宽管制，与类似的 Sanfelippo 案中的密尔沃基市政府的态度相同，因此竞争胜过了保留传统的出租车垄断。这是个合法的选择。"尤为引人注目的是，美国联邦第七巡回上诉法院在上述案件的判决中，充分肯定了 Uber 等交通运输网络提供者提供的出行分

---

① 参见葛燕：《"专车"模式之喜与忧》，《浙江经济》2015 年第 6 期。

② 何霞经研究认为，全球监管网约车模式主要有三种：一是新加坡等国家承认 Uber 等网约车的合法性，但对此进行严格监管，如规定价格不得超过本地出租车现行价格，只能雇佣或者派遣拥有本地出租车牌照的汽车和司机，移动打车 APP 平台服务商必须在新加坡陆路交通管理局备案等；二是法国等国家和地区执法部门将网约车服务作为非法营业进行查处；三是美国华盛顿哥伦比亚特区、加利福尼亚州和科罗拉多州等地方相继立法或通过监管方式实现了网约车服务的合法化，使网约车平台可申请许可和合法运营，不设车辆数量和运价管制，同时监管机构与网络平台共同实施监管。综观国外政府对 Uber 等网约车监管态度的变化过程看，起初大多是禁止，然后是进行观察评估并研究监管对策，最终多数国家的政府允许网约车进入以弥补公共交通的不足，方便消费者出行。参见信息社会 50 人论坛：《从"网约车新政"透视转型期政府治理理念转变之必要性——"专车新政与共享经济发展"研讨会纪实》，《电子政务》2015 年第 11 期。

享服务等新技术和新型商业模式对于经济发展的促进作用："事实上，当一项新技术或新商业模式出现，通常的结果就是旧技术或旧商业模式的没落甚至是消失。如果这些旧技术或旧商业模式受到宪法保护，有权排除新技术、新模式进入它们的市场，经济发展就会渐渐缓慢到最后停滞不前。"①

在我国，2015 年 1 月 6 日，正值出租车与移动打车之争处于激烈的时候，《人民日报》刊发了题为《是取消出租车公司暴利模式的时候了》的评论，呼吁"逐步打破出租车号段控制"，"市场的事，应该由市场说了算"。此后，上海市于 2015 年 10 月 8 日颁发了第一个移动打车 APP 平台许可证给滴滴公司；此外，杭州和义乌等城市也有类似的尝试。国家发展和改革委员会城市中心综合交通规划院院长张国华认为："互联网时代，传统出租车行业管制的基础已被颠覆"，并且，"政府在出台政策时，越是面对有极大的不确定性的发展领域，越是应该以宏观原则和鼓励为主导，让地方、城市去创新和探索，拿出具体的办法。"② 还有观点认为，互联网技术的进步是无法阻挡的，由互联网技术的进步带来的生产方式和生活方式的变革，不应当受到法律的阻碍，相反，法律应当与时俱进地予以保护。因此，广大社会公众为了获得更加质优价廉的出行服务而使用打车 APP 呼叫"专车"，是一种具有合法性的社会需求，政府可以对此加强监管，但不应作出禁止性的管制。③ 笔者基本赞同上述意见，并且笔者认为，关于分享经济条件下新型商业模式的合法性问题，移动打车服务等 APP 空间的新型商业模式，是分享经济这种互联网新技术条件下的新型商业模式，满足了数以亿计的广大人民群众的生活需求，有效解决了城市打车难、打车贵、打车服务质量差等社会问题，而且在较短时间内成为全国性的普遍现象，我国的行政管理政策和相关法律规定应当及时回应社会发展的迫切需求，解决此类新型商业模式的合法性问题，

---

① 《波斯纳法官关于网约车案件的判决全文》，盛金艳、孔菲、戴梦迪译，http://www.360doc.com/content/16/1018/19/10988502_599414461.shtml，2017 年 7 月 17 日。

② 信息社会 50 人论坛：《从"网约车新政"透视转型期政府治理理念转变之必要性——"专车新政与共享经济发展"研讨会纪实》，《电子政务》2015 年第 11 期。

③ 信息社会 50 人论坛：《从"网约车新政"透视转型期政府治理理念转变之必要性——"专车新政与共享经济发展"研讨会纪实》，《电子政务》2015 年第 11 期。又可参见王晓芳：《"专车第一案"车主：这是一次撞击》，《北京青年报》2015 年 3 月 17 日第 A13 版。

为分享经济的发展铺平道路。

三、"互联网+"时代的 APP 平台中新型权利的保护问题

众所周知，"互联网+"的时代已经来临。可以说，互联网的发展历程就是一个在传统权利基础上不断生成新型网络权利的过程。有学者指出，互联网分享经济的发展对行政法财产用途管制制度、市场准入管制制度和职业资质管制制度构成极大挑战，滋生大量行政法意义上的"非法"活动。这种挑战是分享经济创新性和法律滞后性的自然结果，恰恰要求行政法规制必须与时俱进、实现变革。面对互联网分享经济带来的挑战，行政法规制应当坚持消费者优先原则、实施合作规制、创新运用信息规制并通过体制重构努力实现规制机构自身利益与新经济发展激励相容。① 随着分享经济的快速发展，移动打车已经成为一种重要的新型商业模式和人民群众出行的生活方式，"移动打车权"是互联网技术进步和经济社会发展给人民群众带来的"权利红利"，我国应当及时明确移动打车平台的合法地位，加强移动打车行业的监管，尽快出台相关管理规范。

2016 年 7 月 28 日，交通运输部联合公安部等七部门发布了《关于深化改革推进出租汽车行业健康发展的指导意见》和《网络预约出租汽车经营服务管理暂行办法》，明确了互联网约车平台以及专车的合法性；规定私家车只要履行相关法定程序后，就可转化为网约车；网约车平台公司不要求自有车辆；鼓励私人小客车合乘；网约车实行市场调节价格，但各地政府必要时可以进行政策干预。② 2016 年 10 月 1 日起施行的修订版《出租汽车驾驶员从业资格管理规定》进一步明确，网约车驾驶员将被纳入出租汽车驾驶员范畴管理。③ 按照该规定，网约车驾驶员的从事交通运营的执业资格有了法律规范。上述《关于深化改革推进出租汽车行业健康发展的指导意见》和《网络预约出租汽车经营服务管理暂行办法》

---

① 参见张效羽：《互联网分享经济对行政法规制的挑战与应对》，《环球法律评论》2016 年第 5 期。

② 参见《出租车改革方案出台　明确网络约车合法地位》，http://news.xinhuanet.com/yuqing/2016-08/02/c_129198692.htm，2017 年 7 月 17 日。

③ 参见《网约车司机纳入出租车行业管理》，http://news.163.com/16/0930/03/C26ATK6100014SEH.html，2017 年 7 月 17 日。

出台后，虽然社会各界对其在政策宽松尺度上尚有不同的意见，但总体而言，上述规定体现了我国对 APP 平台中新型权利的保护态度，有利于依法促进分享经济的快速发展。

第五节　刑事案件

法谚有云："有利益的地方就有犯罪。"（Ubi commodum，ibi auctor.）在 APP 领域同样如此。2016 年 6 月 18—19 日，中国社会科学院法学研究所主办了"网络犯罪的刑事立法与刑事司法前沿问题"学术研讨会，中国社会科学院法学研究所刘仁文研究员指出，网络已经并正在进一步改变我们的生活方式、工作方式和思维方式，它一方面为我们带来了空前的便利，但另一方面，作为一个硬币的两面，网络犯罪也在日益增多，手段不断翻新。[①] 据公安部统计，我国 1998 年的互联网犯罪只有 162 起，到 2012 年互联网犯罪已经达到了 12 万起，互联网犯罪呈现高发态势。[②] 随着 APP 的普及，当前涉及 APP 的犯罪有蔓延趋势。APP 领域的刑事案件可以分为四种类型：一是以 APP 为对象的犯罪；二是以 APP 为工具的犯罪；三是以 APP 为空间的犯罪；四是以 APP 为起因的犯罪。

一、以 APP 为犯罪对象

以 APP 为犯罪对象又可分为两大类型：一类主要是《中华人民共和国刑法》（以下简称《刑法》）第六章"妨害社会管理秩序罪"第一节"扰乱公共秩序罪"中第 285 条和第 286 条规定的罪名。其中，经过《中华人民共和国刑法修正案（九）》［以下简称《刑法修正案（九）》］修正以后，《刑法》第 285 条包括"非法侵入计算机信息系统罪""非法获取计算机信息系统数据、非法控制计算机信息系统罪"和"提供侵入、

① 参见石亚淙:《网络时代的刑法面孔——"网络犯罪的刑事立法与刑事司法前沿问题"学术研讨会综述》,http://www.iolaw.org.cn/showNews.aspx? id = 51791,2017 年 7 月 17 日。

② 参见孙佑海:《互联网:人民法院工作面临的机遇和挑战》,《法律适用》2014 年第 12 期。

非法控制计算机信息系统的程序、工具罪”3个罪名，《刑法》第286条是“破坏计算机信息系统罪”。另一类主要是以APP系统中的数据信息为犯罪对象，这又包括两种情况：一种是APP账户余额等财产；另一种是APP系统中的公民个人信息。以APP为犯罪对象主要涉及以下法律问题。

（一）APP是否属于计算机信息系统

案例1：被告人王某等犯非法获取计算机信息系统数据罪。2014年10月至2015年3月，被告人王某、刘某某纠集被告人黄某某、陈某甲、陈某等人研发了一款名为“超级WiFi万能钥匙”的APP，并通过非法获取上海某某科技有限公司“Wi－Fi万能钥匙”软件Wi－Fi热点密码的方法增加“超级WiFi万能钥匙”软件数据库的密码数据。其间，被告人王某、刘某某指使被告人陈某于2015年1月在APP市场发布该软件，并指使被告人黄某某、陈某甲利用Android虚拟机技术运行“WiFi万能钥匙”软件，非法获取“Wi－Fi万能钥匙”软件后台服务器数据库内的Wi－Fi热点密码数据。经鉴定，被告人王某、刘某某等人通过上述方法非法获取密码数据2777554组。上海市青浦区人民法院经审理认为，被告人王某、刘某某、黄某某、陈某甲、陈某违反国家规定，非法获取他人计算机信息系统存储的数据，情节特别严重，其行为已构成非法获取计算机信息系统数据罪，依法应予惩处。为维护公共秩序，保护公司、企业的计算机系统正常运行及数据安全不受侵犯，判决：一、被告人王某犯非法获取计算机信息系统数据罪，判处有期徒刑二年六个月，缓刑三年，并处罚金人民币二万元。二、被告人刘某某犯非法获取计算机信息系统数据罪，判处有期徒刑二年六个月，缓刑三年，并处罚金人民币二万元。三、被告人黄某某犯非法获取计算机信息系统数据罪，判处有期徒刑二年，缓刑二年，并处罚金人民币一万元。四、被告人陈某甲犯非法获取计算机信息系统数据罪，判处有期徒刑二年，缓刑二年，并处罚金人民币一万元。五、被告人陈某犯非法获取计算机信息系统数据罪，判处有期徒刑一年六个月，缓刑一年六个月，并处罚金人民币一万元。[①]

案例 1 中，被害单位上海某某科技有限公司“Wi - Fi 万能钥匙”是一款 APP，而被告人开发的“超级 WiFi 万能钥匙”同样是一款 APP。所不同的是，“超级 WiFi 万能钥匙”实际上是一款窃取特定 APP 后台服务器数据库内的数据的“黑客”APP，可以非法获取“Wi - Fi 万能钥匙”软件后台服务器数据库内具有财产性利益的 Wi - Fi 热点密码数据。在司法实践中，法院首先面临的问题是：APP 是否属于我国《刑法》第 285 条、第 286 条规定的“计算机信息系统”？

互联网普及以来，各种针对计算机信息系统的新型危害活动层出不穷，严重危害了广大网络用户和网络运营主体的安全。然而，我国《刑法》原第 285 条仅仅规定了“非法侵入计算机信息系统罪”，其犯罪对象仅仅局限于国家事务、国防建设、尖端科学技术领域的计算机信息系统，无法对上述计算机信息系统以外的国有、民营以及个人的计算机信息系统予以平等的刑法保护，明显滞后于时代的发展。为此，《中华人民共和国刑法修正案（七）》［以下简称《刑法修正案（七）》］增设了《刑法》第 285 条第二款的规定，“违反国家规定，侵入前款规定以外的计算机信息系统或者采用其他技术手段，获取该计算机信息系统中存储、处理或者传输的数据，或者对该计算机信息系统实施非法控制，情节严重的，处三年以下有期徒刑或者拘役，并处或者单处罚金；情节特别严重的，处三年以上七年以下有期徒刑，并处罚金”，此即为“非法获取计算机信息系统数据、非法控制计算机信息系统罪”。《刑法修正案（七）》出台后，其规定的出售、非法提供公民个人信息罪受到社会各界的许多质疑，认为该罪的犯罪主体仅仅局限于行使一定公权力的单位、国有企业及其工作人员，如国家机关或者电信、交通、医疗、教育、金融等单位的工作人员，但在现实生活中，实施此类侵犯公民个人信息犯罪行为的主体并非局限于上述特定主体，在互联网时代，网购网站、APP 平台经营者、物流快递、房产中介等主体往往成了侵犯公民个人信息的源头。例如，2012 年 11 月，上海市公安局破获的网络购物超市 1 号店的员工泄露用户信息案件中，大量公民个人信息被非法泄露，犯罪嫌疑人甚至通过 QQ 兜

---

① 参见上海市青浦区人民法院（2015）青刑初字第 1556 号刑事判决书。

售1号店的顾客个人信息数据，将多达90万名用户的个人信息资料作价为500元销售。公安机关查明此次用户泄露事件系1号店的员工与离职人员、外部人员勾结实施，但是，由于案件的行为主体是购物网站的工作人员，导致案件的侦查起诉面临困境。[①] 为回应社会生活中的此类突出问题，《刑法修正案（九）》专门规定了“侵犯公民个人信息罪”，将犯罪主体的范围从特定主体扩大到一般主体。

随着移动互联网时代的到来，以智能手机为主的移动互联网终端设备迅速普及，加之集成电路等芯片技术的发展，如今的一部屏幕仅为若干吋大小的智能手机，其可以储存的数据信息，甚至比一些传统的大型计算机集群连接组成的计算机信息系统所储存的数据量还要大。为回应互联网技术发展的司法保护需求，扩大刑法对非法获取计算机信息系统数据行为的打击半径，自2011年9月1日起施行的《最高人民法院、最高人民检察院关于办理危害计算机信息系统安全刑事案件应用法律若干问题的解释》第11条第一款规定：“本解释所称‘计算机信息系统’和‘计算机系统’，是指具备自动处理数据功能的系统，包括计算机、网络设备、通信设备、自动化控制设备等。”按照该规定，智能手机等通信设备被纳入了“计算机信息系统”的刑法保护范围。

但是，任何司法解释和法律一样，都滞后于技术的快速发展，以APP为犯罪对象的刑事案件引发的问题是：APP作为安装在智能手机中的一款软件，是否属于“计算机信息系统”？APP并不是单一地安装在智能手机中的客户端软件，支撑APP正常运行的还有APP后台服务器系统及其数据库。APP实际上是智能手机等移动终端用户与后台计算机信息系统进行人机交互的软件界面和入口。APP作为人机交互的客户端软件，与其后台服务器系统、数据库等共同组成了一个APP计算机信息系统。对于非法获取计算机信息系统数据的行为人而言，其以APP为对象的犯罪行为，实际上是以APP作为侵入后台计算机信息系统的入口。由此可见，APP属于计算机信息系统的有机组成部分，即便智能手机中安装的APP本身没有存储数据，但其调用的后台服务器系统和数据库中必然存储相应的数据，因此，APP作为计算机信息系统的重要组成部分，应当

---

① 参见于志刚、于冲：《网络犯罪的裁判经验与学理思辨》，中国法制出版社2013年版，第286页。

被认定为计算机信息系统。

（二）APP 是否可以构成侵入、非法控制计算机信息系统的程序、工具

案例 2：被告人张某某等犯提供侵入、非法控制计算机信息系统的程序、工具罪。被告人张某某系成都当乐科技有限公司（以下简称当乐公司）法人代表，被告人巫某、谢某、邵某某、侯某某均为该公司员工。为拓展公司业务，提高公司知名度，张某某于 2012 年年底着手组建项目组，由巫某、谢某、邵某某、侯某某等人开发了一款针对市面上众多手机单机游戏的外挂 APP——烧饼修改器 APP，并建立烧饼辅助程序网站（域名：www. sbtools. me）提供下载以扩大知名度，用于吸引 APP 游戏推广商在其网站上推广。该烧饼辅助程序下载量达数百万人次。2013 年 9 月至 2014 年 3 月，该公司通过烧饼辅助网站收取费用，获利 7 万余元。成都高新技术产业开发区人民法院认为，被告人张某某、巫某、谢某、邵某某、侯某某提供用于侵入、非法控制计算机信息系统的程序、工具，违法所得 7 万余元，且有数百万人次下载该程序，情节特别严重，其行为已构成提供侵入、非法控制计算机信息系统的程序、工具罪。因当乐公司已与腾讯公司达成了和解，腾讯公司对被告人张某某、巫某、谢某、邵某某、侯某某的行为予以谅解，可对五名被告人酌情从轻处罚。判决：一、被告人张某某犯提供侵入、非法控制计算机信息系统的程序、工具罪，判处有期徒刑三年，缓刑三年，并处罚金人民币一万元；二、被告人巫某犯提供侵入、非法控制计算机信息系统的程序、工具罪，判处有期徒刑三年，缓刑三年，并处罚金人民币五千元；三、被告人谢某犯提供侵入、非法控制计算机信息系统的程序、工具罪，判处有期徒刑三年，缓刑三年，并处罚金人民币五千元；四、被告人邵某某犯提供侵入、非法控制计算机信息系统的程序、工具罪，判处有期徒刑三年，缓刑三年，并处罚金人民币五千元；五、被告人侯某某犯提供侵入、非法控制计算机信息系统的程序、工具罪，判处有期徒刑三年，缓刑三年，并处罚金人民币两千元；六、对扣押在案的作案工具电脑主机六台、笔记本电脑

两台、硬盘四个、服务器三台予以没收。①

案例2中，被侵入和非法控制计算机信息系统系腾讯公司运营的一款手机游戏APP。此类APP案件有两个关键：一是如何认定“提供”的行为表现；二是作为犯罪工具的APP是否可以构成侵入、非法控制计算机信息系统的程序、工具。该案中，被告人针对市面上众多手机单机游戏APP，开发了外挂烧饼修改器APP，并建立烧饼辅助程序网站提供免费下载以扩大知名度，还从烧饼辅助程序网站的APP下载中获取利益，其对于将烧饼修改器APP交给他人有明确的认知。至于上述APP是否构成程序、工具的问题，被害单位运行的手机游戏APP本身属于计算机信息系统，而手机游戏中的“炼级”“装备”“金币”等虚拟财产作为游戏用户支付真实货币换取的财产性利益应当受到法律保护，涉案烧饼修改器APP作为一款外挂应用程序软件，在其用户支付较少的货币对价的情况下，即修改了手机游戏中的“炼级”“装备”“金币”等虚拟财产的数量，改变了手机游戏本身设定的运行规则和运行结果，其属于侵入、非法控制计算机信息系统的行为，而此类外挂APP，当然属于侵入、非法控制计算机信息系统的程序、工具。有学者指出：“在网络空间中存在着大量的帮助违法现象，即行为人知道被帮助者实施的违法行为而故意提供帮助的情况”，并且，网络空间中的帮助违法行为的危害极大，“有选择地将某些帮助违法的行为加以独立入罪化，已经越来越有必要。”② 值得关注的是，提供侵入、非法控制计算机信息系统程序、工具的行为人，其本身没有直接实施侵入或非法控制他人的计算机信息系统的犯罪行为，而是为实际实施侵入或非法控制的计算机信息系统犯罪活动的行为人提供了犯罪工具的帮助行为，上述帮助行为入罪体现了网络帮助行为正犯化的互联网刑事立法趋势。

（三）盗窃APP账户余额应当如何定罪

案例3：被告人杜某犯收买信用卡信息罪。被告人杜某在玩网络游戏的过程中对日本的网络游戏有所了解，得知日本网络游戏中的装备买卖

---

① 参见成都高新技术产业开发区人民法院(2014)高新知刑初字第3号刑事判决书。

② 于志刚、陈强：《网络空间中的帮助违法行为及其入罪化》，《北京人民警察学院学报》2008年第5期。

利润较高，通过游戏 QQ 群和网络论坛得知利用技术手段可以窃取到日本的苹果手机用户的 APP 账户余额。2013 年 11 月，杜某通过 QQ 渠道购买了多达 600 万份的日本苹果手机用户的邮箱账号和密码，并购买了扫号器 APP。苹果手机用户的 APP 账户名自动设置为手机用户的邮箱账号，并且相当一部分手机用户为记忆方便起见，使用邮箱密码作为本人的 APP 账户密码，利用这一概率可能，杜某使用扫号器 APP，将购得的邮箱号以及密码假设为苹果手机 APP 账号和密码进行登录，一旦软件后台发现手机 APP 账号和密码登录成功，就会将该账号的一些资料（包含账户名、密码、用户注册信息、账户余额、账户绑定的信用卡信息、账户支付是否需要密码保护）生成文本格式进行保存。同时，杜某又在网上购买了一万条左右的日本人信用卡资料（包含信息卡号、网上交易验证码、有效日期），经过筛选，确定了几十条可用于捆绑 APP 账户的信用卡信息。随后，杜某立即使用租来的苹果手机对有余额的 APP 账户进行登录。如果 APP 账户不设密码保护，杜某就直接在苹果 APP 日本区购买游戏装备后通过淘宝网卖给有需要的游戏玩家从而兑成现金；如果 APP 账户设定了密码保护，就利用日本苹果 APP 账户密码保护系统的漏洞，对该 APP 账户绑定其购买的一张有效的信用卡信息，从而绕过密码保护，将该 APP 账户的余额消费、兑现；如果 APP 账户已经绑定了信用卡信息，则先解除之前的信用卡绑定，然后绑定一张新的信用卡信息，最终将该 APP 账户的余额消费、兑现。从 2014 年 3 月开始，被告人杜某雇佣朱某某等五被告人在深圳市龙华新区龙华街道东环一路东华苑 A 栋 × 房帮其盗窃日本苹果手机用户 APP 账户中的余额。杜某负责购买日本邮箱数据、信用卡数据、操作电脑扫号以及验证信用卡，之后通过 QQ 将有余额的日本苹果手机用户 APP 账户和密码分别发给朱某某、李某、贾某某、朱某通、朱某燕，再由五人使用租来的苹果手机登录日本苹果手机用户 APP 账户，绑定信用卡，盗窃日本人苹果手机用户 APP 账户余额购买游戏装备后在淘宝上售卖变现。经侦查机关调查取证，其中 34 张信用卡的信息可以用来完成网上银行的支付交易。

深圳市宝安区人民法院一审认为，被告人杜某收买他人信用卡信息资料，足以使他人以信用卡持卡人名义进行交易，涉及信用卡 5 张以上，数量巨大，其行为已构成收买信用卡信息罪。被告人杜某以非法占有为目的，无视国家法律规定，多次秘密窃取他人财物，其行为已构成盗窃罪。被告人杜某的盗窃罪和收买信用卡信息罪属牵连犯，应当从一重罪，即以收买信用卡信息罪论处。判决：一、被告人杜某犯收买信用卡信息罪，判处有期徒刑三年，并处罚金人民币两万元；二、扣押的作案工具联想笔记本电脑一台、苹果笔记本电脑一台、台式电脑两台予以没收。①

杜某不服原判，提出上诉。广东省深圳市中级人民法院二审认为，上诉人杜某非法购买他人的信用卡信息资料，且数量巨大，其行为已经构成了收买信用卡信息罪。上诉人杜某以非法占有为目的，多次秘密窃取他人财物，其行为已构成盗窃罪。上诉人杜某的盗窃罪和收买信用卡信息罪属牵连犯，应从一重罪，即以收买信用卡信息罪论处。关于上诉人及辩护人所提意见，经查，杜某收买信用卡资料的犯罪事实存在且其以此从中获利，在无反证和程序瑕疵的情况下，对于侦查机关合法委托的专家证人出具的意见应予采信。故上诉人杜某及辩护人所提意见法院不予采纳。原判决认定事实清楚，证据确实充分，定罪准确，量刑适当，审判程序合法。据此，二审法院裁定驳回上诉，维持原判。②

案例3中，被告人杜某侵入的APP账户本身属于计算机信息系统的一部分，可以说，被告人杜某同时实施了以下行为：一是侵入计算机信息系统的行为，即行为人侵入了日本苹果手机用户的APP账户系统；二是获取计算机信息系统中数据的行为，即行为人显然是非法获取了他人计算机信息系统中存储、处理或者传输的数据；三是对他人计算机信息系统实施非法控制，即行为人通过一定的技术手段，使他人计算机信息系统处于其控制之下，能够接受其发出的指令并完成相应的操作活动；四是盗窃行为，即行为人窃取了苹果手机APP账户中的余额；五是收买信用卡信息的行为，即行为人在网上购买了一万条左右的日本人信用卡信息资料，后确定了几十条可用于捆绑APP账户的信用卡信息。该案中，行为人虽然是以APP为犯罪对象，但并非单纯地侵入计算机信息系统、控制计算机信息系统或获取计算机信息系统数据，而是以非法占有为目的，直接秘密窃取他人财物即APP账户余额，其行为已构成盗窃罪，故应定为盗窃罪。同时，该案的行为人还收买他人信用卡信息资料，数量

① 参见深圳市宝安区人民法院（2015）深宝法龙刑初字第1607号刑事判决书。

② 参见广东省深圳市中级人民法院（2015）深中法刑二终字第813号刑事裁定书。

巨大，其行为已构成收买信用卡信息罪，并且，在该案中，行为人的盗窃罪和收买信用卡信息罪属牵连犯，应从一重罪即以收买信用卡信息罪论处。申言之，如果行为人对计算机信息系统实施非法控制后，又进一步实施其他的危害行为，并且构成了刑法规定的其他犯罪，例如非法获取他人的账号、密码用于盗窃财物的，人民法院应当根据案件具体情况，选择适用相应的罪名。

（四）非法获取 APP 系统中的公民个人信息应当如何定罪

案例4：被告人杨某慧等犯非法获取计算机信息系统数据、非法控制计算机信息系统罪。2010 年 7 月，被告人杨某慧、陈某、罗某、张某等人在广东省深圳市成立深圳市安丰易联信息技术有限公司（以下简称安丰公司）；后杨某慧、罗某等人又成立深圳市万丰博通信息技术有限公司（以下简称万丰公司）；2011 年 5 月，杨某慧在北京市成立了北京麦德联合信息技术有限公司（以下简称麦德公司）。上述三家公司的经营范围包括计算机软件开发、网络技术开发、手机软硬件开发等。被告人马某于 2011 年年底在安丰公司任技术员，后于 2012 年年底到麦德公司任技术员；被告人林某于 2011 年 1 月至 2012 年 2 月在安丰公司任技术员；被告人吴某于 2011 年 6 月至 2013 年 2 月在麦德公司任技术员；被告人黄某于 2012 年 9 月至 2013 年 8 月在麦德公司任副总经理。自 2011 年年底起，被告人杨某慧等商议后，授意被告人马某等四被告人研发一款名为“静默插件”的 APP，将该插件通过刷机的方式植入大量移动终端；杨某慧、张某等人安排被告人祝某、杜某通过后台服务端操控的方式向植入“静默插件”的移动终端推送软件、广告等商业性电子信息。经鉴定：涉案的静默插件 APP 具有在手机用户不知情的情况下，获取用户手机位置和网络状态、更改手机用户的网络状态、删除用户手机内安装的 APP、安装其他 APP、通过手机网络访问互联网、强制关闭用户手机内正在运行的应用程序、获取当前用户手机内运行的应用列表、唤醒用户手机，及读写用户存储卡等信息的功能；并且具有在用户不知情时，上传手机收发短信、通话信息、通讯录、GPS 定位信息的功能。经对涉案公司网站数据库进行勘查：被告人杨某慧等所经营的公司服务器内含有大量用户移动终端内的信息，其中被获取 IMSI（国际移动用户识别码）的移动终端有206806部，被获取手机型号的移动终端有265970部，被获取手机号码的移动终端有44564部，被获取地址信息的移动终端有132168部，被获取软件安装列表的移动终端有196733部，被获取IMEI（国际移动设备识别码）的移动终端有265991部，被获取通讯录的移动终端有102368部，被获取的通讯录共19426523条。

北京市朝阳区人民法院经审理认为，被告人杨某慧、陈某、罗某、张某，以营利为目的，授意技术人员马某、林某、吴某、黄某研发升级"静默插件"，安排祝某、杜某通过后台服务端操控的方式向植入"静默插件"的移动终端推送软件、广告等商业性电子信息，从而非法获取计算机信息系统数据，实现对计算机信息系统的非法控制。被告人杨某慧、陈某、罗某、张某、马某、黄某、吴某、林某、祝某、杜某的行为触犯了刑法，均已构成非法获取计算机信息系统数据、非法控制计算机信息系统罪，依法应予惩处。判决：一、被告人杨某慧犯非法获取计算机信息系统数据、非法控制计算机信息系统罪，判处有期徒刑三年六个月，罚金人民币五万元。二、被告人陈某犯非法获取计算机信息系统数据、非法控制计算机信息系统罪，判处有期徒刑三年，罚金人民币三万元。三、被告人罗某犯非法获取计算机信息系统数据、非法控制计算机信息系统罪，判处有期徒刑三年，罚金人民币三万元。四、被告人张某犯非法获取计算机信息系统数据、非法控制计算机信息系统罪，判处有期徒刑三年，罚金人民币三万元。五、被告人马某犯非法获取计算机信息系统数据、非法控制计算机信息系统罪，判处有期徒刑二年，罚金人民币三万元。六、被告人黄某犯非法获取计算机信息系统数据、非法控制计算机信息系统罪，判处有期徒刑一年六个月，罚金人民币两万元。七、被告人吴某犯非法获取计算机信息系统数据、非法控制计算机信息系统罪，判处有期徒刑一年六个月，罚金人民币两万元。八、被告人林某犯非法获取计算机信息系统数据、非法控制计算机信息系统罪，判处有期徒刑一年五个月，罚金人民币两万元。九、被告人祝某犯非法获取计算机信息系统数据、非法控制计算机信息系统罪，判处有期徒刑一年五个月，罚金人民币一万元。十、被告人杜某犯非法获取计算机信息系统数据、非法控制计算机信息系统罪，判处有期徒刑一年五个月，罚金人民币一万元。[①]

被告人杨某慧、陈某、罗某、张某、黄某不服，提出上诉。北京市第三中级人民法院认为，上诉人杨某慧、陈某、罗某、张某，以营利为目的，授意技术人员原审被告人马某、林某、吴某，上诉人黄某研发升级静默插件 APP，通过该插件非法获取手机用户个人信息数据，并安排原审被告人祝某、杜某通过后台服务端操控的方式向植入“静默插件”的移动终端推送软件、广告等商业性电子信息，上述行为实现了在用户不知情的情况下，获取他人计算机信息系统数据及对他人计算机信息系统的非法控制，各被告人的行为均已构成非法获取计算机信息系统数据、非法控制计算机信息系统罪，依法应予惩处。裁定驳回杨某慧、陈某、罗某、张某、黄某的上诉，维持原判。[②]

有学者经研究提出，当前侵犯公民个人信息的网络犯罪有三个基本特征：一是犯罪行为隐蔽，作案成本低；二是犯罪对象不特定，且难以计量；三是犯罪高发，危害后果难以估量。[③] 笔者同意上述观点，并且，笔者认为，在 APP 环境中，非法获取 APP 系统中的公民个人信息的网络犯罪行为存在如何定罪的问题。以案例 4 为例，被告人杨某慧等通过其开发的静默插件 APP，非法获取被害单位的计算机信息系统中存储、处理或者传输的数据，并且对该计算机信息系统实施非法控制，构成了非法获取计算机信息系统数据、非法控制计算机信息系统罪。与此同时，涉案静默插件 APP 的功能表明，该软件可以在用户不知情的情况下，大量获取用户的通话信息、地理位置信息、通讯录信息以及手机短信等公民个人信息。《刑法修正案（七）》增设了“侵犯公民个人信息罪”的规定，作为《刑法》第 253 条之一。《刑法》第 253 条之一第三款规定，窃取或者以其他方法非法获取公民个人信息，情节严重的处三年以下有期徒刑或者拘役，并处或者单处罚金。

在以 APP 为犯罪对象的犯罪行为中，窃取或者以其他方法非法获取的公民个人信息，往往是非法获取计算机信息系统中的公民个人信息数据，那么，上述行为“侵犯公民个人信息罪”与“非法获取计算机信息

① 参见北京市朝阳区人民法院(2014)朝刑初字第 1743 号刑事判决书。

② 参见北京市第三中级人民法院(2015)三中刑终字第 00288 号刑事裁定书。

③ 参见李玉萍:《侵犯公民个人信息罪的实践与思考》,《法律适用》2016 年第 9 期。

系统数据罪”的界限，关系到此罪与彼罪的认定。有学者认为：“两罪虽然在罪名上截然不同，但如果非法获取计算机信息系统数据中的行为人侵入有关单位存储公民个人信息的计算机信息系统数据库，非法获取公民个人信息，情节严重的，则可能同时符合两罪的构成特征，该种情况下，应依照想象竞合犯的处理原则，从一罪处罚。”[①] 笔者认为，非法获取APP系统中的公民个人信息应当如何定罪，其关键是如何认定和区别“数据”和“信息”。

在“侵犯公民个人信息罪”中，“信息”指的是“公民个人信息”，其范围又有狭义和广义之分。有学者出于刑法谦抑性的考虑，主张对“公民个人信息”作狭义的解释，即公民的个人信息是公民的姓名、职业、职务、年龄、婚姻状况、学历等“能够识别公民个人身份的信息”[②]；与之相反，有学者认为，过于限制“公民个人信息”的范围不利于保护公民个人信息，刑法的谦抑性应当体现在“情节严重”的认定上，而不是“公民个人信息”的范围中，因此，“公民个人信息”应当作广义的解释，即“几乎有关个人的一切信息、数据或者情况都可以被认定为个人信息。一般来说，一个人的种族、肤色、肖像、性别、年龄、婚姻状况、家庭情况、宗教信仰、思想观点、爱好、受教育情况、财产状况、血型、指纹、病历、职业经历、地址、电话、电子邮件等都属于他的个人信息。”[③]《最高人民法院、最高人民检察院、公安部关于依法惩处侵害公民个人信息犯罪活动的通知》规定：“公民个人信息包括公民的姓名、年龄、有效证件号码、婚姻状况、工作单位、学历、履历、家庭住址、电话号码等能够识别公民个人身份或者涉及公民个人隐私的信息、数据资料。”笔者认为，上述《通知》关于“公民个人信息”的规定比较合理，我国刑法保护的“公民个人信息”应当包括“能够识别公民个人身份的信息”和“涉及公民个人隐私的信息、数据资料”两大类。对于“能够识别公民个人身份的信息”，有法官认为，此类信息“应当理解为能够单独或者与其他信息结合识别公民个人身份的信息”[④]。笔者同意这

---

① 赵秉志主编：《刑法修正案（七）专题研究》，北京师范大学出版社2011年版，第167页。

② 黄太云：《〈刑法修正案（七）〉解读》，《人民检察》2009年第6期。

③ 赵秉志主编：《刑法修正案最新理解适用》，中国法制出版社2009年版，第117—118页。

④ 喻海松：《网络犯罪的立法扩张与司法适用》，《法律适用》2016年第9期。

种观点，并且，笔者还认为，社会经济生活的快速发展在客观上要求法律保护的“公民个人信息”的权利范围随之逐渐扩大，如网民的网络购物偏好、个人行踪等“涉及公民个人隐私的信息、数据资料”，都应当属于刑法规定的“公民个人信息”的保护范围。

在以APP为犯罪对象的犯罪行为中，“公民个人信息”是数据化了的计算机信息系统中的“数据”，但是，计算机信息系统中的“数据”的范围要远远大于数据化了的“公民个人信息”。以案例4为例，该案中，涉案的静默插件APP具有获取用户手机位置、短信、通话信息、通讯录等“公民个人信息”的功能，但该APP还有读写用户存储卡等信息、删除用户手机内安装的APP、安装其他APP、唤醒用户手机、通过手机网络访问互联网、强制关闭用户手机内正在运行的APP等功能，上述行为侵犯的对象不限于“公民个人信息”，而是计算机信息系统中的数据。并且，从行为人犯罪的主观方面来看，其实施犯罪行为的动机是获取被害单位的计算机信息系统中的“数据”，故该案中的行为人触犯的是非法获取计算机信息系统数据、非法控制计算机信息系统罪。

二、以APP为犯罪工具

APP普及后，以APP为犯罪工具，尤其是以即时通信类的社交APP作为犯罪工具的案件呈多发态势。以微信犯罪为例，据河南省郑州市检察机关统计，仅2013年一年，河南省郑州市检察机关审查起诉的利用微信“摇一摇”“查找附近的人”“漂流瓶”等功能实施犯罪的案件就多达47件、74人，涉及罪名多达8种。其中，强奸罪10件、12人，强制猥亵妇女罪3件、3人，诈骗罪14件、35人，敲诈勒索罪7件、10人，抢劫罪4件、4人，抢夺罪2件、3人，盗窃罪6件、6人，故意杀人罪1件、1人。在上述案件中，涉嫌诈骗和强奸两种罪名的案件占总案件数的51.1%。[①]

① 参见范传贵:《郑州检察机关一年办理利用“微信”犯罪案件47件,利用社交工具犯罪案件多发需重视》,《法制日报》2014年2月11日第08版。

（一）以 APP 为犯罪工具案件的特点

1. 犯罪工具为新型网络工具，犯罪对象容易寻找

以 APP 为犯罪工具的案件中，犯罪嫌疑人均使用的是新型网络软件的功能，犯罪对象容易寻找。这主要可以分为三种情况：第一，微信的“摇一摇”“查找附近的人”“漂流瓶”等功能，可以使任何一个微信用户十分方便地结识周围的陌生人，并与之建立起通信联系，相当一部分犯罪嫌疑人就是利用上述功能寻找犯罪对象并进行搭讪，进而骗取对方信任再实施犯罪行为。有学者将这种犯罪方式称为“虚拟交友现实犯罪”[①]。第二，微信的“微信群”“朋友圈”等功能，容易成为实施非法传销、销售侵犯知识产权商品等犯罪活动的工具。APP 客户端与 PC 的社交有一个重要区别，即前者是一种身份识别，即每个手机 APP 客户端终端只有一个用户的身份，而同一台计算机上可能有多个网络用户登录使用。因此，“相比 QQ 而言，用户对微信的警惕性要低得多，一般对其微信好友的信任度较高。”[②] 第三，开发专门的 APP 作为犯罪工具，实施盗窃网络账户的犯罪，其专门开发的 APP 可以自行搜索犯罪对象，寻找犯罪对象同样非常快捷。

2. 被告人年轻化，被害人以年轻女性居多

以 APP 为犯罪工具的案件中，被告人年轻化的趋势明显，这与使用微信等 APP 的用户以年轻人居多有关。例如，据河南省郑州市检察机关统计，以微信为犯罪工具的 74 名被告人中，90 后被告人有 21 名，80 后被告人有 45 名，70 后被告人有 8 名。[③] 由此可见，微信犯罪的被告人以三十周岁左右的年轻人为主，被告人年轻化的趋势十分明显。以 APP 为犯罪工具的案件中，被害人也有年轻化的趋势，一些有猎奇心理、经不起诱惑又缺乏社会经验的男青年比较容易成为犯罪对象。但总的来说，此类犯罪的犯罪对象以女性居多。以微信犯罪为例，此类犯罪侵害的女性主要分为两类：一类是思想单纯的年轻女性，因为容易轻信他人，对可

---

① 卢杰：《强大定位功能为虚拟交友现实犯罪提供便利，基层办案人员称：微信犯罪多为性侵年轻女性》，《法制日报》2013 年 4 月 2 日第 005 版。

② 陈蕾：《微信犯罪的特点、成因及防控》，《江苏警官学院学报》2014 年第 1 期。

③ 参见范传贵：《郑州检察机关一年办理利用“微信”犯罪案件 47 件，利用社交工具犯罪案件多发需重视》，《法制日报》2014 年 2 月 11 日第 08 版。

能发生的犯罪没有预见；另一类是中年女性，由于各个方面的压力或不顺，为排解心中苦闷，容易通过“摇一摇”“查找附近的人”“漂流瓶”等功能查找陌生人并与陌生人见面聊天，这为犯罪嫌疑人实施犯罪行为提供了可乘之机。①

3. 实施犯罪行为便捷，犯罪成本很低

在微信犯罪中，犯罪嫌疑人只要有一部可以上网并安装了相关 APP 的智能手机即可实施犯罪行为，其为实施犯罪行为而发送的文字、图片、语音等信息，只会产生少量的上网流量费，犯罪成本很低且非常便捷。即便有的犯罪嫌疑人使用的是专门开发的专用 APP 实施犯罪活动，但开发专用 APP 相当于开发一款“黑客”软件，犯罪成本也相对较低，有些学过计算机编程的电脑爱好者即可完成。

4. 作案时间和地点不确定，隐蔽性较强

以 APP 为犯罪工具的案件中，犯罪的时间和地点均可以不事先确定，只要手机可以上网，在任何时间和地点均可实施犯罪行为。并且，受到 APP 管理漏洞的限制，以 APP 为犯罪工具，犯罪行为很难被发现，犯罪行为的隐蔽性较强。正如有研究指出的那样：“由于微信并没有‘实名身份验证’功能，所以从受害人所提供的微信资料中，无法进一步核实犯罪嫌疑人的真实身份，实施犯罪后也不容易被发现，犯罪的风险很小。”②

5. 以单独作案为主，有向团伙作案发展趋势

一方面，以 APP 为犯罪工具尤其是以微信为犯罪工作的作案门槛较低，一般犯罪嫌疑人个人即可实施犯罪行为，因此，此类犯罪目前以单独犯罪为主。另一方面，利用微信等 APP 组织非法传销或者是组织卖淫嫖娼等犯罪团伙的现象正在逐渐增多。对此，有专家指出：“微信具有群聊功能，并且支持同一时间多人语音聊天，这极大地方便了犯罪分子通过微信群进行联络，组织、策划和实施违法犯罪活动。”③

---

① 参见许家华:《浅议微信犯罪的特点与防控》,《广西法治日报》2012 年 5 月 29 日第 005 版。

② 曹威:《关于“微信”犯罪及“微信”服务侦查实战的思考》,《新疆警官高等专科学校学报》2014 年第 2 期。

③ 辛宇罡、高健、霍彦:《微信犯罪及其防范——基于公安工作视角》,《郑州轻工业学院学报(社会科学版)》2015 年第 3 期。

（二）以APP为犯罪工具案件的主要类型

1. 以APP为工具实施强奸犯罪

2014年10月21日，最高人民法院公布了七起通过网络实施的侵犯妇女未成年人等犯罪典型案例，其中，被告人肖某臣绑架、强奸案即是一起典型的以APP为工具实施犯罪的案件。被告人肖某臣与肖某坤（另案处理）预谋利用网络工具实施绑架，并租赁了广东省佛山市南海区里水镇一处房屋用于作案。2013年6月13日晚，肖某臣以外出游玩的名义，将通过手机微信“摇一摇”功能结识的被害人梁某某（女，时年15岁）骗出后，与肖某坤一起将梁某某骗至在佛山市南海区里水镇租赁的房屋内。二人持美工刀威吓梁某某，并用胶带捆绑梁某某，肖某坤从梁某某的手提包内搜得现金350元和小米手机1部。其间，肖某臣还强行奸淫了梁某某。之后，两人打电话联系梁某某的母亲，向其母亲索得赎金2万元后，即逃离现场。

广东省佛山市南海区人民法院经审理认为，被告人肖某臣结伙以勒索财物为目的绑架他人，绑架过程中又违背被害人梁某某意志，强行与被害人梁某某发生性关系，其行为分别构成了绑架罪和强奸罪，依法应当数罪并罚。肖某臣曾因诈骗罪被判处有期徒刑，在刑满释放后不到半年的时间内又犯罪，系累犯，依法应当从重处罚。依照刑法的有关规定，法院认定被告人肖某臣犯绑架罪，判处有期徒刑十一年，剥夺政治权利三年，并处罚金一万元；犯强奸罪，判处有期徒刑四年零六个月，决定执行有期徒刑十四年，剥夺政治权利三年，并处罚金一万元。一审宣判后，被告人肖某臣不服，提出上诉。佛山市中级人民法院经审理，裁定驳回上诉，维持原判。①

随着APP的发展和日渐普及，APP网络社交平台，特别是微信等网络聊天工具，给人们的交往带来了极大的便利。与此同时，因APP具有匿名性、公共性、便捷性等特点，网络交友APP也成为不法分子实施犯罪的新平台，由此引发的刑事案件已经呈现逐年上升的趋势。上述案件即是一起利用APP网络交友工具实施绑架、强奸犯罪的案件。该案中，被告人肖某臣伙同他人，事先为实施绑架犯罪行为租赁房屋场所，后通

---

① 参见《最高人民法院公布七起通过网络实施的侵犯妇女未成年人等犯罪典型案例》,《人民法院报》2014年10月22日第03版。

过手机微信“摇一摇”功能，找到未成年的女网友梁某某作为犯罪对象，将其骗出后实施绑架、强奸的犯罪活动。此类犯罪活动手法较新，一些网民缺乏防范意识，比较容易成为犯罪分子侵害的对象。人民法院对此类犯罪行为依法从重处罚，既显示了人民法院严厉打击利用网络社交APP实施犯罪的坚决态度，又通过真实案例“以案说法”的形式警示教育社会公众，促进网民提高防范APP犯罪的意识和能力。有学者指出，利用微信实施犯罪的表现形式虽然多种多样，但犯罪过程通常分为“摇、骗、约、干”四步。“摇”是指犯罪嫌疑人利用微信的“摇一摇”功能，查看附近的微信用户，查找犯罪对象；“骗”是指犯罪嫌疑人骗取被害人的信任；“约”是指犯罪嫌疑人提出见面要求，并约在偏僻场所等地点见面；“干”是指犯罪嫌疑人着手实施犯罪，在被害人赴约后，犯罪嫌疑人即实施强奸或盗窃等犯罪活动。[①]

2. 以APP为工具实施传销犯罪

2013年8月，被告人陈某磊与赵某某（另案处理）共谋以微信以及手机APP形式设立传销网络。许某某为二人发展传销投入20万元资金。2013年10月，被告人陈某磊在香港注册某某微视传媒公司。“某某微视传媒”在网站上谎称其公司属于美国广告互动局IAB公司亚太区全资子公司，并随机从网站下载广告上传至微视传媒网站。宣称营销人脉互动移动广告，投入小、回报大，吸引和诱骗他人加入该组织。加入者只需要交纳五个级别（200元美元至6000元美元不等）的加盟费并且通过手机登录微视传媒网站注册（网址：http：//ww. micromedia. hk）后即可成为会员。会员可以在其使用的手机微信中下载一款名为“微视通”的APP，每日通过在该软件“点灯”“看广告”赚取积分，积分按照比例兑换现金。并设置以直接或者间接依靠发展人员的数量作为计酬或者返利依据的“见点奖”“互助奖”“级差奖”。2014年3月，被告人陈某磊与赵某某将微视传媒组织运营地点由中国深圳市迁往马来西亚雪兰莪州境内。2013年9月至2014年9月，被告人陈某磊纠集被告人韦某武、周某、张某某、黄某某、陈某奕、卢某某等人负责微视传媒传销网络的开发、运营和维护等。赵某某纠集被告人韦某莎、陈某、东某、李某等人

① 参见陈蕾:《微信犯罪的特点、成因及防控》,《江苏警官学院学报》2014年第1期。

负责微视传媒网络传销的财务管理以及资金接口申购等工作。被告人陈某磊安排被告人韦某武编写微视传媒加盟商奖金结算系统编程及开发、微视通 APP 开发及维护等工作；由被告人周某负责制作微视传媒网站、微信点灯网站、微视宝马摇奖模块并对上述网站进行维护等工作；由被告人张某某负责上传微视传媒网站、微信点灯以及微视通 APP 等网站至服务器，以及服务器运营维护等工作；由被告人黄某某以及陈某奕负责对微视传媒网站以及结算系统兼容性进行测试，并负责微视传媒客服等工作；由被告人卢某某负责平面设计等工作。赵某某安排由韦某莎负责微视传媒公司财务管理等工作；由被告人陈某负责微视传媒服务器日常的运营和维护等工作；由被告人东某负责为微视传媒定制传媒白金卡，以虚假信息开通“汇潮”等第三方支付平台接口等工作。被告人李某负责公司行政管理及接待加盟商等工作。2014 年 7 月 22 日，公安部官方微博发布信息公布“微视通”属于非法的网络传销。“某某微视传媒”网络传销组织自运行以来至 2014 年 6 月，又在盱眙地区发展下线许某（已判决）等 80 余人，层级达到六层以上，参与的会员通过许某的工商银行账户汇入迅付信息科技有限公司（“某某微视传媒”的第三方支付平台）账户的加盟费用共计 289 万余元。微视传媒传销组织收取的传销资金高达 4 亿余元。截至 2014 年 9 月，被告人陈某磊从上述传销资金中分红达到 1.02 亿余元之多；许某某经被告人陈某磊与赵某某分配分红 400 万元；被告人韦某武从中分得工资及奖金共计 198 万余元；被告人黄某某从中分得工资及奖金共计 154 万余元；被告人卢某某从中分得工资及奖金共计 105 万元；被告人韦某莎、张某某、陈某奕分别从中分得工资及奖金 104 万余元；被告人周某从中分得工资及奖金共计 52 万余元；被告人东某从中分得工资及奖金共计 50 万余元；被告人陈某从中分得工资及奖金共计 47 万余元；被告人李某从中分得工资及奖金共计 34 万元。

江苏省淮安市盱眙县人民法院经审理认为，被告人陈某磊、韦某武、黄某某、卢某某、韦某莎、张某某、陈某奕、周某、东某、陈某、李某组织、领导以提供服务等经营活动为名，要求参加者以交纳费用获得加入资格，并按照一定顺序组成层级，直接或者间接以发展人员的数量作为计酬或者返利依据，引诱参加者继续发展他人参加，骗取财物，扰乱经济社会秩序的传销活动，情节严重，其行为均已构成组织、领导传销活动罪。一审法院以组织、领导传销活动罪分别判处被告人陈某磊有期徒刑六年六个月，并处罚金人民币一百万元；判处被告人韦某武有期徒刑四年十个月，并处罚金人民币二十万元；判处被告人黄某某有期徒刑三年十个月，并处罚金人民币十八万元；判处被告人卢某某有期徒刑三年八个月，并处罚金人民币十五万元；判处被告人韦某莎有期徒刑四年二个月，并处罚金人民币十五万元；判处被告人张某某有期徒刑三年十个月，并处罚金人民币十五万元；判处被告人陈某奕有期徒刑三年六个月，并处罚金人民币十五万元；判处被告人周某有期徒刑二年二个月，并处罚金人民币十万元；判处被告人东某有期徒刑二年二个月，并处罚金人民币十万元；判处被告人陈某有期徒刑一年十个月，并处罚金人民币十万元；判处被告人李某有期徒刑一年八个月，并处罚金人民币八万元；对盱眙县公安局扣押在案的被告人陈某磊、黄某某、卢某某、韦某莎、张某某、陈某奕、周某、李某所退违法所得人民币 5559.044519 万元、35 万元、25 万元、9900 元、6 万元、30 万元、5 万元、34 万元依法予以追缴，上缴国库。对被告人陈某磊、韦某武、黄某某、卢某某、韦某莎、张某某、陈某奕、周某、东某、陈某、李某的违法所得予以继续追缴。[①] 被告人陈某磊、韦某武、黄某某、卢某某、韦某莎、张某某、陈某奕、周某、东某、陈某、李某不服一审判决，提出上诉。二审法院裁定驳回上诉，维持原判。[②]

该案中，上诉人陈某磊纠集韦某武、周某、张某某等人负责微视传媒传销网络的开发、运营和维护等，韦某武编写微视传媒加盟商奖金结算系统编程及开发、负责微视通 APP 的开发及维护等工作，周某负责制作微视传媒网站、微信点灯网站、微视宝马摇奖模块并对上述网站进行维护等工作，张某某负责上传微视传媒网站、微信点灯和微视通 APP 等网站至服务器，以及服务器运营维护等工作，黄某某和陈某奕负责对微视传媒网站以及结算系统兼容性进行测试，并负责微视传媒客服等工作，被告人卢某某负责平面设计等工作；赵某某纠集被告人韦某莎、陈某、东某、李某等人负责微视传媒网络传销的财务管理以及资金接口申购等工作。该案中的 11 名被告人在微视传媒传销网络中分工合作，各司其

① 参见盱眙县人民法院(2015)盱刑初字第 00377 号刑事判决书。

② 参见江苏省淮安市中级人民法院(2015)淮中刑二终字第 00108 号刑事裁定书。

职,实施了各自具体的犯罪行为,共同对微视传媒传销组织的建立、扩大以及传销活动的顺利实施起到了关键作用,微视传媒收取的传销资金达4亿余元,因此,该案的被告人均构成组织、领导传销活动罪,系共同犯罪。

当前,利用APP作为工具进行传销的违法犯罪活动愈演愈烈。例如,广州云在指尖电子商务有限公司通过链接微信公众号自行设立开发了一款名为"云在指尖"的电商平台,"云在指尖"以销售商品形式收取会员"入门费",要求人员不断发展下线,并从下线交纳的费用中非法获利,部分人员因发展下线获得返利金额达两百多万元,截至案发时,"云在指尖"关注人数达2400万余人,缴费人数达260万余人,涉案金额6.2亿余元。2016年9月9日,湖北省咸宁市工商行政管理局作出咸宁工商处字〔2016〕37号行政处罚决定书,责令广州云在指尖电子商务有限公司停止违法行为,没收违法所得3950余万元,并处以150万元罚款。与此同时,腾讯公司根据相关法律法规、《微信公众平台服务协议》和《微信公众平台运营规范》的规定,以及工商机关的行政建议要求,对"云在指尖"的微信公众账号也进行了封号处理。[①] 打击以APP为工具的网络传销的违法犯罪活动,不仅需要行政执法机关和公安机关加强联动、形成合力,还需要APP平台运营商的积极配合。对于传销等多级分销的欺诈行为,APP平台运营商一经发现APP账号实施了此类行为,就应当及时限制APP账号的部分功能,直至作出永久封号处理,并有权拒绝向该APP账号的运营主体再次提供APP的网络服务。

3. 以APP为工具实施介绍卖淫犯罪

2014年6月起,被告人刘某华提议并伙同黄某花(已判刑)从事介绍卖淫活动,由被告人刘某华负责印制印有黄某花联系号码的招嫖卡片,由黄某花负责接听招嫖电话后通过电话、微信等方式安排卖淫女周某甲(未成年人)、姬某等人前往嫖客指定酒店提供卖淫服务,并从中提取卖淫所得40%作为分成,供二人共同使用。同年12月15日,黄某花安排卖淫女周某甲至棕榈湾酒店、嘉信酒店分别向汪某、郑某甲各卖淫一次,并从周某甲卖淫所得600元中收取280元;黄某花安排卖淫女姬某至棕榈

① 参见《严打网络传销不手软,腾讯配合工商部门封停"云在指尖"等相关账号》,http://news.qq.com/a/20161012/040348.htm,2017年7月17日。

湾宾馆向郑某乙卖淫一次，并从姬某卖淫所得 200 元中收取 80 元。一审法院以介绍卖淫罪判处被告人刘某华有期徒刑一年六个月，并处罚金人民币 6000 元。被告人刘某华不服，提出上诉。浙江省温州市中级人民法院经审理认为，上诉人刘某华结伙介绍卖淫，其行为已构成介绍卖淫罪，裁定驳回上诉，维持原判。①

上述案件是典型的以 APP 为工具实施介绍卖淫犯罪。另外，在一些以招嫖提供性服务为名实施诈骗的案件中，被害人发现上当受骗后便不再打款，因为钱不多而且所做之事也不光彩，往往选择忍气吞声而不是报警，甚至即便有警方向其调查也矢口否认。例如，吴某系 42 周岁的山村农妇，被江苏省无锡市锡山区人民法院以诈骗罪判处有期徒刑一年十个月，并处罚金。吴某自称是年轻漂亮女子，且专门介绍小姐，按照其供述，在短短一个多月时间内，其成功诈骗 17 人，涉案金额 3.2 万元，但经警方查实的被害人仅有 3 人，有些被害人对警方的调查矢口否认。②

4. *以 APP 为工具实施诈骗犯罪*

2014 年 10—11 月，被告人李某甲利用“burpsuite”软件可以抓取手机订票软件传输处理的订单数据包并进行修改的功能，采用以数十元的正常票价下单后，再将实际支付金额的数据篡改为 0.01 元或 0.1 元等低价方式，大肆通过互联网从被害单位广州某某影视传媒股份有限公司运营的“××电影”订票系统盗取系统自动生成的电影票兑换验证码 5679 条（对应电影票面价值共计 358343 元）后低价销赃牟利。2014 年 11 月，被告人李某甲、李某丙、丁某为非法牟利，单独、相互结伙或伙同他人，利用“burpsuite”软件可以抓取手机软件传输处理的账户充值数据包并进行修改的功能以及被害单位北京××××网络科技有限公司（以下简称××公司）（实际经营地：上海市徐汇区钦州北路×××号×××园××幢×××室）“彩票大赢家”网络销售充值系统的管理漏洞，采用篡改账户充值金额数据，并向公司客服人员投诉的方式，虚构用户充值未到账的假象，骗使公司客服人员向被告人李某甲、李某丙等人控制的用户账户充值，后用于站内消费或转账提取赃款。经查，被告人李某甲骗

① 参见浙江省温州市中级人民法院(2015)浙温刑终字第 1835 号刑事裁定书。

② 参见马超:《42 岁农妇冒充少女微信诈骗 17 人,警方调查仅 3 人承认,14 人矢口否认,微信犯罪受骗者为何多忍气吞声》,《法制日报》2014 年 2 月 24 日第 004 版。

取账户充值款共计15.5万元，被告人李某丙参与骗取账户充值款共计20万元，被告人丁某参与骗取账户充值款共计98万余元。上海市徐汇区人民法院判决：一、被告人李某甲犯盗窃罪，判处有期徒刑八年，并处罚金人民币五万元；犯诈骗罪，判处有期徒刑四年，并处罚金人民币三万元；犯传授犯罪方法罪，判处有期徒刑三年。决定执行有期徒刑十三年，并处罚金人民币八万元。二、被告人李某丙犯诈骗罪，判处有期徒刑三年，缓刑三年，并处罚金人民币二万元。三、被告人丁某犯诈骗罪，判处有期徒刑十年，剥夺政治权利二年，并处罚金人民币五万元。四、被告人退赔的赃款予以发还，不足部分责令予以退赔。①

孙佑海教授经研究认为，电信诈骗是犯罪分子通过电话、网络和短信方式，编造虚假信息，设置骗局，对受害人实施远程、非接触式诈骗，诱使受害人给犯罪分子打款或转账的犯罪行为，电信诈骗属于新类型犯罪，面临取证难、定性难、抓捕难、追赃难的“四难”问题。②对于电信诈骗屡禁不止的根本原因，范明志研究员指出：“造成电信诈骗屡禁不绝的三个原因，根本原因在于网络。也就是说这种犯罪行为是一种信息技术的犯罪，从时代的发展来讲，它属于信息时代的行为。但是我们的打击手段，却属于工业时代的产物。”③ 法律规则滞后的问题，在以APP为犯罪工具实施的诈骗活动中同样存在，而且表现得更为突出。上述案件中，关于被告人李某甲篡改数据获取财物的行为，涉及是否应当以什么罪名追究其刑事责任的定性问题。盗窃罪与诈骗罪，被告人在主观上以非法占有为目的侵犯他人财物所有权系一致，但在侵犯财物所有权客观行为方面有着明显的区别。盗窃罪一般是指被告人采用他人没有察觉或不为所知的手段窃取并直接控制非法占有财物所有权；而诈骗罪一般是指被告人采用隐瞒真相、虚构事实的方法，使他人信以为真，从而“自愿”地交出财物，被告人进而对财物非法控制和占有。

① 参见上海市徐汇区人民法院(2015)徐刑初字第593号刑事判决书。

② 参见孙佑海:《整治电信诈骗要解决“四难”问题》,《经济日报》2016年9月17日第04版。

③ 范明志:《关于信息技术对法治现代化影响的再反思——从霍金的劝告谈起》, http://mp. weixin. qq. com/s? src = 3&timestamp = 1480988381&ver = 1&signature = YfqpF7OS3R GsQTgvmsf-gLogttEE0KOuLucOVl7IPeGv3OfgRmfHm4AylMMydAv6qwewp rG0w6AOoDFppICoMEjox6spXjo - ZFlNHI * j4DLdBvZbW4l9WL2TQztl6xUTuYw93rN7SaIqHk * Cu10c6DKZ6DTZBmbERkqzCUSMaBT8 = , 2017年7月17日。

在该案中，被告人李某甲篡改数据获取财物的行为分为两部分犯罪事实，即涉及电影票犯罪事实和涉及彩票犯罪事实。第一部分涉及电影票犯罪事实，被告人李某甲采用在被害单位不为所知的情况下，利用软件篡改支付金额后直接获取系统自动生成的电影票兑换验证码，实际控制非法占有被害单位财物，并予以低价销售，其行为符合盗窃罪秘密窃取财物的行为特征，应当以盗窃罪追究被告人李某甲的刑事责任。第二部分涉及彩票犯罪事实，被告人李某甲虽然同样采用篡改账户充值金额数据方法，但无法在被害单位不为所知的情况下，直接获取“彩票大赢家”的巨额充值金额，只有采用向公司客服人员投诉的方式，虚构用户充值未到账的假象，骗使公司客服人员“自愿”向被告人李某甲等人提供的用户账户充值，后予以控制非法占有被害单位的财物，并用于站内消费或转账提取赃款，其行为符合诈骗罪欺骗获取财物的行为特征，应当以诈骗罪追究被告人李某甲的刑事责任。据此，根据被告人李某甲篡改数据获取财物行为的客观表现，在该案中应当分别认定盗窃罪和诈骗罪，并予以数罪并罚。

5. *以 APP 为工具实施盗窃犯罪*

在一些案件中，犯罪嫌疑人专门研发的山寨 APP 还可能被用于盗窃等犯罪活动。具体来说，有的犯罪嫌疑人将手机木马病毒假冒成正版的 APP，手机用户下载该 APP 使用后，手机等移动终端设备会立即感染木马病毒，在此情况下，手机用户在手机等移动终端设备上输入的内容以及操作的过程都会被木马病毒记录，并通过移动互联网发送给手机木马病毒的植入者。这些不法分子利用木马病毒带回的信息，可以轻易地窃取手机用户的购物网站或者是网络银行的用户名和密码，然后再将购物网站或者是网络银行中的资金余额转至其他账号并据为己有；有的不法分子窃取网络用户的上网账号和密码后，再将其作为个人信息转卖并从中获利，或者是供不法分子本人或周边的其他人上网使用；还有的不法分子通过非法获得的手机游戏 APP 的用户名和密码，以游戏玩家的身份加入游戏，进而获取游戏玩家的网络游戏装备等网络虚拟财产，再转卖给他人并从中获利。[①]

---

① 参见闫斌、王君：《论山寨 APP 程序的危害及法律应对》，《经济与社会发展》2015 年第 3 期。

6. 以微信APP“朋友圈”功能为工具实施销售假冒注册商标的商品犯罪

2013年5—6月，被告人何某通过其“cocomingpai”“×××”微信号在微信朋友圈内发布多个假冒注册商标的商品的销售信息，按需从售假商家处采购并销售给在微信上下单的买家，以银行转账或支付宝转账等方式结算，并以快递邮寄的方式发货。其间，被告人何某曾将假冒CHANEL（香奈儿）、PRADA（普拉达）、LV（路易威登）等注册商标的商品销售给李某、陈某、黄某、方某等人。截至2013年12月，销售数额累计达人民币10万余元。2013年12月4日，公安机关在上述经营场地内查获尚未销售的假冒CHANEL（香奈儿）、PRADA（普拉达）、LV（路易威登）、CÉLINE（思琳）、PANERAI（沛纳海）、VACHERON CONSTANTIN（江诗丹顿）、Cartier（卡地亚）、OMEGA（欧米茄）、IWC（万国）等注册商标的商品20件及其他品牌的商品4件，并将被告人何某传唤到案。杭州经济技术开发区人民法院认为，被告人何某明知是假冒注册商标的商品而予以销售，销售金额数额较大，其行为已构成销售假冒注册商标的商品罪，公诉机关指控的罪名成立。据此判决：一、被告人何某犯销售假冒注册商标的商品罪，判处有期徒刑一年，缓刑二年，并处罚金人民币60000元（缓刑考验期限从判决确定之日起计算；罚金在判决生效后十日内缴纳）。二、扣押于杭州市公安局杭州经济技术开发区分局未随案移送的涉案假冒注册商标的商品予以没收，由杭州市公安局杭州经济技术开发区分局处理。①

通过互联网销售假冒注册商标的商品的行为比较普遍，因此，“网络在商标领域的渗透，逐渐使得网络空间中的商标冒用行为的刑法惩治成为一个亟待解决的社会问题。”② 在APP空间里，销售假冒注册商标的商品的行为往往更加隐蔽。例如，以微信“朋友圈”功能为工具销售假冒注册商标商品，因为微信“朋友圈”本身具有一定的封闭性，其销售假冒注册商标商品更加难以被发现。值得关注的是，在APP时代，相当一部分商品的销售者实现了“零库存”，也就是说，有些商品销售者在网上从“上家”进货然后直接加价后销售给“下家”，而没有对网络商品是

---

① 参见杭州经济技术开发区人民法院(2015)杭经开刑初字第14号刑事判决书。

② 于志刚主编:《网络空间中知识产权的刑法保护》,中国政法大学出版社2014年版,第37页。

否是正品进行审查。我国《刑法》第214条规定："销售明知是假冒注册商标的商品，销售金额数额较大的，处三年以下有期徒刑或者拘役，并处或者单处罚金；销售金额数额巨大的，处三年以上七年以下有期徒刑，并处罚金。"按照上述销售假冒注册商标的商品罪的法律规定，行为人在主观上明知其销售的是假冒注册商标的商品，才可能构成犯罪。因此，审理APP领域销售假冒注册商标的商品罪的案件，应当着重审查网络商品的销售者是否明知其销售的是假冒注册商标的商品。

7. 以APP为工具实施侵犯著作权犯罪

上海玄霆娱乐信息科技有限公司（以下简称玄霆公司）系原创文学门户网站——起点中文网（www.qidian.com）经营者，该公司经过作者授权依法取得《星辰变》等小说的独家信息网络传播权，并将上述作品在起点中文网上登载。2012年12月，被告人李某某注册成立某某在线公司，被告人王某担任公司技术总监，被告人徐某某担任公司高级工程师。被告人李某某、王某、徐某某共同开发了一款名为"某某免费小说"的APP。其中，被告人李某某负责某某在线公司的日常经营以及APP研发的资金支持，被告人王某负责APP的设计及研发，被告人徐某某负责APP内置搜索引擎的研发及日常维护等。三被告人将某某免费小说APP投放至应用宝等多个移动电话应用市场。自2014年起，三被告人为提高该软件的点击下载量以及知名度，在没有经过玄霆公司等许可授权的情况下，擅自通过"某某免费小说"软件（一种网络"爬虫"软件）复制、转载玄霆公司发行于起点中文网等网站上的《星辰变》等文字作品，存储在某某在线公司的服务器内，供Android移动终端用户下载该APP后免费阅读上述文字作品，再通过在软件内植入广告，以被告人李某某的银行账户收取广告收益分成。2014年5月16日，被告单位某某在线公司向玄霆公司支付版权和解费200万元。经公安机关委托，上海辰星电子数据司法鉴定中心于2014年4月24日出具司法鉴定意见书，意见为某某免费小说APP使用的服务器内存储的文字作品中有1453本涉案电子书与玄霆公司起点中文网的同名小说存在实质性相似。上海市浦东新区人民法院认为，玄霆公司与涉案作品作者达成协议，以继受取得的方式获得了涉案作品的信息网络传播权，其合法享有的信息网络传播权受法律保护。被告单位某某在线公司以营利为目的，未经著作权人许可，利用信息网络的渠道，复制、发行玄霆公司依法享有信息网络传播权的文字作品1453部，属于刑法规定的情节严重，上述行为已构成侵犯著作权罪，依法应当判处罚金。据此判决：一、被告单位某某在线（北京）网络技术有限公司犯侵犯著作权罪，判处罚金人民币六万元。二、被告人李某某犯侵犯著作权罪，判处有期徒刑一年，缓刑一年，罚金人民币二万元。三、被告人王某犯侵犯著作权罪，判处有期徒刑十个月，缓刑一年，罚金人民币一万元。四、被告人徐某某犯侵犯著作权罪，判处有期徒刑十个月，缓刑一年，罚金人民币一万元。五、违法所得予以追缴。①

网络空间充斥着针对网络电子书等作品的大量犯罪行为，APP领域也同样存在侵犯著作权的犯罪活动。2004年12月22日起施行的《最高人民法院、最高人民检察院关于办理侵犯知识产权刑事案件具体应用法律若干问题的解释》第11条第三款明确规定，通过信息网络向公众传播他人文字作品、音乐、电影、电视、录像作品、计算机软件及其他作品的行为，应当视为《刑法》第217条规定的“复制发行”。2011年1月10日，《最高人民法院、最高人民检察院、公安部印发关于办理侵犯知识产权刑事案件适用法律若干问题的意见》第12条第一款进一步规定，“发行”，包括总发行、批发、零售、通过信息网络传播以及出租、展销等活动。按照上述规定，在APP领域中以经营为目的，未经著作权人许可，复制发行其文字作品、计算机软件作品、视频作品、音乐作品及其他作品的“网络发行”行为，同样属于侵犯著作权的犯罪行为。

（三）以APP为犯罪工具的应对之策

第一，加强对APP平台的监管，实行实名认证。一方面，APP平台不应成为“法外之地”，公安机关和有关行政执法机关应当加强对APP平台，尤其是用户数量众多的APP平台的监管，严格实行实名上网措施。另一方面，对于建立用户数量较大的微信群以及申请微信公众账号的用户，均应当实行实名申请，并进行网络实名认证。申请微信公众账号的用户以及申请较大微信群的“群主”均应当提交本人登记照片、身份证件复印件进行认证，避免不法分子假冒他人身份信息建立微信群或申请

① 参见上海市浦东新区人民法院(2014)浦刑(知)初字第24号刑事判决书。

微信公众账号从事犯罪活动。

第二，改进 APP 的设计缺陷，预防以 APP 为工具的网络犯罪。当前，微信 APP 等应用程序软件存在设计上的天然缺陷。例如，利用微信的“摇一摇”“查找附近的人”及“漂流瓶”等功能，微信用户不需要经过相关认证程序，就可以看到其他微信用户的信息，这显然不利于移动互联网环境下个人信息的保护，也给了犯罪分子以可乘之机。因此，改进 APP 的设计缺陷，是预防 APP 领域网络犯罪的重要措施。

第三，设立举报中心，打击非法 APP。网民个人深受山寨 APP 等各种非法 APP 其害，但往往处于一种“投诉无门”的尴尬境地。从我国的执法经验来看，中华人民共和国国家工商行政管理总局（以下简称国家工商总局）在全国设立了专门接受消费者投诉举报的专项电话号码“12315”之后，很好地解决了广大消费者“投诉难”的问题。笔者认为，在行政执法保护 APP 网络用户的领域，有必要借鉴设立“12315”专线投诉电话的经验。执法部门的人员数量和监管力量毕竟有限，我国可以设立专门的非法 APP 举报中心，APP 用户在使用 APP 的过程中，如果发现其下载、使用的 APP 属于非法软件，即可向举报中心进行举报。如此，非法 APP 才能得到及时曝光并被迅速制裁。

第四，加强电子数据收集的程序设计，完善网络电子证据制度。2012 年修正的《中华人民共和国刑事诉讼法》第 48 条明确将电子数据作为法定的证据之一。有学者指出：“随着计算机的广泛运用，计算机存储的信息也开始登上诉讼证明的舞台，在证据种类中增加电子数据更符合时代发展的需要，也能够满足刑事诉讼证明活动的要求。”[①] 但我国《刑事诉讼法》中有关电子数据的规定过于原则概括，目前，对于电子数据的收集等问题缺乏具体的程序设计，因此电子数据作为证据的可操作性相对比较欠缺。如微信犯罪中，如果犯罪嫌疑人的聊天记录和微信注册信息等电子数据被删除、清空或销毁后，如何恢复原状并及时固定证据，目前还没有明确的法律依据。[②] 因此，我国应当加强电子数据收集的程序

① 冀祥德主编：《最新刑事诉讼法释评》，中国政法大学出版社 2012 年版，第 43 页。

② 参见陈蕾：《微信犯罪的特点、成因及防控》，《江苏警官学院学报》2014 年第 1 期。

设计，完善网络电子证据制度。①

第五，强化APP平台的监管责任，及时提供犯罪线索。有学者指出，在当今时代，“APP等新兴方式改变了社会的生活方式。信息网络在造福社会的时候，利用信息网络实施的造谣、诽谤、诈骗、煽动等违法犯罪行为严重扰乱网络秩序。发生的原因除了违法犯罪分子的恶意行为，网络服务提供者的纵容或疏于管理也有很大关系。”② 为此，《刑法修正案（九）》增设了“拒不履行信息网络安全管理义务罪”③。按照该规定，APP平台的经营者，应当履行法律和行政法规规定的作为网络服务提供者应当履行的信息网络安全管理义务。在网络数据日益向大型APP平台的网络服务提供者集中的“大数据”环境下，进一步加强APP平台的监管责任已经是势在必行，APP平台一旦发现犯罪线索，应当及时向公安机关提供犯罪线索。

三、以APP为犯罪空间

按照传统的刑法理论，基于以信息网络为犯罪对象或犯罪工具的区分，可将网络犯罪分为“对象型网络犯罪”（又称“纯正网络犯罪”）和“工具型网络犯罪”（又称“不纯正网络犯罪”），前者主要指以信息网络及网络中的数据、信息作为犯罪对象的犯罪，后者则主要是指以网络作为犯罪工具，实施的破坏社会主义市场经济秩序和妨害社会管理秩序的

① APP空间的证据收集和提取问题已经得到了司法机关的高度重视。为规范电子数据的收集提取和审查判断，提高刑事案件办理质量，2016年9月9日，最高人民法院、最高人民检察院、公安部联合制定了《关于办理刑事案件收集提取和审查判断电子数据若干问题的规定》，明确规定人民法院、人民检察院和公安机关有权依法向有关单位和个人收集、调取电子数据，电子数据包括但不限于“朋友圈”等网络平台发布的信息以及“通讯群组”等网络应用服务的通信信息。上述APP被纳入电子数据的范围，将有利于侦查机关收集和提取APP平台的电子数据。

② 赵秉志主编：《〈中华人民共和国刑法修正案（九）〉理解与适用》，中国法制出版社2016年版，第150页。

③ 即在《刑法》第286条后增加一条，作为第286条之一：“网络服务提供者不履行法律、行政法规规定的信息网络安全管理义务，经监管部门责令采取改正措施而拒不改正，有下列情形之一的，处三年以下有期徒刑、拘役或者管制，并处或者单处罚金：（一）致使违法信息大量传播的；（二）致使用户信息泄露，造成严重后果的；（三）致使刑事案件证据灭失，情节严重的；（四）有其他严重情节的。单位犯前款罪的，对单位判处罚金，并对其直接负责的主管人员和其他直接责任人员，依照前款的规定处罚。有前两款行为，同时构成其他犯罪的，依照处罚较重的规定定罪处罚。”

犯罪，侵犯公民人身、民主权利、财产权利等合法权利的犯罪。[①] 但是，随着移动互联网的发展，现在越来越多的网络犯罪属于以 APP 为犯罪空间的犯罪。正如有学者所指出："随着网络 2.0 时代的到来，网络开始成为生活平台，平台个体网络参与者同网络的联系紧密程度大大增加，网络不再是虚拟的信息媒介而是具有现实意义的生活空间。"[②]

（一）以 APP 空间为言论空间

案例1：在 APP 空间散布虚假信息。2013 年8 月24 日晚10 时许，被告人杨某甲为报复被浙江新中梁房地产开发有限公司（以下简称新中梁公司）解职一事，在其位于鹿城区老西站附近的暂住处内，捏造有关新中梁公司董事长杨某某因七都地块和外滩首府招标问题向温州原市委书记陈德荣行贿等虚假信息，并利用互联网将该信息公开发布在其本人的微信朋友圈。2013 年8 月25 日凌晨2 时许，被告人杨某甲又通过微信将该信息发给新中梁公司原同事黄某、肖某。当日早8 时许，被告人杨某甲将该信息从微信朋友圈删除。浙江省温州市鹿城区人民法院认为，被告人杨某甲捏造并散布虚伪事实，损害他人商业信誉，情节严重，其行为已构成损害商业信誉罪，应予惩处。被告人杨某甲犯损害商业信誉罪，被判处有期徒刑七个月，并处罚金人民币 1000 元。[③]

我国《刑法》第 221 条规定了"损害商业信誉、商品声誉罪"，即"捏造并散布虚伪事实，损害他人的商业信誉、商品声誉，给他人造成重大损失或者有其他严重情节的，处二年以下有期徒刑或者拘役，并处或者单处罚金。"在扰乱市场秩序的行为中，有的行为人捏造虚伪事实并大肆散布，将其作为不正当竞争的手段，损害他人的商品声誉和商业信誉；有的行为人为陷害或者是报复他人，捏造虚伪事实并予以散布，损害他人的商品声誉和商业信誉，不仅给他人造成了重大经济损失，而且严重扰乱了社会主义市场经济的秩序。我国于 1993 年施行的《反不正当竞争法》对上述行为予以明令禁止，根据《反不正当竞争法》的有关规定，

① 参见戴长林主编、最高人民法院刑事审判第三庭编著：《网络犯罪司法实务研究及相关司法解释理解与适用》，人民法院出版社 2014 年版，第 3 页。

② 于志刚主编：《网络空间中知识产权的刑事保护》，中国政法大学出版社 2014 年版，第 3 页。

③ 参见浙江省温州市鹿城区人民法院（2014）温鹿刑初字第 1 号刑事判决书。

经营者因不正当竞争行为给他人造成重大损失或者有其他严重情节的行为，应当追究刑事责任。1997年修订《刑法》时，我国《刑法》即增设了“损害商业信誉、商品声誉罪”。在互联网时代，尤其是在APP空间中，损害他人商业信誉或商品声誉的信息更加容易广泛传播，给被害人造成重大的商誉损失或经济损失。

随着互联网的发展，现在越来越多的网络犯罪属于以APP为犯罪空间的犯罪。根据我国《刑法》和司法解释的相关规定①，行为人如果是编造虚假的灾情、疫情、险情、警情，在APP空间等信息网络中传播，或者明知是虚假的灾情、疫情、险情、警情信息，却故意在APP空间等信息网络中传播，严重扰乱社会秩序的，即构成编造、故意传播虚假恐怖信息罪。行为人如果捏造并散布虚伪事实，但不构成妨害社会管理秩序，而是破坏了社会主义市场经济秩序，损害了特定的市场经营者的商业信誉或商品声誉，则构成损害商业信誉、商品声誉罪。行为人如果利用信息网络辱骂、恐吓他人，情节恶劣，破坏社会秩序，或者是编造虚假信息，或者明知是编造的虚假信息，在信息网络上散布，或者组织、指使人员在信息网络上散布，起哄闹事，造成公共秩序严重混乱的，应当构成寻衅滋事罪。当然，按照《最高人民法院、最高人民检察院关于办理利用信息网络实施诽谤等刑事案件适用法律若干问题的解释》的相关规定，如果行为人有捏造损害他人名誉的事实，在信息网络上散布，或者组织、指使人员在信息网络上散布等行为，且情节严重的，则应当以诽谤罪处罚。

① 2015年8月29日第十二届全国人民代表大会常务委员会第十六次会议通过的《刑法修正案（九）》在《刑法》第291条之一中增加一款作为第二款：“编造虚假的险情、疫情、灾情、警情，在信息网络或者其他媒体上传播，或者明知是上述虚假信息，故意在信息网络或者其他媒体上传播，严重扰乱社会秩序的，处三年以下有期徒刑、拘役或者管制；造成严重后果的，处三年以上七年以下有期徒刑。”此即为“编造、故意传播虚假恐怖信息罪”。自2013年9月10日起施行《最高人民法院　最高人民检察院关于办理利用信息网络实施诽谤等刑事案件适用法律若干问题的解释》第5条规定：“利用信息网络辱骂、恐吓他人，情节恶劣，破坏社会秩序的，依照刑法第二百九十三条第一款第（二）项的规定，以寻衅滋事罪定罪处罚。编造虚假信息，或者明知是编造的虚假信息，在信息网络上散布，或者组织、指使人员在信息网络上散布，起哄闹事，造成公共秩序严重混乱的，依照刑法第二百九十三条第一款第（四）项的规定，以寻衅滋事罪定罪处罚。”

（二）以 APP 空间为传播空间

案例 2：在 APP 空间（微信群）传播淫秽物品。2015 年 6 月月底至 8 月 3 日，被告人韩某以牟利为目的，通过其微信号“woainihanliangxiang”建立“18 豪人区 VIP”微信群，拉人入群，发布淫秽视频，并以每位成员每月 18 元不等的标准收费，共获利 1000 余元。其间，被告人汤某受韩某委托，在韩某不便时，在该微信群内发布淫秽视频。经鉴定，韩某在该微信群内发布的 55 个视频文件属于淫秽物品；汤某在该微信群内发布的 49 个视频文件属于淫秽物品。同期，韩某为了收集淫秽视频，通过其微信号“woainihanliangxiang”建立“18 恶龙 TV 视频区 18”微信群，并放任“大朋”等人在该微信群内发布淫秽视频。经鉴定，“大朋”在该微信群内发布的 51 个视频文件属于淫秽物品。浙江省瑞安市人民法院认定被告人韩某犯传播淫秽物品牟利罪，判处有期徒刑三年，并处罚金人民币 5000 元，犯传播淫秽物品罪，判处拘役三个月，决定执行有期徒刑三年，并处罚金人民币 5000 元；认定被告人汤某犯传播淫秽物品牟利罪，判处有期徒刑一年，并处罚金人民币 2000 元；被告人韩某退出的违法所得人民币 1000 元以及随案移送的平板电脑一台、手机两部，均予以没收，上缴国库。被告人汤某不服，提出上诉。浙江省温州市中级人民法院认为，上诉人汤某、原审被告人韩某以牟利为目的，结伙组建、管理组群并发布淫秽视频，其中韩某情节严重，二人的行为均已构成传播淫秽物品牟利罪。韩某还利用移动通讯终端组建组群，放任他人传播淫秽物品，情节严重，其行为还构成传播淫秽物品罪，应数罪并罚。汤某通过微信群公告，明知韩某组建的微信群存在发布淫秽视频并收取会费的牟利方式，仍受韩某所托发布淫秽视频，系共同犯罪。裁定：驳回上诉，维持原判。①

在 APP 空间（微信群）传播淫秽物品案件的法律适用难点在于：在微信群里传播淫秽视频行为的主要传播者和群管理员是否构成共同犯罪？对此，有法官认为，群管理员放任他人发布淫秽视频的，以传播淫秽物品罪处罚，但主要传播者在群里发布淫秽视频前如果不需要征得群主同

---

① 参见浙江省瑞安市人民法院（2015）温瑞刑初字第 1418 号刑事判决书；浙江省温州市中级人民法院（2016）浙 03 刑终 469 号刑事裁定书。

意，双方在事先亦没有共同预谋的故意，则不构成共同犯罪。[①]《最高人民法院、最高人民检察院关于办理利用互联网、移动通讯终端、声讯台制作、复制、出版、贩卖、传播淫秽电子信息刑事案件具体应用法律若干问题的解释（二）》第3条规定："利用互联网建立主要用于传播淫秽电子信息的群组，成员达三十人以上或者造成严重后果的，对建立者、管理者和主要传播者，依照刑法第三百六十四条第一款的规定，以传播淫秽物品罪定罪处罚"。笔者认为，按照上述规定，在微信群中，微信群主作为微信群的建立者或管理者，如果未履行群主管理义务，授权群成员传播淫秽视频的行为，群主与主要传播者构成传播淫秽物品罪的共同犯罪。但是，如果微信群主和淫秽信息的主要传播者在事先没有共同预谋的故意，并且淫秽信息的主要传播者在微信群内发布淫秽信息也不用取得群主的授权或许可，微信群主在发现淫秽信息后不加制止而是持有放任态度，那么，微信群主和主要传播者之间就不再是共同犯罪，在这种情况下，微信群主和主要传播者分别独立构成传播淫秽物品罪，但不构成共同犯罪。

（三）以APP空间为赌博空间

案例3：在APP空间（微信群）开设赌场。2015年8月8日至同年8月13日，被告人方某（微信昵称："这个杀手不太冷"，微信号：×××）和钟某（另案处理）（微信昵称："知足"，微信号：×××）组建名称为"238/4单尾小发30退错福利"的微信群（群号：69××××566@chatroom），组织、召集他人在该微信群内以"抢红包"的方式进行赌博，并纠集被告人罗某（微信昵称："假装"，微信号：×××）入伙，由被告人方某担任群主，钟某担任管理员，被告人罗某担任财务，被告人王某（微信昵称："隔壁邻居"，微信号：×××）负责和被告人罗某对账并收钱，被告人方某和钟某还负责维护群内秩序，并雇佣李某等人担任"代包手"。群内制定严格的赌博规则：由"代包手"发红包，群内赌博人员抢红包，抢到金额尾数最小的人发下一个红包。群内并设立奖励制度，从抽头的钱中抽出20元设立奖池作为奖励，抢到特殊数字的金额时，如"123.45"

① 参见李秋霞：《微信群里发布淫秽视频的定罪分析——浙江瑞安法院判决阮紫阳、张峰传播淫秽物品案》，《人民法院报》2015年11月5日第006版。

“11.11”等，则奖励5.20～6888元，吸引赌博人员参与赌博。每个红包238元，实际发放金额为200元，剩余38元作为抽头，其中“代包手”分得3～5元，20元进入奖池，被告人方某、罗某和钟某三人则按照40%、30%、30%的比例分取剩余的13～15元。在该微信群运营期间，共发放红包3244个，涉案赌资人民币772072元，被告人方某、罗某和钟某三人共从中抽头人民币123272元，被告人方某、王某实际分得人民币17964元，被告人罗某和钟某各实际分得人民币13473元。2015年8月14日至同年8月18日，被告人方某伙同被告人徐某（微信昵称：“A000情歌”，微信号：×××）组建名称为“换群，没来的私密我”的微信群（群号：161××××268@chatroom），组织、召集他人在该微信群内以“抢红包”的方式进行赌博，由被告人方某担任群主，被告人徐某担任管理，被告人王某担任财务，被告人方某、徐某还负责维护群内秩序，并雇佣李某等人担任“代包手”。群内制定严格的赌博规则：由“代包手”发红包，群内赌博人员抢红包，抢到金额尾数最小的人发下一个红包。群内并设立奖励制度，从抽头的钱中抽出20元设立奖池作为奖励，抢到特殊数字的金额时，如“123.45”“11.11”等，则奖励5.20～6888元，吸引赌博人员参与赌博。每个红包238元，实际发放金额为200元，剩余38元作为抽头，其中“代包手”分得3～5元，20元进入奖池，被告人方某、徐某、王某三人则分取剩余的13～15元。在该微信群运营期间，共发放红包2069个，涉案赌资人民币492422元，被告人方某、王某二人共从中抽头人民币78622元，实际获利人民币26597元。被告人徐某于2015年8月14日入群担任管理，合伙半天后于当天退出，共计发放红包135个、涉案赌资人民币32130元，共计抽头人民币5130元，实际分得人民币300元。2015年8月16日至同年8月18日，被告人徐某伙同被告人范某（微信昵称：“A男模服装店151××××8886”，微信号：×××）组建名称为“138/4（单尾数小发）”的微信群（群号：1020××××596@chatroom），组织、召集他人在该微信群内以“抢红包”的方式进行赌博，由被告人徐某担任群主，负责维护群内秩序，并雇佣谭某等人担任“代包手”。群内制定严格的赌博规则：由“代包手”发红包，群内赌博人员抢红包，抢到金额尾数最小的人发下一个红包。群内并设立奖励制度，从抽头的钱中抽出25元设立奖池作为奖励，抢到特殊数字的金额时，如“100.00”“1.23”等，则奖励99～5999元，吸引赌博人员参与赌博。每个红包138元，实际发放金额为105元，剩余33元作为抽头，其中“代包手”分得3元，25元进入奖池，被告人徐某、范某二人则按照50%、50%的比例分取剩余的5元（8月17日开始，不再设立奖池）。在该微信群运营期间，共发放红包301个、涉案赌资人民币41538元，被告人徐某、范某二人共从中抽头人民币9933元，二人实际各分得人民币4587元。综上，被告人方某、王某涉案赌资共计人民币1264494元，共计抽头人民币201894元，非法获利共计人民币44561元；被告人罗某涉案赌资共计人民币772072元，共计抽头人民币123272元，非法获利共计人民币13473元；被告人徐某涉案赌资共计人民币73668元，共计抽头人民币15063元，非法获利共计人民币4887元；被告人范某涉案赌资共计人民币41538元，共计抽头人民币9933元，非法获利共计人民币4587元。浙江省丽水市莲都区人民法院判决：一、被告人方某犯开设赌场罪，判处有期徒刑三年六个月，并处罚金人民币45000元。二、被告人王某犯开设赌场罪，判处有期徒刑三年，缓刑四年，并处罚金人民币20000元。三、被告人罗某犯开设赌场罪，判处有期徒刑三年，缓刑四年，并处罚金人民币14000元。四、被告人徐某犯开设赌场罪，判处有期徒刑八个月，缓刑一年六个月，并处罚金人民币6000元。五、被告人范某犯开设赌场罪，判处有期徒刑六个月，缓刑一年，并处罚金人民币5000元。六、各被告人的违法所得，予以追缴；被扣押的作案工具手机等，予以没收。① 被告人方某不服，提出上诉。浙江省丽水市中级人民法院认为，被告人方某、王某、罗某、徐某、范某以营利为目的，利用手机在网络上组建微信群的方式，开设赌场，从中抽头获利，其中被告人方某、王某、罗某情节严重，其行为均已构成开设赌场罪。裁定：驳回上诉，维持原判。②

网络赌博犯罪是指“以营利为目的，利用网络（目前包括电信网、广播电视网和计算机通信网三网），即把网络作为赌博的场所和媒介，开设赌场、聚众在网上赌博、在网上赌博为业的犯罪。”③《中华人民共和国刑法修正案（六）》［以下简称《刑法修正案（六）》］将开设赌场行为

① 参见浙江省丽水市莲都区人民法院(2015)丽莲刑初字第799号刑事判决书。

② 参见浙江省丽水市中级人民法院(2015)浙丽刑终字第254号刑事裁定书。

③ 戴长林主编、最高人民法院刑事审判第三庭编著：《网络犯罪司法实务研究及相关司法解释理解与适用》，人民法院出版社2014年版，第70页。

从赌博罪中分离出来，单独设立了开设赌场罪。[①] 在互联网门户网站空间，同样存在开设赌场的犯罪活动。与门户网站空间开设赌场不同的是，在APP空间开设赌场，能够在微信群内以“抢红包”的特定方式进行赌博，其隐蔽性更强。在门户网站中，一般注册成为网站会员的网民均可以登录网站并加入，但在以微信为代表的APP空间，微信群这一网络空间本身就具有一定的封闭性，新的微信群成员只有经过微信群的原有成员通过“选择联系人”，或者是扫描微信群的原有成员分享的二维码等技术操作才能加入微信群。换言之，新的微信群成员需经原有微信群成员的同意和引荐方可加入微信群。因此，在微信群空间内开设赌场的方式更加隐蔽和难以发觉。

四、以APP为犯罪起因

在现实生活中，谁也不会因为1分钱引发打架斗殴的刑事案件，但在APP空间，“抢红包”等新型娱乐方式却成为犯罪行为的起因。例如，2015年6月21日晚上，住在福建省厦门市思明区的徐某下班后发现有一个人在微信群里发“红包”，他随手点击了一下，抢到一个1分钱的“红包”，按照该微信群事先制定的“抢红包”的规则，他抢到的“红包”数额最小，应该要发一个“红包”让大家抢。不过，徐某觉得1分钱太少了，而且他也打算睡觉了，就没再理会，随后引发同在群里的朋友王某的不满，两人便由争吵发展成相互谩骂。当天晚上，徐某因争吵有些烦躁，就约了几个朋友到思明区前埔小学附近的餐馆喝酒，王某通过微信的朋友获悉徐某正在喝酒，便纠集了陈某、林某等人赶往餐馆，将徐某殴打致轻伤后潜逃在外，被列为网上在逃人员。案发后，边防民警多次劝说犯罪嫌疑人亲属，最终陈某、林某主动到派出所投案自首，但主要犯罪嫌疑人王某仍然在逃。犯罪嫌疑人陈某、林某已被依法刑事拘留。

① 除《刑法修正案（六）》规定的开设赌场罪之外，《最高人民法院、最高人民检察院、公安部关于办理网络赌博犯罪案件适用法律若干问题的意见》明确规定：“利用互联网、移动通讯终端等传输赌博视频、数据，组织赌博活动，具有下列情形之一的，属于刑法第三百零三条第二款规定的‘开设赌场’行为：（一）建立赌博网站并接受投注的；（二）建立赌博网站并提供给他人组织赌博的；（三）为赌博网站担任代理并接受投注的；（四）参与赌博网站利润分成的。”

该案中，被害人徐某因为微信“抢红包”抢到 1 分钱而没有按规则发“红包”让群成员抢，从而与群成员产生争执，随后竟引发一场打架斗殴的刑事案件。①

APP 空间的新型网络功能本来是网民用于社交、娱乐、学习、生活或工作的工具，但在特定的情况下，有的网民在无法面对面直接沟通的网络空间，因为琐事的纠纷引发了争执的激化，最终网民在 APP 空间的网络行为成了在现实生活中实施犯罪行为的起因。

① 参见《1 分钱的微信红包，竟然在厦门引发一场刑案……》，http://xm.house.qq.com/a/20160314/013321_all.htm#page1，2017 年 7 月 17 日。

第四章　我国移动互联网应用平台的法律保护问题

第一节　APP 的立法问题

一、APP 立法的考察

（一）《移动互联网应用程序信息服务管理规定》

移动互联网应用程序已经成为我国网民最主要的互联网信息服务载体，为方便社会公众生活和促进经济发展发挥了重要的作用。据不完全统计，截至 2016 年年底，在我国 APP 应用商店上架的 APP 已经超过了 400 万款，并且数量还在持续高速增长。[①] 与此同时，少数 APP 为不法分子所利用，传播恐怖、暴力、淫秽、色情和谣言等违法网络信息，有的 APP 还存在窃取个人隐私、诱骗欺诈、恶意扣费等损害 APP 用户合法权益的行为，广大社会公众对此反映强烈。为了加强 APP 领域的信息服务管理，促进 APP 行业健康有序发展，2016 年 6 月 28 日，国家互联网信息办公室发布了《移动互联网应用程序信息服务管理规定》，在以下几个方

① 参见《网信办发布 APP 管理规定：认证用户真实身份》，http://www.china.com.cn/guoqing/2016-06/29/content_38770901.htm，2017 年 7 月 17 日。

面作出了明确规定：一是移动互联网应用程序提供者负有“六项义务”[①]；二是互联网应用商店服务提供者必须履行“四项管理责任”[②]；三是移动互联网应用程序提供者应当建立用户信息安全的保护机制。[③]

（二）《移动智能终端应用软件（APP）预置和分发管理暂行规定（征求意见稿）》

为保护广大APP用户合法权益，规范移动互联网市场秩序，维护网络安全，促进互联网信息通信行业健康发展，2015年11月18日，工业和信息化部发布了《移动智能终端应用软件（APP）预置和分发管理暂行规定（征求意见稿）》[④]，向全社会公开征求意见，该征求意见稿在几

① 移动互联网应用程序的提供者，应当严格落实信息安全的管理责任，依法履行以下的“六项义务”：一是按照“后台实名、前台自愿”的原则，对注册用户进行基于移动电话号码等真实身份信息认证；二是建立健全用户信息安全保护机制，收集、使用用户个人信息应当遵循合法、正当、必要的原则，明示收集使用信息的目的、方式和范围，并经用户同意；三是建立健全信息内容审核管理机制，对发布违法违规信息内容的，视情形采取警示、限制功能、暂停更新、关闭账号等处置措施，保存记录并向有关主管部门报告；四是依法保障用户在安装或使用过程中的知情权和选择权，未向用户明示并经用户同意，不得开启收集地理位置、读取通讯录、使用摄像头、启用录音等功能，不得开启与服务无关的功能，不得捆绑安装无关应用程序；五是尊重和保护知识产权，不得制作、发布侵犯他人知识产权的应用程序；六是记录用户日志信息，并保存六十日。

② 互联网应用商店服务提供者应当对应用程序提供者履行以下“四项管理责任”：一是对应用程序提供者进行真实性、安全性、合法性等审核，建立信用管理制度，并向所在地省、自治区、直辖市互联网信息办公室分类备案；二是督促应用程序提供者保护用户信息，完整提供应用程序获取和使用用户信息的说明，并向用户呈现；三是督促应用程序提供者发布合法信息内容，建立健全安全审核机制，配备与服务规模相适应的专业人员；四是督促应用程序提供者发布合法应用程序，尊重和保护应用程序提供者的知识产权。

③ 有的APP随意调用手机等移动终端的权限、侵犯用户个人隐私、发布虚假广告信息，甚至存在诱骗欺诈和恶意扣费等行为，广大APP用户对此深恶痛绝。为切实保护APP用户个人信息及相关合法权益，《移动互联网应用程序信息服务管理规定》明确规定：移动互联网应用程序提供者应当建立健全用户信息安全保护机制，收集、使用用户个人信息应当遵循合法、正当、必要的原则，明示收集使用信息的目的、方式和范围，并经用户同意。依法保障用户在安装或使用过程中的知情权和选择权，未向用户明示并经用户同意，不得开启收集地理位置、读取通讯录、使用摄像头、启用录音等功能，不得开启与服务无关的功能，不得捆绑安装无关应用程序。

④ 参见中华人民共和国工业和信息化部信息通信管理局：《意见征集：〈移动智能终端应用软件（APP）预置和分发管理暂行规定〉》，http://www.miit.gov.cn/n1146285/n1146352/n3054355/n3057709/n3057720/c4431949/content.html，2017年7月17日。

个方面作出了重要规定：第一，基本功能软件以外的 APP 必须可以卸载。[①] 第二，提供移动智能终端应用软件分发服务的互联网信息服务提供者（以下简称互联网信息服务提供者）不得提供非法 APP。[②] 第三，移动智能终端的生产企业和互联网信息服务提供者应当维护网络安全。[③] 第四，移动智能终端的生产企业和互联网信息服务提供者均应明示 APP 的

① 《移动智能终端应用软件(APP)预置和分发管理暂行规定(征求意见稿)》明确要求:移动智能终端的生产企业和互联网信息服务提供者应确保除基本功能软件外的移动智能终端应用软件可卸载。第一,基本功能软件是指保障移动智能终端硬件和操作系统正常运行的移动智能终端应用软件,主要包括操作系统基本组件、保证智能终端硬件正常运行的应用、基本通信应用、应用软件下载通道等。终端中预置的实现同一功能的基本功能软件,至多有一个可设置为不可卸载。第二,生产企业和互联网信息服务提供者应确保所提供的除基本功能软件之外的移动智能终端应用软件可由用户方便卸载,卸载后不影响移动智能终端的正常使用,且移动智能终端中附属于该软件的资源文件、配置文件和用户数据文件等也应能够被方便卸载和删除。第三,生产企业应确保已被卸载的预置软件在移动智能终端操作系统升级时不被强行恢复;应保证移动智能终端获得进网许可证前后预置软件的一致性;移动智能终端新增预置软件或有重大功能变化的,应及时向工业和信息化部报备。

② 移动智能终端的生产企业和互联网信息服务提供者不得提供含有或传播下列内容的移动智能终端应用软件:一是反对宪法所确定的基本原则的;二是危害国家安全,泄露国家秘密,颠覆国家政权,破坏国家统一的;三是损害国家荣誉和利益的;四是煽动民族仇恨、民族歧视,破坏民族团结的;五是破坏国家宗教政策,宣扬邪教和封建迷信的;六是散布谣言,扰乱社会秩序,破坏社会稳定的;七是散布淫秽、色情、赌博、暴力、凶杀、恐怖或者教唆犯罪的;八是侮辱或者诽谤他人,侵害他人合法权益的;九是含有法律、行政法规禁止的其他内容的。

③ 移动智能终端的生产企业和互联网信息服务提供者,应依法依规提供移动智能终端应用软件,采取有效措施,维护网络安全,切实保护用户合法权益。其一,提供移动智能终端预置软件(以下简称预置软件)的生产企业和互联网信息服务提供者应自觉维护行业公平竞争,尊重用户的知情权和选择权,不得实施破坏市场竞争秩序、侵犯用户合法权益的行为。其二,生产企业和互联网信息服务提供者所提供移动智能终端应用软件必须符合相关标准要求,不得调用与所提供服务无关的终端功能、强行捆绑推广无关应用软件,未经明示且经用户同意,不得实施擅自收集使用用户个人信息、强制开启应用软件、违规发送商业性电子信息等侵害用户合法权益和危害网络安全的行为。其三,委托相关企业为移动智能终端应用软件提供代收费的企业,应当采取必要技术措施,加强对计费代码的安全保护,防范其被篡改、伪造和滥用,杜绝不明扣费;收费企业应对用户确认信息和计费原始数据至少保存5个月,并为用户查询提供方便。其四,生产企业应采取有效措施约束代理商,未经用户同意不得擅自在移动智能终端中安装应用软件,并提示用户终端在销售渠道等环节被装入应用软件的可能性、风险和应对措施。

相关信息。[①]

（三）《北京市 APP 应用程序公众信息服务发展管理暂行办法》（正在制定）

2014 年 10 月，在全国网信办主任座谈会上，据北京市网信办负责人透露，北京市正在研究制定《北京市 APP 应用程序公众信息服务发展管理暂行办法》《北京市互联网新技术新业务审批暂行办法》《北京市即时通信工具公众信息服务发展管理暂时规定实施细则》等系列法规。[②] 北京市是我国大型互联网企业最为集中的地区，相当一部分的大型 APP 平台也聚集在此地，上述地方性法规的出台，必将对我国各种类型的 APP 应用程序的管理和发展发挥重要的示范作用和促进作用。

二、APP 立法的不足

（一）立法相对滞后

我国 APP 立法相对滞后的问题比较突出，有学者经研究指出："互联网的形态和商业模式在不断变化，使一些问题迅速被取代而不是依靠法律解决，而后又出现了新问题。"[③] 我国 APP 领域的立法，目前只有国家互联网信息办公室颁布的《移动互联网应用程序信息服务管理规定》，而正在制订中的相关规定，也只有工业和信息化部的《移动智能终端应用软件（APP）预置和分发管理暂行规定》以及北京市的

① 移动智能终端的生产企业和互联网信息服务提供者均应明示所提供移动智能终端应用软件相关信息。第一，生产企业和互联网信息服务提供者均应通过用户提示、企业网站等方式明示所提供移动智能终端应用软件的信息，包括名称、功能描述、卸载方法、开发者信息、软件安装及运行所需权限列表等，明确告知用户应用软件收集、使用用户个人信息的内容、目的、方式和范围等。第二，生产企业应在终端产品说明书中提供预置软件列表信息，并在终端产品说明书或外包装中标示预置软件详细信息的查询方法。生产企业在提交移动智能终端进网检测样机时，应提供相关产品符合前述要求的声明。第三，涉及收费的移动智能终端应用软件应严格遵守明码标价等相关规定，明示收费标准、收费方式，明示内容真实准确、醒目规范，经用户确认后方可扣费。

② 参见李丹丹：《国家网信办将出台 App 管理办法》，http://tech. sina. com. cn/i/2014 - 10 - 26/doc - iawrnsxp3372095. shtml，2017 年 7 月 17 日。

③ 胡凌：《网络技术呼唤立法思路更新》，《社会观察》2013 年第 2 期。

《北京市 APP 应用程序公众信息服务发展管理暂行办法》《北京市互联网新技术新业务审批暂行办法》《北京市即时通信工具公众信息服务发展管理暂时规定实施细则》等寥寥几部。

（二）立法层级较低

我国 APP 领域的立法，不仅 APP 领域专门立法的数量较少，有关规定迟迟无法出台，而且，现行立法和正在制订的相关规定的法律层级较低，主要是部门规章和地方性法规。由此造成的后果是，在司法实践中，许多涉及 APP 领域新情况、新问题的案件，仍然面临无法可依的困境。有学者指出："中国网络社会治理的现实路径是：以网络社会存在机制为基础的规则重构，以虚实相宜为导向的网络治理安排，以及以网络法律为核心的法治网络建设。"[①] 作为法治网络建设核心的网络法律，其重要意义是不言而喻的。因此，加强 APP 领域的网络立法进程，提升 APP 领域的网络立法的法律层级，是网络立法的当务之急。

（三）立法针对性不强

为适应互联网的快速发展，我国一系列的重要法律正在修改，但是，在有关立法的修订草案中，对于 APP 空间突出问题的针对性不强，未能及时有效地回应广大社会公众的迫切需求。有学者已经指出，我国的互联网立法"从实用角度看来，容易将规制线下活动的法律和治理逻辑应用至网络空间中"[②]。下面以正在修订的《著作权法》和《反不正当竞争法》为例，说明该问题。

1.《著作权法（修订草案送审稿）》的"默示许可"与"合理使用"问题

关于"默示许可"的问题。在 APP 空间，以微信为代表的即时通信类型的 APP 出现以后，"先许可，后使用"的著作权基本原则受到了颠覆性的冲击。微信的用户可以分为微信个人用户和微信公众账号。个人用户可以不受限制地向其添加的任何好友发送信息，微信个人用

① 何明升：《中国网络治理的定位及现实路径》，《中国社会科学》2016 年第 7 期。

② 胡凌：《网络技术呼唤立法思路更新》，《社会观察》2013 年第 2 期。

户发送的信息可以是文字、图片、语音、视频、音乐等类型的作品。此外，微信个人用户还可以通过在朋友圈中共享信息的方式分享上述作品。并且，微信朋友圈中的任何看到信息的好友还可以再次转发信息或将其发到自己的微信朋友圈中实现共享。在现实生活中或者是在 PC 互联网的网站空间里，如果有人如此大量地发送他人享有著作权的作品，很容易被认定为侵犯复制权、发行权或者是信息网络传播权。APP 出现后，著作权领域的默示许可权在我国已经成为数亿网民迫切期待的新型权利，亟待通过修改《著作权法》确立我国的著作权默示许可制度，通过赋予著作权使用人默示许可权，保障促进优秀文化成果传播的公共利益以及广大网民分享优秀文化成果的权利。但令人遗憾的是，按照《中华人民共和国著作权法（修订草案送审稿）》关于侵犯著作权行为的规定①，默示许可仍然不能成为广大微信等 APP 用户的免责事由。也就是说，《著作权法（修订草案送审稿）》未能及时回应 APP 空间广大网民的迫切需求。

关于“合理使用”的问题。《著作权法（修订草案送审稿）》第 43

---

① 《中华人民共和国著作权法（修订草案送审稿）》第 77 条规定：“下列侵权行为，可以由著作权行政管理部门责令停止侵权行为，予以警告，没收违法所得，没收、销毁侵权制品和复制件，非法经营额五万元以上的，可处非法经营额一倍以上五倍以下的罚款，没有非法经营额、非法经营额难以计算或者非法经营额五万元以下的，可处二十五万元以下的罚款；情节严重的，著作权行政管理部门可以没收主要用于制作侵权制品和复制件的材料、工具、设备等；构成犯罪的，依法追究刑事责任：（一）未经著作权人许可，复制、发行、出租、展览、表演、播放、通过网络向公众传播其作品的，本法另有规定的除外；（二）未经表演者许可，播放、录制其表演，复制、发行、出租录有其表演的录音制品，或者通过网络向公众传播其表演的，本法另有规定的除外；（三）未经录音制作者许可，复制、发行、出租、通过网络向公众传播其录音制品的，本法另有规定的除外；（四）未经广播电台、电视台许可，转播、录制、复制其广播电视节目的，本法另有规定的除外；（五）使用他人享有专有使用权的作品、表演、录音制品或者广播电视节目的；（六）违反本法第五十条规定使用他人作品的；（七）未经许可，使用权利人难以行使和难以控制的著作权或者相关权的，本法第七十四条第一款规定的情形除外；（八）制作、出售假冒他人署名的作品的。”

条关于著作权合理使用的规定中[①]，显然未考虑微信等 APP 空间的作品使用者的合理使用问题，如微信用户在朋友圈中转发作品的行为。我国现行《著作权法》基本上是传统社会生活的产物，只是随着互联网的发展，增加了“信息网络传播权”等相关网络著作权的权利种类，现行《著作权法》在立法时显然是不可能有保护 APP 空间个人用户合理使用他人作品的立法目的。并且，微信个人用户转发他人作品或将他人作品发布至自己的朋友圈中的行为，完全不同于微信个人用户将他人作品增添至自己封闭的收藏夹中或者是复制后供自身使用的行为，微信个人用户通过转发或以朋友圈方式分享他人作品，其本质是通过信息网络传播他人作品的行为，不应认定为“为个人学习、研究或者欣赏”的目的而使用他人作品。因此，要保护微信个人用户通过转发或朋友圈方式分享他人作品的行为，应当以修改《著作权法》的方式扩大合理使用的范围，赋予 APP 用户以转发或朋友圈方式分享他人作品的合理使用权。

2.《反不正当竞争法（修订草案送审稿）》的“应用名称”保护问题

按照《中华人民共和国反不正当竞争法（修订草案送审稿）》第 5 条

① 《中华人民共和国著作权法（修订草案送审稿）》第 43 条规定：“在下列情况下使用作品，可以不经著作权人许可，不向其支付报酬，但应当指明作者姓名或者名称、作品名称、作品出处，并且不得侵犯著作权人依照本法享有的其他权利：（一）为个人学习、研究，复制他人已经发表的作品的片段；（二）为介绍、评论某一作品或者说明某一问题，在作品中适当引用他人已经发表的作品，引用部分不得构成引用人作品的主要或者实质部分；（三）为报道新闻，在报纸、期刊、广播电台、电视台、网络等媒体中不可避免地再现或者引用已经发表的作品；（四）报纸、期刊、广播电台、电视台、网络等媒体刊登或者播放其他报纸、期刊、广播电台、电视台、网络等媒体已经发表的关于政治、经济、宗教问题的时事性文章，但作者声明不得使用的除外；（五）报纸、期刊、广播电台、电视台、网络等媒体刊登或者播放在公众集会上发表的讲话，但作者声明不得使用的除外；（六）为学校课堂教学或者科学研究，翻译或者少量复制已经发表的作品，供教学或者科研人员使用，但不得出版；（七）国家机关为执行公务在合理范围内使用已经发表的作品；（八）图书馆、档案馆、纪念馆、博物馆、美术馆等为陈列或者保存版本的需要，复制本馆收藏的作品；（九）免费表演已经发表的作品，该表演未向公众收取费用，未向表演者支付报酬，也未以其他方式获得经济利益；（十）对设置或者陈列在室外公共场所的艺术作品进行临摹、绘画、摄影、录像并复制、发行以及向公众传播，但不得以该艺术作品的相同方式复制、陈列以及公开传播；（十一）将中国自然人、法人或者其他组织已经发表的以汉语言文字创作的作品翻译成少数民族语言文字作品在国内出版；（十二）将已经发表的作品改成盲文出版；（十三）其他情形。以前款规定的方式使用作品，不得影响作品的正常使用，也不得不合理地损害著作权人的合法利益。”

第二款的规定[①]，APP 名称并不在其明文列举的商业标识的保护范围，APP 的“应用名称”并未和网络域名、网站名称等商业标识一样，成为我国网络应用主体的重要商业标识，由此可见，《反不正当竞争法（修订草案送审稿）》对于“应用名称”等新型网络商业标识的保护还是没有跟上时代发展的步伐。当然，值得肯定的是，《反不正当竞争法（修订草案送审稿）》对于商业标识的范围以“等”字兜底的方式予以开放式的立法，有利于保护互联网快速发展生成的新型权利，人民法院在司法实践中可以根据上述规定对 APP 名称予以保护。

三、APP 立法的建议

（一）关于《著作权法》增加“默示许可”条款的建议

在《中华人民共和国著作权法》中，有必要增加关于“默示许可”条款的规定，“默示许可”的规定应当包括两款内容：第一款是“默示许可”的一般性规定；第二款是著作权人解除“默示许可”的权利及其法律后果。笔者认为，在我国《著作权法》中，可以将“默示许可”的条款规定为：

“著作权人和作品使用人之间未达成书面或口头的著作权许可使用协议，但著作权人的行为足以使作品使用人产生已经得到著作权人默许使用的信赖，则推定著作权许可使用合同成立。

著作权人以发布声明或通知等合理方式，表示不再继续默示许可他人使用作品的，作品使用人应当立即停止使用作品。”

（二）关于《反不正当竞争法》增加“移动互联网应用程序名称”商业标识的建议

在《中华人民共和国反不正当竞争法》第 5 条中，有必要增加“移动互联网应用程序名称”等 APP 领域新型网络商业标识的规定。笔者认

① 《中华人民共和国反不正当竞争法(修订草案送审稿)》第 5 条第二款规定:“本法所称的商业标识，是指区分商品生产者或者经营者的标志,包括但不限于知名商品特有的名称、包装、装潢、商品形状、商标、企业和企业集团的名称及其简称、字号、域名主体部分、网站名称、网页、姓名、笔名、艺名、频道节目栏目的名称、标识等。”

为，可以将该条款规定为：

“经营者不得利用商业标识实施下列市场混淆行为：（一）擅自使用他人知名的商业标识，或者使用与他人知名商业标识近似的商业标识导致市场混淆的；（二）突出使用自己的商业标识，与他人知名的商业标识相同或者近似，误导公众，导致市场混淆的；（三）将他人注册商标、未注册的驰名商标作为企业名称中的字号使用，误导公众，导致市场混淆的；（四）将与知名企业和企业集团名称中的字号或其简称，作为商标中的文字标识或者域名主体部分等使用，误导公众，导致市场混淆的。

本法所称的商业标识，是指区分商品生产者或者经营者的标志，包括但不限于知名商品特有的名称、包装、装潢、商品形状、商标、企业和企业集团的名称及其简称、字号、域名主体部分、网站名称、移动互联网应用程序名称、网页、姓名、笔名、艺名、频道节目栏目的名称、标识等。

本法所称的市场混淆，是指使相关公众对商品生产者、经营者或者商品生产者、经营者存在特定联系产生误认。”

（三）关于加强APP立法的其他建议

由于笔者的研究精力有限以及本书的篇幅所限，不可能对相关立法问题逐一提出立法建议，本章仅就当前问题比较突出的《著作权法》和《反不正当竞争法》的修改提出了相关立法建议。但是，APP的时代已经到来，在APP这个全新的网络空间里，不仅产生了新权利、新义务和新纠纷，而且还亟需新的法律规则予以规制，我国的立法工作和法律修改工作可谓是任重而道远。例如，《中华人民共和国民法总则》（以下简称《民法总则》）应当充分考虑APP平台的新型权利的保护；又如，《消费者权益保护法》应当充分考虑APP平台的消费者的权益保护问题；再如，《民事诉讼法》和《中华人民共和国刑事诉讼法》（以下简称《刑事诉讼法》）应当充分考虑APP平台的案件管辖问题和证据问题。

第二节　APP 的执法问题

一、管理规则的空白领域

我国在 APP 领域的行政管理方面，仍然存在不少的“网络真空”地带。例如，移动医疗、移动快递等移动互联网业务的领域，甚至成为“法外之地”。我国的网络行政执法，要向常态化的方向发展，并且及时确立监管规则。行政执法机关有必要加强专项整治行动，针对各类网络违法行为定期开展排查工作，捣毁恶意侵权和违法交易的网络平台，制止违法信息在网上传播，通过净化网络环境，把违法犯罪活动消灭在萌芽状态。并且，行政机关在执法活动中，一经发现涉嫌网络犯罪的线索，应当及时向公安机关移送，形成行政机关和司法机关的网络执法合力。

二、监管方式的群众路线缺失

我国在 APP 治理中的群众路线有所缺失。当前，对于危害国家安全的 APP 领域的违法现象，我国的治理力度较大，但对于侵害广大 APP 用户个人信息等个人权利的违法现象，我国的治理力度有所欠缺。当然，面对 APP 空间的海量信息，执法部门的监管力量毕竟有限，仅仅依托行政执法机关和有关互联网民间协会组织的力量是远远不够的，因此，群众路线应当成为加强 APP 领域综合治理的法宝。从我国以往的执法经验来看，国家工商总局在全国设立专门接受消费者投诉举报的专项电话号码“12315”之后，很好地调动了广大人民群众投诉监督的积极性。笔者认为，在 APP 领域的行政执法过程中，有必要借鉴设立“12315”专线投诉电话的经验。要充分发挥广大人民群众的力量，APP 网络用户在使用过程中如果发现任何侵权违法问题，即可向有关部门以电话或邮件等方式投诉举报，这样一来，APP 领域的违法行为将成为众矢之的。

三、行政执法与司法保护的衔接不畅

一方面，APP领域的行政执法和司法保护需要加强协作，各自充分发挥职能优势与职能作用，形成共同保护APP权利的保护合力。随着APP的普及和全面向社会生活的渗透，因APP领域的问题引发的行政管理行为也越来越多。例如，微信交易已经呈现快速发展趋势，由此引发的商品质量不合格、微信付款后不发货、售后服务无保障等类型的纠纷也越来越多。据《甘肃省工商局12315指挥中心2016年上半年信息分析报告》统计，2016年上半年，甘肃省互联网销售服务类咨询2046件，同比增长100.04%，其中微信网购纠纷迅猛增长。对此，《甘肃省工商局12315指挥中心2016年上半年信息分析报告》中有关微信购物适用法律的执法意见明确指出："微信购物不受《消费者权益保护法》保护，建议消费者通过司法途径处理。"此言一出，立即在互联网上引发了热议。对此，国家工商总局消费者权益保护局负责人在接受媒体采访时表示：《消费者权益保护法》调整的是消费者和经营者之间的权利义务关系，但微信代购往往是私人委托性质，许多销售者还是兼职代购。如果企业通过微信进行营销、开展代购业务，则适用《消费者权益保护法》的规定；如果是微信个人用户之间的代购行为，则难以根据《消费者权益保护法》保护消费者的权利。[①] 笔者认为，即便微信中的"私人间交易"不适用《消费者权益保护法》，微信购物的消费者也不是没有任何维权的法律依据，工商机关更不能以此为由不履行监管职责，将APP空间大量存在的此类APP用户"私人间交易"的纠纷全部推给法院处理。当前，人民法院对APP领域监管行为的司法审查还比较有限，人民法院应当有效发挥司法审查职能，监督、支持、促进行政执法机关依法行政，维护行政管理相对人的合法权益。

另一方面，APP领域行政执法与刑事司法的"两法衔接"工作有待进一步加强。行政执法机关如果发现APP平台中涉嫌刑事犯罪的线索，应当及时向公安机关移交。以网络知识产权的保护工作为例，据有关司

---

① 参见林丽鹏、刘洪超、柴秋实、杨旭：《"微信购物"不受消法保护？相关方面做出回应》，http://news.sohu.com/20160801/n461933722.shtml，2017年7月17日。

法机关统计，当前我国的知识产权保护存在行政机关和民事审判保护多、刑事惩罚少的问题。[①] 我国应当加强 APP 领域行政执法与司法保护的“两法衔接”工作，为行政执法机关向公安机关依法移送犯罪线索统一标准、明确程序、创造条件。

第三节　APP 的司法问题

一、司法解释的针对性有待提高

为回应互联网快速发展产生的司法需求，近年来，最高人民法院加大了制定互联网领域司法解释的力度，有关涉及互联网的司法解释虽然不是专门针对 APP 领域的问题而制定，但对于 APP 平台的权利保护有着重要的作用。例如，自 2013 年 1 月 1 日起施行的《最高人民法院关于审理侵害信息网络传播权民事纠纷案件适用法律若干问题的规定》第 2 条规定：“本规定所称信息网络，包括以计算机、电视机、固定电话机、移动电话机等电子设备为终端的计算机互联网、广播电视网、固定通信网、移动通信网等信息网络，以及向公众开放的局域网络。”按照该规定，由 APP 的载体移动电话组成的移动通信网被明确地确定为信息网络，因此，著作权人依法享有的信息网络传播权在 APP 空间同样应当受到法律保护。又如，自 2014 年 10 月 10 日起施行的《最高人民法院关于审理利用信息网络侵害人身权益民事纠纷案件适用法律若干问题的规定》第 2 条规定：“利用信息网络侵害人身权益提起的诉讼，由侵权行为地或者被告住所地人民法院管辖。侵权行为实施地包括实施被诉侵权行为的计算机等终端设备所在地，侵权结果发生地包括被侵权人住所地。”上述司法解释明确规定，利用信息网络侵害人身权益提起的民事诉讼，可以由侵权行为地或者被告住所地人民法院管辖，由于移动客户端 APP 的载体主要是 APP 用户随身携带的智能手机，移动客户端 APP 接收侵权信息的侵权行为地

① 参见钟莉、刘建新、徐翠、董海超：《发挥司法保护主导作用 完善知识产权审判工作——湖北省司法与行政“双轨制”保护知识产权状况的调研报告》，《人民法院报》2011 年 6 月 2 日第 008 版。

往往是被侵权人也就是原告的住所地，因此，上述司法解释的规定将极大地方便广大 APP 用户的诉讼维权。再如，自 2011 年 9 月 1 日起施行的《最高人民法院、最高人民检察院关于办理危害计算机信息系统安全刑事案件应用法律若干问题的解释》第 11 条第一款规定："本解释所称'计算机信息系统'和'计算机系统'，是指具备自动处理数据功能的系统，包括计算机、网络设备、通信设备、自动化控制设备等。"按照该规定，智能手机等通信设备被纳入了"计算机信息系统"的刑法保护范围，相应地，智能手机中安装的 APP 也随之被纳入了刑法的保护范围。

APP 平台中的刑事法律问题已经引起了司法机关的高度重视。为规范电子数据的收集提取和审查判断，提高刑事案件办理质量，2016 年 9 月 9 日，最高人民法院、最高人民检察院、公安部联合制定了《关于办理刑事案件收集提取和审查判断电子数据若干问题的规定》，明确规定人民法院、人民检察院和公安机关有权依法向有关单位和个人收集、调取电子数据，电子数据包括但不限于"朋友圈"等网络平台发布的信息以及通讯群组等网络应用服务的通信信息。[①] 该规定自 2016 年 10 月 1 日起施行，上述应用程序被纳入电子数据的范围，将有利于侦查机关收集和提取 APP 平台的电子数据。

当然，我国目前专门针对 APP 领域问题的司法解释比较少，面对 APP 平台中层出不穷的新情况、新问题，司法解释的针对性还有待提高。例如，在 APP 这个新的领域中，我国可以以司法解释的方式，扩大"合理使用"等著作权的法律规则的保护范围，赋予广大网民更大程度的"合理使用权"，这样既符合著作权法"合理使用"制度的立法本意，又有利于促进优秀文化成果的传播，还符合社会公共利益的需要。美国法理学家博登海默说过："一个法律制度，如果跟不上时代需要或要求，而且死

---

① 《最高人民法院、最高人民检察院、公安部关于办理刑事案件收集提取和审查判断电子数据若干问题的规定》第 1 条规定："电子数据是案件发生过程中形成的，以数字化形式存储、处理、传输的，能够证明案件事实的数据。电子数据包括但不限于下列信息、电子文件：（一）网页、博客、微博客、朋友圈、贴吧、网盘等网络平台发布的信息；（二）手机短信、电子邮件、即时通信、通讯群组等网络应用服务的通信信息；（三）用户注册信息、身份认证信息、电子交易记录、通信记录、登录日志等信息；（四）文档、图片、音视频、数字证书、计算机程序等电子文件。以数字化形式记载的证人证言、被害人陈述以及犯罪嫌疑人、被告人供述和辩解等证据，不属于电子数据。确有必要的，对相关证据的收集、提取、移送、审查，可以参照适用本规定。"

死保住上一个时代的只有短暂意义的观点不放，那么，是没有可取之处的。在一个变幻不安的世界中，如果把法律仅仅视为一种永恒的工具，那么它就不能有效地发挥作用。”① 在 APP 领域，我国的司法解释同样应当与时俱进，提高解决 APP 平台法律问题的针对性。

二、典型案例的经验总结有待加强

笔者经研究发现，域外国家和地区在 APP 权利保护的立法方面同样存在立法滞后的问题，但是，西方法治发达国家在 APP 权利保护方面一个重要的经验在于：西方国家高度重视 APP 领域典型案例的规范指引作用，注重以司法的方式确立新型的 APP 权利。相对于法律和司法解释的滞后性而言，典型案例具有较强的及时性和针对性，有利于及时确立裁判规则，指导人民法院正确适用法律并且统一各地方法院的裁判标准。

中华人民共和国成立以来，最高人民法院高度重视案例的作用。从 20 世纪 50 年代开始，最高人民法院就通过选编、发布典型案例来总结审判经验，指导全国法院审判工作、统一全国法院裁判标准。当前，最高人民法院发布的典型案例可以分为以下几类。

第一类是指导性案例。最高人民法院于 2010 年 11 月 26 日发布《关于案例指导工作的规定》，明确规定由最高人民法院确定并统一发布对全国法院审判、执行工作具有指导作用的指导性案例，供全国各级人民法院审判类似案件时参照。指导性案例包括社会广泛关注、法律规定比较原则、具有典型性、疑难复杂或者新类型的，以及其他具有指导作用的案例。

第二类是在《最高人民法院公报》上刊登的案例。自 1985 年《最高人民法院公报》创刊时起，《最高人民法院公报》每期都要刊登若干起典型案例，这对于指导全国各级人民法院审判工作发挥了重要作用。按照相关规定，指导性案例应当在《最高人民法院公报》上刊登，并且，最高人民法院已经对 2005 年至 2010 年《最高人民法院公报》刊登的 319 件案例进行了集中清理和编纂，从中遴选出 15 件案例改编为指导性案例

---

① ［美］E·博登海默：《法理学——法哲学及其方法》，邓正来等译，华夏出版社 1987 年版，第 311 页。

发布。[1] 但是，《最高人民法院公报》刊登的案例不完全等同于指导性案例，《最高人民法院公报》刊登案例的数量要远远多于指导性案例的数量。

第三类是最高人民法院发布的专项典型案例。最高人民法院每年通过召开新闻发布会的形式，定期或不定期地发布各类典型案例，如：环境资源刑事、民事、行政典型案例；依法惩治侵害未成年人犯罪的典型案例；10 起残疾人权益保障典型案例；2016 年中国法院 10 大知识产权案件；最高人民法院行政审判十大典型案例（第一批）；六起涉民生执行典型案例；等等。

第四类是《人民法院案例选》刊登的案例。最高人民法院中国应用法学研究所编的《人民法院案例选》，根据刑事、民事、商事、知识产权、行政及国家赔偿等案件类型对案例进行分门别类的编排，每个案例后面均有详细的案例评析，深受广大法官、律师和学者好评。

第五类是《人民法院报》评选的案例。例如，《人民法院报》于 2016 年 1 月 7 日刊登评选出的 2015 年度人民法院十大刑事案件、2015 年度人民法院十大民事行政案件。

第六类是最高人民法院各审判业务庭编著的各种审判参考、审判指导刊物中刊登的案例。例如，最高人民法院刑事审判庭编的《刑事审判参考》、最高人民法院民事审判第三庭编的《知识产权审判指导》等刊物中，均有《案例评析》栏目，刊登新颖、疑难或有典型代表意义的案例。

第七类是最高人民法院与其他单位联合编纂的案例。如最高人民法院和最高人民检察院联合组成《中国案例指导》编辑委员会，自 2005 年 8 月开始编著《中国案例指导》丛书。又如，最高人民法院下属的中国高级法官培训中心（国家法官学院的前身）和中国人民大学法学院于 2006 年联合编的《中国审判案例要览》。

近年来，最高人民法院发布的典型案例中，有若干起案件是 APP 领域的典型案例。第一起案例是被告人肖某臣利用 APP 工具实施绑架、强奸案。2014 年 10 月 21 日，最高人民法院公布了七起通过网络实施的侵犯妇女、未成年人等犯罪典型案例，其中，案例四被告人肖某臣绑架、

---

① 参见《最高人民法院发布加强案例指导工作情况》，http://www. court. gov. cn/zixun - xiangqing - 14623. html，2017 年 9 月 12 日。

强奸案是一起典型的以 APP 为工具实施犯罪的案件。第二起案例是腾讯公司诉网易公司等“网易云音乐”平台及其移动客户端侵害信息网络传播权诉前行为保全纠纷案。2015 年 4 月，最高人民法院发布的 2014 年度中国法院知识产权司法保护十大案件中，即有一起涉及移动客户端 APP 传播音乐作品侵害信息网络传播权的诉前行为保全纠纷案件。上述两起案例在本书第三章已做详细分析，在此不再赘述。第三起 APP 领域的典型案例是全国首例涉 APP 代驾软件交通事故纠纷案。2016 年 1 月 7 日，《人民法院报》编辑部评选出 2015 年度人民法院十大民事行政案件，其中，第二起案件即为全国首例涉代驾 APP 交通事故纠纷案。代驾司机发生交通事故，车主、代驾人、代驾软件运营商及保险公司，应当如何承担法律责任，是一个在司法实践中亟需明确的问题。2015 年 3 月 9 日，上海市浦东新区人民法院对国内首例涉代驾 APP 交通事故纠纷案作出一审判决，判令中国平安财产保险股份有限公司上海分公司在机动车保险范围内承担赔偿责任；基于雇佣关系，由代驾软件运营商北京亿心宜行汽车技术开发服务有限公司承担超出保险范围的损失部分。杨立新教授认为该案的典型意义在于，对于代驾发生的交通事故，适用现行有关法律，妥善确定了应当承担的侵权损害赔偿责任。从该案中我们可以看出：其一，不是任何司法实践中遇到的新问题，都需要制定新的法律、新的法规予以规范，而是可以依据现有的相关法律、法规的规定确定民事责任；其二，浦东新区人民法院在司法实践中发现新型代驾软件交通事故的法律问题后，及时向有关部门发出了司法建议，取得了良好的社会效果，人民法院积极提出司法建议的做法值得提倡。[①] 上述 APP 领域的典型案例所反映的问题，均为广大 APP 用户在日常生活中可能会遇到的问题，涉及刑事审判、民事审判、知识产权审判等领域，且具有较强的代表性，对于规范网络行为、确立裁判规则、统一裁判标准、加强 APP 空间的权利保护具有积极的意义。

当然，我国 APP 领域的典型案例还有待进一步总结。总的来说，我国 APP 领域的典型案例存在以下两个方面的问题。一方面，最高人民法院发布的 APP 领域典型案例的数量较少。如前所述，截至 2017 年上半

① 参见杨轶然:《人民法院报评出 2015 年度人民法院十大民事行政案件》,《人民法院报》2016 年 1 月 7 日第 02 版。

年，最高人民法院发布的APP领域典型案例的数量不多，除了前述2014年发布的七起通过网络实施的侵犯妇女、未成年人等犯罪典型案例，2015年发布的中国法院知识产权司法保护10大案件以及2016年《人民法院报》评选的人民法院十大民事行政案件中各有一起APP案件之外，只有最高人民法院各审判业务庭编著的刊物中可能刊载了个别涉及APP领域法律适用问题的案例。另一方面，最高人民法院发布的APP领域典型案例的效力层级相对较低。迄今为止，最高人民法院发布的指导性案例和《最高人民法院公报》上刊登的案例中，还没有APP领域的典型案例。按照《最高人民法院关于案例指导工作的规定》第7条的规定，最高人民法院发布的指导性案例，各级人民法院审判类似案例时应当参照。不仅如此，《〈最高人民法院关于案例指导工作的规定〉实施细则》第10条、第11条还进一步规定，各级人民法院审理类似案件参照指导性案例的，应当将指导性案例作为裁判理由引述；在裁判文书中引述相关指导性案例的，应在裁判理由部分引述指导性案例的编号和裁判要点。按照上述规定，各级人民法院在类似案件的裁判文书中，应当在裁判文书的裁判理由部分（一般指裁判文书中“本院认为”的文书说理部分）引述相关指导性案例的裁判要点。这样一来，各级人民法院“应当参照”指导性案例的规定，可以贯彻落实为“必须参考、遵照”指导性案例，指导性案例由此具有了类似于司法解释的法律效力。另外，《最高人民法院公报》上刊登的案例，一直以来被公认为是指导性案例，而且有正式的依据。[①] 但除上述指导性案例和《最高人民法院公报》刊登的案例之外，最高人民法院发布的其他各种案例，在各级人民法院审理类似案件时只有“可以参考”的参考效力，其法律效力的层级明显低于指导性案例和《最高人民法院公报》刊登的案例。

笔者认为，我国APP领域典型案例的经验总结有待加强，在此提出以下建议。第一，建议最高人民法院有意识、有针对性地收集、遴选APP领域的典型案例，作为指导性案例发布，供全国各级人民法院在审理类似案件时参照。最高人民法院胡云腾大法官曾经指出：“由于指导性案例的针对性较强，且发布程序相对简单，因此最高人民法院每年发布

① 参见张骐等著:《中国司法先例与案例指导制度研究》,北京大学出版社2016年版,第154页。

的指导性案例，其数量至少不应低于司法解释的数量。”[①] 在司法实践中，人民法院遇到的APP领域的新情况、新问题很多，人民法院应当加强APP领域典型案例的发布工作。第二，严格贯彻落实涉及APP的指导性案例的查询工作。《〈最高人民法院关于案例指导工作的规定〉实施细则》第11条规定，在办理案件过程中，案件承办人员应当查询相关指导性案例。建议最高人民法院建立方便、快捷、智能化的指导性案例网络查询系统，以利于全国各级人民法院贯彻落实指导性案例的查询工作，把应当参照并引述指导性案例裁判要点的要求落到实处。第三，建议在《最高人民法院公报》上及时刊登APP领域的典型案例。指导性案例的遴选、审查和报审工作比较严格，还需经过最高人民法院审判委员会讨论决定，因此，指导性案例的发布工作更加慎重，发布周期也相对较长。在这种情况下，最高人民法院可以及时在《最高人民法院公报》上刊登APP领域的新型案例，以便指导全国各级人民法院的审判工作。

三、APP案件的裁判规则有待明确

APP领域的新型权利，对现行法律原则、管理秩序和裁判规则有着不同程度的冲击、突破甚至颠覆。一是对基本法律原则的颠覆。例如，“先许可，后使用”是世界各国著作权法通行的基本原则，不仅在传统社会中如此，即便在PC互联网时代也是如此，任何网站未经许可不得转载他人作品，否则构成侵权。但在以微信为代表的APP空间中，微信公众账号未经著作权人许可即转载他人文字作品的现象十分普遍。有观点认为，著作权人将作品放置到微信APP空间中，其本意是为了供他人转载以扩大影响力，并且，如果要求微信公众账号对APP空间的海量作品逐一联系著作权人获得许可，既不现实又效率低下，而且不利于优秀文化成果的传播。因此，微信公众账号未经许可转载他人作品的行为属于“默示许可”，即在APP空间中，如果著作权人未作“未经许可，不得转载”之类的权利保留声明，微信公众账号的转载行为不构成侵权。由此可见，在APP空间，未经许可转载他人作品的“默示许可权”将对著作

① 胡云腾：《关于案例指导制度的几个问题》，《光明日报》2014年1月29日第016版。

权法“先许可，后使用”的基本法律原则产生颠覆性的影响。二是对管理秩序的冲击。例如，对于备受关注的“全国专车第一案”，随着分享经济的快速发展，移动打车已经成为一种重要新型商业模式，“移动打车权”是互联网技术进步和经济社会发展给人民群众带来的“权利红利”，应当依法予以保护。三是对具体法律规则的突破。仍以微信 APP 空间的转发现象为例，几乎所有的微信个人用户，都存在未经著作权人许可即转发他人微信文字作品的行为，微信个人用户不仅将他人的文字作品转发到微信群里，甚至还上传到自己的微信朋友圈中供他人再次转发。我国《著作权法》虽然设立了“合理使用”制度，但合理使用的目的仅限于为个人学习、研究或欣赏，或者是为了教学、科学研究、宗教事业、慈善事业以及公共文化利益的需要。微信个人用户的转发行为，显然突破了现行法律关于“合理使用”的规定。申言之，微信 APP 的个人用户，面临着几乎人人都在侵权的法律困境。如今，互联网已经成为人类的“第二空间”和“第二社会”，在这个全新的网络空间里，扩大“合理使用”等法律规则的保护范围，赋予广大网民更大程度的“合理使用权”，既有利于促进优秀文化成果的传播，又符合社会公共利益的需要，已经势在必行。

在司法领域，有学者指出：“互联网也可能给司法带来颠覆性的影响。所谓互联网对司法的颠覆，不是说将现有司法制度的基本价值和规则推倒重来，而是指现有司法规则已经无法完全涵射互联网上的社会关系，而必须立足互联网自身发展起来的规则，进行法律理念及规则的更新。”[①] 人民法院在审理涉及 APP 的案件中，仍有许多纠纷目前还没有明确统一的裁判规则。人民法院应当高度重视 APP 技术发展引发的新情况、新问题，积极研究知识产权、电商平台、微信犯罪等各个专门领域涉及 APP 权利保护的新情况、新问题，为破解 APP 案件的司法难题提供理论支持。在 APP 领域立法相对滞后的情况下，苹果公司 App Store 侵权、聚合平台 APP 侵权、预装 APP 无法卸载等各类 APP 新型纠纷案件已经涌入人民法院，此类前沿性的互联网法律问题，需要人民法院充分发挥“司法反哺立法”“实践反哺理论”的重要作用，在司法实践中先行探索裁判规则和

① 范明志：《互联网发展对法律意味着什么》，《人民法院报》2016 年 8 月 29 日第 2 版。

司法标准，从新型案件的审理中研究新情况、解决新问题，人民法院审理APP案件，应当加强APP案件裁判规则的提炼和运用，与时俱进地创新裁判规则，通过出台专门司法解释或发布指导性案例，积极回应社会公众加强APP权利保护的迫切司法需求。此外，在司法实践中，APP案件的许多问题不仅涉及具体裁判规则的适用，而且还涉及行政管理体制的创新、立法规则的创新甚至法律原则的创新。人民法院针对微信侵犯著作权纠纷等APP案件中涉及的“默示许可权”等新型网络权利的保护问题，可以适时向立法机关提出立法建议，向行政主管机关提出司法建议，形成立法机关、行政机关和司法机关共同保护APP空间新型权利的保护合力，促进分享经济既快又好地发展。

第五章　移动互联网应用平台中新型权利保护的司法创新

第一节　审理APP案件的指导思想

一、党的十八大，十八届三中全会、四中全会、五中全会的精神

党和国家领导人历来高度重视互联网问题。2014年2月27日，中央网络安全和信息化领导小组宣告成立，习近平总书记亲自担任组长，这表明网络安全和信息化问题已经上升到了国家战略的高度，也显示出中央对我国保障网络安全、维护国家利益、推动信息化发展的决心。在中央网络安全和信息化领导小组第一次会议上，习近平总书记强调指出："没有网络安全就没有国家安全，没有信息化就没有现代化"；"网络安全和信息化是事关国家安全和国家发展、事关广大人民群众工作生活的重大战略问题，要从国际国内大势出发，总体布局，统筹各方，创新发展，努力把我国建设成为网络强国。"党的十八大、十八届三中全会、十八届四中全会、十八届五中全会的精神，是人民法院审理APP案件最重要的行动指南。

（一）让人民群众在每一个司法案件中感受到公平正义

2013年1月7日，全国政法工作电视电话会议召开，习近平总书记就做好新形势下政法工作作出重要指示，要求全国政法机关要顺应人民群众对公共安全、司法公正、权益保障的新期待，努力让人民群众在每

一个司法案件中都能感受到公平正义。[①] 2014 年 10 月 23 日，中国共产党第十八届中央委员会第四次全体会议通过的《中共中央关于全面推进依法治国若干重大问题的决定》再次明确要求：努力让人民群众在每一个司法案件中感受到公平正义。

笔者认为，APP 案件涉及许多移动互联网平台中的新权利、新义务和新纠纷，集中体现了广大人民群众对 APP 权利这种新型网络权益保障的新期待，人民法院应当紧紧围绕“让人民群众在每一个司法案件中感受到公平正义”的目标，充分发挥民事审判、行政审判和刑事审判的职能作用，加强 APP 权利的司法保护，让人民群众在每一个 APP 案件中都感受到公平正义。

（二）依法规范网络行为，推进网络依法规范有序运行

中国共产党第十八次全国代表大会的报告明确提出：“加强网络社会管理，推进网络依法规范有序运行。”[②] 中国共产党第十八届中央委员会第三次全体会议通过的《中共中央关于全面深化改革若干重大问题的决定》进一步要求：“坚持积极利用、科学发展、依法管理、确保安全的方针，加大依法管理网络力度，加快完善互联网管理领导体制，确保国家网络和信息安全。”2014 年 10 月 23 日，中国共产党第十八届中央委员会第四次全体会议通过的《中共中央关于全面推进依法治国若干重大问题的决定》要求：“加强互联网领域立法，完善网络信息服务、网络安全保护、网络社会管理等方面的法律法规，依法规范网络行为。”2015 年 10 月 29 日，中国共产党第十八届中央委员会第五次全体会议通过《中国共产党第十八届中央委员会第五次全体会议公报》进一步要求：“实施网络强国战略，实施‘互联网＋’行动计划，发展分享经济，实施国家大数据战略。”

党的十八大、十八届三中全会、十八届四中全会、十八届五中全会的精神明确要求依法规范网络行为，推进网络依法规范有序运行。在我

① 参见《习近平：让民众每个司法案件中都感受到公平正义》，http://www.chinanews.com/gn/2013/01-07/4467191.shtml，2017 年 7 月 17 日。

② 胡锦涛：《坚定不移沿着中国特色社会主义道路前进　为全面建成小康社会而奋斗——在中国共产党第十八次全国代表大会上的报告》。

国加强网络社会管理的进程中，人民法院大有可为，应当依法严惩网络侵权等违法行为，维护广大网民的合法权益，坚决打击网上造谣、网上诽谤、网上寻衅滋事等犯罪行为，切实规范网络行为，维护网络秩序，不让包括 APP 平台在内的互联网空间成为法外之地。

（三）依法开展网络空间治理，维护清朗的网络空间

2015 年 12 月 16 日，第二届世界互联网大会在浙江省乌镇开幕。国家主席习近平在本次会议的主旨演讲中特别指出："我们依法开展网络空间治理，网络空间日渐清朗。"①

随着互联网的诞生及其深度的社会化发展，网络已经成为人类活动的"第二空间"和"第二社会"，与此同时，也催生了许多令人棘手的互联网法律问题。当今世界各国都在高度重视互联网问题，注重以法律的形式维护和保障本国的互联网运行，依法惩治各种网络违法犯罪行为。我国的网民数量现在已经是世界第一，我国已成为名副其实的网络大国，解决网络安全问题需要磨砺法律之剑，我国作为网络大国更加应当与时俱进，走在互联网法治的前列，用法治手段为网络运行保驾护航。

二、最高人民法院审理互联网案件的要求

最高人民法院院长周强在《2015 年最高人民法院工作报告》中指出，人民法院"依法严惩网络犯罪。会同有关部门制定办理非法生产销售使用'伪基站'设备案件和办理网络犯罪案件适用刑事诉讼程序的意见。坚决打击网上造谣、传谣行为，依法审理网络推手'秦火火'、'边民'等诽谤、寻衅滋事、非法经营案，切实维护网络秩序，净化网络空间，决不允许网络成为法外之地"，并且，"依法制裁利用信息网络侵害他人隐私权行为，维护公民个人信息安全"。

最高人民法院院长周强在《2016 年最高人民法院工作报告》中再次指出，人民法院"严惩网络犯罪。依法打击网上造谣、赌博、传播淫秽

① 《习近平在第二届世界互联网大会开幕式上的讲话》，http://news.xinhuanet.com/politics/2015-12/16/c_1117481089.htm，2017 年 7 月 17 日。

物品等犯罪，净化网络空间。严惩利用网络泄露个人信息、非法买卖信息、生产销售伪基站等犯罪行为，维护个人信息安全。各级法院审结利用电话、网络实施的诈骗、寻衅滋事等犯罪案件 6221 件”，并且，要“围绕互联网金融、银行卡纠纷、电子商务等进行专题调研，研究制定相关司法政策。”

2014 年 5 月 23 日，最高人民法院院长周强在最高人民法院党组中心组学习（扩大）会上明确要求：“法院建设要有互联网思维。”① 2015 年 8 月 26 日，全国法院执行工作座谈会在广西南宁召开，最高人民法院院长周强在会上进一步强调，在“互联网 +”时代，现代信息技术不断融入和影响人民法院工作的方方面面，实现信息化与法院工作的深度融合是大势所趋。

第二节 APP 案件审理的司法创新

2016 年 10 月 21 日，中央政法委举行第四次百万政法干警学习讲座，中共中央政治局委员、中央政法委书记孟建柱在主持讲座时指出：我们正处在大数据时代，以移动互联网、大数据、云计算和人工智能为代表的现代科技正在改变我们的生产生活方式。如果思想观念还停留在过去，就会落后于时代。只有掀起一场“头脑风暴”，才能掌握开启未来之门的“钥匙”。② 笔者认为，按照中央政法委孟建柱书记“掀起一场头脑风暴”的指示，以及最高人民法院周强院长“法院建设要有互联网思维”及在“互联网 +”时代全力推进执行信息化建设转型升级的要求，人民法院应当以高度重视“互联网 +”时代背景下创新的需求和特点，善于运用创新的思维和方法来解决互联网领域尤其是 APP 领域司法案件中遇到的新情况、新问题。“互联网 +”不仅是深刻影响

① 《最高人民法院院长周强：法院建设要有互联网思维》，http://news.xinhuanet.com/zgjx/2014－05/26/c_133361301.htm，2017 年 7 月 17 日。

② 参见《创造性运用大数据提高政法工作智能化水平》，http://news.xinhuanet.com/politics/2016－10/22/c_129333029.htm，2017 年 7 月 17 日。

经济社会生活的技术变革，更是一种思维方式的全新变革。在笔者看来，人民法院审理互联网案件，同样应当秉持“互联网+”的思维。在司法领域，“互联网+”是一种开放思维，是一种创新思维，更是一种加强保护广大人民群众的新型网络权利的思维。概言之，人民法院审理APP案件的指导思想应当是：以“互联网+”的全新思维方式，积极创新司法理念、创新裁判规则、创新审判机制，保护APP领域的新型网络权利。

一、司法理念创新：网络赋权的“互联网+”思维

“互联网+”时代已经来临。“互联网+”到底是在“+”什么？在笔者看来，“互联网+”不是一个简单地在互联网平台上加上其他传统产业的模式，而是互联网在和各行业跨界融合的过程中，通过创造新的网络业务、新的技术方式、新的商业模式和新的产业生态，改变了人们的生活方式，给人们增加了新的权利，因此，本书把互联网技术发展赋予人们新的权利的过程称为“网络赋权”。人民法院在司法案件的审理中也需要妥善应对，在不违背禁止性的法律规定的前提下，要以“互联网+”思维指导涉互联网案件和移动互联网案件的审理，创新保护网络权利的司法理念，积极保护APP领域产生的新型权利。具体来说，在APP权利的司法保护中，“网络赋权”的“互联网+”思维可以归纳为“有权推定”的创新思维、“有诉必理”的开放思维和“有例可援”的规则思维三个方面。

（一）“有权推定”的创新思维

Facebook创始人扎克伯格在联合国发言时指出：互联网接入是一项基本人权。[①] 不仅如此，互联网发展不断地创造出了新的权利。在我国，民事案件与刑事案件的一个重要区别在于，刑事案件的法源是封闭的，严格遵循“罪刑法定”的法律原则，而民事案件的法源是开放的，有权

① 参见范明志：《“互联网+法律”的内在机理与发展趋势》，http://www.sohu.com/a/53781568_268525，2017年7月17日。

利必有救济。以知识产权领域为例，APP 的出现对于一些传统的知识产权规则造成了颠覆性的影响。知识产权的本质是一种垄断性的特权，也就是说，国家以法律方式保护智力成果的创造人在一定时间内享有专有权利。当然，为了平衡知识产权权利人和使用人之间的利益，法律也会赋予知识产权使用人一定的使用权。在这个意义上，知识产权是“权利法定”的。但是，法律和司法解释已经远远滞后于互联网技术的快速发展，这就使得知识产权审判工作面临着新型权利突破原有法律规定的新颖、疑难的问题。PC 互联网的诞生，给人们增加的一项重要权利——“信息网络传播权”，随着移动互联网的普及，人们被赋予了更多的新型网络权利，如默示许可权、应用选择权、应用名称权、移动支付权、图形用户界面（GUI）权、移动打车权、移动医疗权等。尽管其中的一些新型网络权利目前尚有争议，但网络赋权已经是大势所趋。因此，在 APP 案件的审判中，人民法院应当秉持“有权推定”的创新思维，积极保护 APP 权利。

（二）“有诉必理”的开放思维

《中共中央关于全面推进依法治国若干重大问题的决定》明确要求：“改革法院案件受理制度，变立案审查制为立案登记制，对人民法院依法应该受理的案件，做到有案必立、有诉必理，保障当事人诉权。”2015 年 4 月 1 日，中央全面深化改革领导小组第十一次会议审议通过了《关于人民法院推行立案登记制改革的意见》。APP 案件涉及的新情况、新问题较多，人民法院应当在审判程序上秉持开放思维，切实贯彻落实立案登记制改革的要求，解决人民群众反映的“立案难”问题，对符合法律规定条件的案件，人民法院必须坚持有案必立、有诉必理，为 APP 权利敞开救济之门。

（三）“有例可援”的规则思维

最高人民法院副院长李少平指出：“作为中国特色社会主义司法制度的重要内容，案例指导制度的定位应以维护立法权威为前提，为应对社会转型产生各种矛盾与纠纷，通过发布具有解释法律、填补法律漏洞价值的指导性案例，弥补立法不足，解决疑难复杂案件，统一法律适用，为人们社会生活提供补充性指引。"[①] 移动互联网普及后，网络技术发展的速度加快，许多新型网络技术一经出现就立即催生出全新的商业模式，进而引发了一系列的新权利、新义务和新纠纷。此类新型网络纠纷形成的司法案件，在法律适用上往往有较大的争议，导致地方法院裁判标准和审理结果不统一。并且，APP 等新型网络纠纷的更迭周期进一步加快，有些新技术引发的新纠纷，一般经过一审、二审和再审这三个阶段的审理程序，人民法院才形成相对统一的认识，而有些纠纷在最高人民法院出台相关司法解释之前，其依托的网络技术就已经被其他的新技术取代，因此，法律和司法解释滞后性的矛盾更加凸显。在这种情况下，指导性案例和典型案例高效、及时、针对性强的优势更加明显。人民法院审理 APP 案件，要注重提炼和总结裁判规则，加强和完善指导性案例和典型案例的发布制度，充分发挥指导性案例和典型案例的优势，为以后同类案件或类似案件的审理树立规则。

二、裁判规则创新：实体规则创新和程序规则创新

（一）创新裁判规则的规则

近年来，人民法院在互联网案件司法实践中，积极回应互联网快速发展产生的社会需求，与时俱进地创新了一系列的裁判规则。笔者认为，人民法院创新裁判规则很有必要，但创新裁判规则本身需要依据一定的规则。

1. 地方法院可以探索"裁判规则"，但不能创立"裁判原则"

有的地方法院在不正当竞争案件的审判实践中提出了"非公益必要不干扰原则"，并将其作为界定互联网产品和服务竞争的基本准则，[②] 由此引发了学术界的热烈讨论，其中包括部分学者的强烈质疑。[③] 对此，吴

---

① 李少平：《关于案例指导制度运行机制的几点思考》，《法律适用》2011 年第 10 期。

② 参见石必胜：《互联网竞争应遵循非公益必要不干扰原则——百度诉 360 不正当竞争纠纷案评析》，《人民法院报》2014 年 6 月 11 日第 005 版。又可参见石必胜：《互联网竞争的非公益必要不干扰原则　兼评百度诉 360 插标和修改搜索提示词不正当竞争纠纷案》，《电子知识产权》2014 年第 4 期。

③ 参见薛军：《质疑"非公益必要不干扰原则"》，《电子知识产权》2015 年第 Z1 期。又可参见丁杰：《"非公益必要不干扰"原则热的冷思考》，《天津法学》2015 年第 2 期。

汉东教授认为,“非公益必要不干扰”针对的是安全软件实现安全防护功能而可能形成不正当竞争的后果,“非公益必要不干扰”的说法尚不足以推而广之地运用到全部不正当竞争案件的审理中,因此将其称为“原则”有不当之处,将其改为“标准”或“判断法”等其他表述会更加准确。① 笔者赞同吴汉东教授的意见,并且,笔者认为,地方法院可以探索“裁判规则”但不能创立“裁判原则”,地方法院审理某一类型的案件,可以根据其总结的审判经验提炼出相应的司法观点,但即便要上升到“裁判规则”的高度,也应当经过最高人民法院制订司法解释、发布指导性案例或颁布典型案例的确认。

2. APP 案件的裁判规则应有利于保护新型网络权利,但不应违反禁止性法律规定

随着 APP 的普及,人们被赋予了更多的新型网络权利,尽管其中的一些新型网络权利目前尚有争议,但网络赋权已经是大势所趋。笔者认为,人民法院在司法案件的审理中也需要妥善应对,在不违反禁止性的法律规定的前提下,以“互联网 +”思维指导涉互联网案件的审理,创新保护网络权利的司法理念,积极保护 APP 领域产生的新型权利。具体来说,在 APP 领域,相当一部分 APP 网络服务的本质是 APP 服务提供者与 APP 用户之间建立的一种新型的合同关系,这就涉及《中华人民共和国合同法》(以下简称《合同法》)及相关司法解释规定的合同效力的问题。② 按照《合同法》第 52 条和《最高人民法院关于适用〈中华人民共和国合同法〉若干问题的解释(二)》第 14 条的规定,法律和行政法规的强制性规定可以分为管理性的强制性规定和效力性的强制性规定,其中,管理性的强制性规定旨在加强管理和处罚违反规定的行为,但并不否认该行为在民商法上的法律效力,而效力性的强制性规定则明确规定违反此类禁止性规范将导致合同无效

① 参见吴汉东、吴一兴:《安全软件警示内容的商业言论规制　兼评“非公益必要不干扰原则”》,《电子知识产权》2015 年第 3 期。

② 《合同法》第 52 条规定:“有下列情形之一的,合同无效:(一)一方以欺诈、胁迫的手段订立合同,损害国家利益;(二)恶意串通,损害国家、集体或者第三人利益;(三)以合法形式掩盖非法目的;(四)损害社会公共利益;(五)违反法律、行政法规的强制性规定。”《最高人民法院关于适用〈中华人民共和国合同法〉若干问题的解释(二)》第 14 条规定:“合同法第五十二条第(五)项规定的‘强制性规定’,是指效力性强制性规定。”

等法律后果。因此，人民法院在审理 APP 案件中，只有对于违反效力性的强制性规定的网络服务合同，一般才认定其无效。

3. 裁判规则应有大量案例支撑并符合互联网行业发展规律

人民法院创新裁判规则离不开案例作为支撑，笔者认为，裁判规则应有大量案例支撑，这样才能全面准确地提炼出具有广泛适用性的裁判规则。同时，有必要对重大影响案件和典型案件作出区分，有重大影响的个别案件不一定具有普遍的典型意义，如果依据非典型性的重大案件提炼裁判规则，其很可能缺乏普遍的适用性。另外，人民法院创新裁判规则应当符合互联网行业的发展规律。以网络侵权责任中的“通知—删除”规则为例，该规则原本是信息网络传播权纠纷的一项法律规则，后来被扩大适用到一般网络著作权、网络商标权等网络侵权纠纷之中，但是，如果将其扩大适用于网络专利侵权纠纷的领域，那么必将使得 APP 平台等电子商务平台承担审查和比对专利技术特征的不可承受之重。

4. 符合法律原则的网络规则可以适当转化为人民法院的裁判规则

关于法律如何适应互联网发展并调整互联网上社会关系的问题，范明志研究员认为：“现在看来，法律适应信息化时代的唯一路径应该是，法律应该学习信息化自身的规则，把网络规则上升为法律规则，这绝不是法律自身完善所能解决的问题。这是一个法律向技术学习的过程，是一个把技术规范变为法律规范的过程，是一个把技术价值演变为法律价值的过程”，并且，“中国的法治现代化，不应该是形式上的现代化，甚至不是司法方式的现代化，而是一个将信息技术规则转变为法律规则的过程。这才是生产力决定生产关系、经济基础决定上层建筑的基本规律在当前法律发展中的体现。”① 笔者认为，人民法院审理 APP 案件等新型互联网案件，可以参考网络社会广泛认可和普遍接受的网络规则，网络社会中自发形成的一些网络规则，如果符合法律的原则和基本精神，而且体现了网络社会中网民公认的诚实信用准则和商业道

① 范明志:《关于信息技术对法治现代化影响的再反思——从霍金的劝告谈起》, http://mp. weixin. qq. com/s? src = 3&timestamp = 1480988381&ver = 1&signature = YfqpF7OS3RGsQ Tgvmsf-gLogttEE0KOuLucOVl7IPeGv3OfgRmfHm4Ay lMMydAv6qwewprG0w6AOoDFppICoMEjox6spXjo - ZFlNHI * j4DLd BvZbW4l9WL2TQztl6xUTuYw93rN7SaIqHk * Cu10c6DKZ6DTZBmb ERkqzCUSMaBT8 = , 2017 年 7 月 17 日。

德准则，那么可以适当地转化为人民法院审理互联网案件的裁判规则。

（二）实体规则的创新

1. 民事案件的实体规则创新

从案件数量来看，绝大部分的APP案件是民事案件，不仅如此，APP民事案件的类型也十分丰富，涉及著作权、商标权、专利权、不正当竞争、名誉权、隐私权、健康权等多个领域的纠纷。本书在第三章“我国移动互联网应用平台的实证研究”中，对有关APP民事案件的裁判规则创新已经进行了研究，故在此不再赘述。笔者经研究发现，在APP民事案件中，以侵犯民事权益的侵权纠纷案件为主，涉及电子商务的合同纠纷案件相对较少，因此，本章中，笔者将集中研究APP平台中在侵权领域具有普遍适用意义的“通知—删除”“通知—转通知”以及“反通知—恢复”这三项裁判规则的创新问题。

（1）“通知—删除”规则的扩大适用与限制适用

李明德教授在《“互联网+”带来版权保护新挑战》一文中精辟地指出：“从世界各国的司法实践来看，有关网络环境中版权保护的难点，并没有发生在技术措施的保护方面，而是发生在了网络服务商的责任上。这是因为，网络传播方便快捷，未经许可而上传他人作品者人数众多，权利人难以一一追究其侵权责任。这样，依据传统的共同侵权或者帮助侵权理论，追究网络服务商的责任，就成了有效制止版权侵权的途径。但是，如果让网络服务商像传统的出版商一样承担共同侵权或者帮助侵权的责任，又会造成一系列网络服务难以生存和发展的问题。最终不仅损害了网络服务商和社会公众的利益，而且损害了版权所有人的利益。与此相应，如何平衡版权所有人和网络服务商的利益，划出网络服务商承担或者不承担侵权责任的界限，也就成了各国的立法者、司法者和专家学者重点研讨的问题。”① 针对互联网的海量信息和传播快速的特点，为合理减轻网络服务提供者的侵权责任，实现著作权人、网络服务提供者和社会公众三者之间的利益平衡，我国有关法律、行政法规和司法解释从中国实践情况出发，借鉴域外先进网络立法经验，确定了“通知—

① 李明德:《“互联网+”带来版权保护新挑战》,《中国知识产权报》2015年8月14日第008版。

删除”的网络法律规则。[①]

我国《侵权责任法》将“通知—删除”规则从信息网络传播权纠纷的领域扩大到了一般网络侵权纠纷的范围。[②] 相应地，《最高人民法院关于审理利用信息网络侵害人身权益民事纠纷案件适用法律若干问题的规定》进一步明确了“通知—删除”规则，同样适用于利用信息网络侵害他人姓名权、名称权、名誉权、荣誉权、肖像权、隐私权等人身权益的纠纷。[③] 按照上述规定，笔者认为，在网络侵权责任中，所谓“通知”是

---

① 早在2000年，最高人民法院在《关于审理涉及计算机网络著作权纠纷案件适用法律若干问题的解释》第5条中就规定：“提供内容服务的网络服务提供者……经著作权人提出确有证据的警告，但仍不采取移除侵权内容等措施以消除侵权后果的，人民法院应当根据民法通则第一百三十条的规定，追究其与该网络用户的共同侵权责任。”从该规定可以看出，上述司法解释已经采用了“通知—删除”的规则。而在国务院2006年颁布的《信息网络传播权保护条例》中，“通知—删除”规则在侵害信息网络传播权纠纷的领域中得到了立法上的正式确立。《信息网络传播权保护条例》第14条规定：“对提供信息存储空间或者提供搜索、链接服务的网络服务提供者，权利人认为其服务所涉及的作品、表演、录音录像制品，侵犯自己的信息网络传播权或者被删除、改变了自己的权利管理电子信息的，可以向该网络服务提供者提交书面通知，要求网络服务提供者删除该作品、表演、录音录像制品，或者断开与该作品、表演、录音录像制品的链接。通知书应当包含下列内容：（一）权利人的姓名（名称）、联系方式和地址；（二）要求删除或者断开链接的侵权作品、表演、录音录像制品的名称和网络地址；（三）构成侵权的初步证明材料。权利人应当对通知书的真实性负责。”上述《条例》第15条规定：“网络服务提供者接到权利人的通知书后，应当立即删除涉嫌侵权的作品、表演、录音录像制品，或者断开与涉嫌侵权的作品、表演、录音录像制品的链接，并同时将通知书转送提供作品、表演、录音录像制品的服务对象；服务对象网络地址不明、无法转送的，应当将通知书的内容同时在信息网络上公告。”在司法实践中，最高人民法院进一步细化了“通知—删除”规则的适用条件。最高人民法院认为，在著作权人已多次发送符合条件的通知，网络服务提供者对著作权人权利被侵害的事实已有一定了解的情况下，网络服务提供者不应仅因为著作权人之后发送的通知不符合相应条件就对其视而不见，而应积极与著作权人联系协商以确定如何采取合理措施；怠于采取合理措施的，应对直接侵权行为继续所导致的损失的扩大承担相应责任。参见最高人民法院（2009）民三终字第2号民事判决书。又可参见《最高人民法院知识产权案件年度报告（2012年）》，载最高人民法院知识产权审判庭编《最高人民法院知识产权审判案例指导》（第五辑），中国法制出版社2013年版，第52页。

② 《侵权责任法》第36条第二款规定：“网络用户利用网络服务实施侵权行为的，被侵权人有权通知网络服务提供者采取删除、屏蔽、断开链接等必要措施。网络服务提供者接到通知后未及时采取必要措施的，对损害的扩大部分与该网络用户承担连带责任。”

③ 《最高人民法院关于审理利用信息网络侵害人身权益民事纠纷案件适用法律若干问题的规定》第5条规定：“依据侵权责任法第三十六条第二款的规定，被侵权人以书面形式或者网络服务提供者公示的方式向网络服务提供者发出的通知，包含下列内容的，人民法院应当认定有效：（一）通知人的姓名（名称）和联系方式；（二）要求采取必要措施的网络地址或者足以准确定位侵权内容的相关信息；（三）通知人要求删除相关信息的理由。被侵权人发送的通知未满足上述条件，网络服务提供者主张免除责任的，人民法院应予支持。”

指被侵权人以通知的方式要求网络服务提供者对侵犯其合法民事权利的网络信息或网络行为及时采取制止措施的行为。

然而，“通知—删除”规则原本是信息网络传播权纠纷中的一项法律规则，“通知—删除”规则不宜普遍适用于所有的网络纠纷之中。有学者认为，为了平衡权利人、网络服务提供者和网络用户三者之间的利益，矫正“通知—删除”规则滥用造成的利益失衡，我国应当适当限制“通知—删除”规则的适用范围。[①] 例如，对于侵犯专利权纠纷这类侵权比对非常专业的案件，其中部分案件经过法院长达几个月甚至数年的审理才有定论，如果要求APP平台等互联网电子商务平台的经营者在接到商品侵犯专利权的通知后，对其自营商品和第三方卖家经营的商品均进行专利侵权判定并进而作出是否删除商品信息的决定，既不经济也不现实。以3D打印中CAD文件的专利间接侵权为例，此类新兴前沿技术问题与专利侵权判定的法律问题相互交织，电子商务平台中的相关信息是否应当删除很难判断。[②] 诚如吴汉东教授所言：“诸如专利侵权，其专业判断难度很大，在这种情况下，被动通知的处理或主动审核的要求，对网络服务提供者都不适宜。”[③] 在司法实践中，也有法官持相类似的观点：“判断是否侵犯专利权，比判断是否侵犯著作权更难”，因此，对于审理电子商务平台涉及侵犯专利权的案件，应当明确以下规则：“在通常情况下，电子商务交易平台服务商不具有事先审查站内经营者是否实施侵犯他人专利权的义务。”[④]

（2）“通知—转通知”规则的完善

在传统的交易市场中，市场经营主体将摊位或柜台出租给实际经营者，在行政管理部门核准的经营范围内从事批发或零售的经营活动，市场经营主体承担相应的市场管理义务。但在网络社会中，网络交易平台服务提供商面对的是众多的网络卖家，以及数量巨大且类别繁多的网络商品。网络交易平台中的网络卖家又可以分为自营卖家、商家卖家和个

① 参见司晓、范露琼：《知识产权领域“通知—删除”规则滥用的法律规制》，《电子知识产权》2015年第2期。

② 参见刘迪：《刍议电子商务平台服务提供者专利间接侵权中“通知—删除”规则的完善》，《电子知识产权》2015年第6期。

③ 吴汉东：《论网络服务提供者的著作权侵权责任》，《中国法学》2011年第2期。

④ 祝建军：《电子商务交易平台服务商侵犯专利权的责任认定》，《人民司法·案例》2013年第16期。

人卖家，对于商家卖家，网络交易平台服务提供商应当审查其营业执照等相关证照，但对于个人卖家，一般只需审查其身份证信息。例如，对于网络交易平台服务提供商侵犯著作权的侵权归责问题，有法院认为，网络交易平台为其个人卖家的侵权行为起到了辅助性作用，应当与个人卖家共同承担赔偿责任[①]；但也有法院认为，法律、行政法规仅明确了禁止流通和限制流通的物品，并未要求网络交易平台负有审查卖家销售商品的义务[②]。笔者认为，网络交易平台侵犯著作权的侵权判定规则，既关涉到著作权的保护，又对网络交易的发展有着重大影响，人民法院应当从知识产权保护的利益平衡原则出发，兼顾著作权保护和网络交易发展。申言之：网络交易平台面对的是海量的网络商品，从客观上来讲，不可能对其卖家销售的商品逐一尽到审查义务，当然，网络交易平台对于卖家销售商品侵犯他人著作权并非一律免责，当网络交易平台发现其卖家所售商品涉嫌侵权时，应当尽到注意义务并积极应对。当然，随着网络交易的快速发展，网络团购等新兴商业模式不断涌现，期待人民法院不断创新裁判规则。与传统网络交易平台不同的是，在网络团购活动中，团购网站与发起团购的商品销售商的合作更加紧密，消费者参加网络团购活动在相当程度上是基于对团购网站商品质量的信赖。因此，团购网站在网络团购活动中的参与程度越高，团购网站对于商品的事前审查义务就越重。

美国哈佛大学托马斯·艾斯曼教授的研究成果表明，全世界最大的100家企业中，有60家企业的主要营业收入来自互联网平台。[③] 上述数据显示，网络交易平台的平台经济已经成为当今世界重要的经济模式。并且，如本书研究指出的那样，传统的网站平台经济正在向APP平台经济过渡。从西方国家关于网络平台侵权责任的司法实践来看，为平台经济发展提供相对宽松的法律空间是促进其快速发展的制度保障。2016年6月，美国联邦第二巡回上诉法院对Capitol Records诉Vimeo案作出了判决，该案的判决结果很好地体现了西方国家法院的司法态度。该案的原

① 参见北京市东城区人民法院(2009)东民初字第2461号民事判决书。

② 参见北京市第二中级人民法院(2009)二民终字第15423号民事判决书。

③ 参见刘洋、柳雁军、田小军:《平台经济兴起，从美国最新判例看如何为平台责任减负》，http://www.tisi.org/4710，2017年7月17日。

告 Capitol Records 公司是专业从事音乐制作与发行的公司，享有众多音乐作品的著作权，被告 Vimeo 公司则是一个开放式的视频播客网站的开办者和运营商，Vimeo 网站的用户可以将其制作的视频上传到网站空间并通过信息网络向公众传播。Capitol Records 公司发现，Vimeo 网站上向公众公开传播的 199 首音乐作品是其依法享有著作权的作品，Vimeo 网站未经许可播放上述 199 首音乐作品构成了侵权，故向美国纽约南地区法院提起侵权之诉。该案后来上诉至美国联邦第二巡回上诉法院，美国联邦第二巡回上诉法院判决 Vimeo 公司胜诉。美国联邦第二巡回上诉法院认为，网络服务提供者经营的网络平台中的用户，其实施的侵犯著作权的行为是否显而易见，应当从普通人的判断为标准而不是以专业人士的判断为标准，并且，网络服务提供者没有事前主动监控侵权行为并发现侵权行为的义务，即便是网络服务提供者怀疑可能存在侵犯著作权的行为，但只要该侵权行为不是显而易见的，网络服务提供者就没有义务采取措施制止该行为。美国联邦第二巡回上诉法院在该案的判决中旗帜鲜明地提出："通过减轻网络服务提供者对著作权人的责任与义务，鼓励网络服务提供者增加投入以提升网络速度和网络性能，这是公共利益的要求。"① 从上述司法观点中可以发现，即便在私权神圣观念至上的美国，在互联网平台经济的环境下，美国联邦巡回上诉法院也认为，互联网发展的公共利益优先于知识产权人私人权利的保护。②

在 APP 平台中，绝大部分的大型 APP 电子商务平台既有自营卖家，

① 刘洋、柳雁军、田小军：《平台经济兴起，从美国最新判例看如何为平台责任减负》，http://www.tisi.org/4710，2017 年 7 月 17 日。

② 关于互联网平台的责任问题，在 2015 年 RightsCon 会议上专门针对互联网平台责任问题提出的马尼拉原则提供了指南。马尼拉原则是由 EFF（电子前哨基金会）、CIS（互联网与社会研究中心）等来自全球的行业组织、专家共同商讨而达成的一致共识。该原则提出六点要求，建议各国的监管机构限制互联网平台的责任。第一，平台对第三方内容免于承担责任：（1）平台责任问题必须由法律规定，具有准确、清晰和可适用性；（2）平台对未经其编辑的第三方提供的内容免责；（3）平台不因对合法内容进行限制而承担责任；（4）平台既不对第三方内容承担严格责任，也不承担主动审查内容的义务。第二，除非有司法机关的司法命令，否则不得要求限制网络内容。第三，限制网络内容的请求必须清楚、明确并遵循正当程序。第四，法律、对网络内容进行限制的命令和实践必须遵循必要性原则和比例原则。第五，法律、对网络内容进行限制的政策和实践必须尊重正当程序。第六，透明性和可责性原则必须落实到法律、对内容进行限制的政策和实践中。参见刘洋、柳雁军、田小军：《平台经济兴起，从美国最新判例看如何为平台责任减负》，http://www.tisi.org/4710，2017 年 7 月 17 日。

又有自营卖家以外的第三方卖家，即第三方的商家卖家和个人卖家，而且，由于手机等移动终端的屏幕尺寸较小、显示的信息有限，因此对于APP用户而言，识别自营商品与第三方卖家商品更加困难。在实践中，相当一部分网络销售消费者是基于对电子商务平台的信赖而在该平台上网购商品，因而，权利人在发现侵权信息后，一般是直接通知电子商务平台。在这种情况下，电子商务平台如何处理就成了其是否尽到合理注意义务的关键。

《信息网络传播权保护条例》第15条中“同时将通知书转送”的规定即为“通知—转通知”规则的重要体现。[①] 然而，在我国的《侵权责任法》中，网络服务提供者接到通知后应当及时采取的“必要措施”没有更进一步的明文规定，有关“通知—转通知”规则并未得到明确体现，故而，对于信息网络传播权纠纷以外的网络纠纷，如社会生活中大量存在的网络商品侵犯他人注册商标权的纠纷是否适用“通知—转通知”规则，以及网络服务提供者在此类纠纷中采取的“通知—转通知”措施是否属于《侵权责任法》规定的“必要措施”，至今没有明确的法律依据。对此，笔者认为，我国《侵权责任法》应当完善“通知—转通知”规则，对于信息网络传播权纠纷以外的网络侵权纠纷，同样应当适用“通知—转通知”规则。

（3）“反通知—恢复”规则的创新

对于发生在互联网空间的侵权行为，“通知（notification）”对方及时删除侵权信息十分重要，而“反通知（counter—notification）”的规则同样不可或缺。正如有学者指出的那样：“作为平衡著作权人、网络服务提供者和网络用户三方利益的制度工具，避风港中的通知与反通知规则发挥着不可替代的关键作用。”[②]“通知—删除”规则是一柄“双刃剑”，其删除措施既可以高效及时地制止侵权行为，防止侵权后果的扩大，保护权利人的合法权利，但与此同时，其删除的信息中也可能存在原本不应

---

① 《信息网络传播权保护条例》第15条规定：“网络服务提供者接到权利人的通知书后，应当立即删除涉嫌侵权的作品、表演、录音录像制品，或者断开与涉嫌侵权的作品、表演、录音录像制品的链接，并同时将通知书转送提供作品、表演、录音录像制品的服务对象；服务对象网络地址不明、无法转送的，应当将通知书的内容同时在信息网络上公告。”

② 熊文聪：《避风港中的通知与反通知规则——中美比较研究》，《比较法研究》2014年第4期。

删除的合法内容，而且，“通知—删除”规则也容易被网络竞争对手等恶意通知人所不当利用，成为干扰网络经营主体合法经营的手段。因此，“反通知—恢复”规则就成为弥补“通知—删除”错误的一种补救措施。[①] 在司法实践中，有的法院已经发现：“不少‘知识产权蟑螂’或者‘知识产权流氓’，专门在特定的节假日，双‘十一’、圣诞节、春节期间发送恶意侵权通知。”[②] 至于“反通知—恢复”规则的界定，有学者认为，所谓“反通知—恢复”规则，是指在网络侵权责任中，“网络服务提供者根据被侵权人的通知采取了必要措施后，侵权网络用户认为其涉及侵权的信息未侵犯被侵权人的权利，或者其他网络用户认为网络服务提供者采取的必要措施侵害了自己的合法权益，向网络服务提供者提出要求恢复删除、取消屏蔽或者恢复链接等恢复措施的权利。”[③]

美国《数字千年版权法》（DMCA）第512条第（g）条规定了“反通知”制度（counter-notice and put - back）。[④] 我国《信息网络传播权保护条例》借鉴DMCA的相关规定，在第16条和第17条中，对“反通知”程序作出了具体规定。[⑤]“反通知”制度对于避免网络服务提供者因为错

---

① 参见牛萌：《“正反通知 + 删除”制度的建构》，《中国版权》2014年第4期。

② 贾竹：《王迁：电商知产保护应增设“反通知”程序》，http://www.toutiao.com/i6277043488299155969/，2017年7月17日。

③ 杨立新、李佳伦：《论网络侵权责任中的反通知及效果》，《法律科学（西北政法大学学报）》2012年第2期。

④ 美国《数字千年版权法》（DMCA）第512条第（g）条规定：除非网络服务商符合法定免责条件，否则仍然可能承担责任。这些法定免责条件包括：（1）采取合理的措施立即通知用户其已经移除了特定内容；（2）在收到符合法定条件的反通知之后，迅速向发出通知者（即权利人或其代理人）提供反通知的副本，并告知此人他将在10个工作日后恢复被移除的内容；（3）在收到反通知后10至14个工作日内，恢复被移除的内容。除非原先向其发出通知者已经告知其已向发出反通知者提起诉讼。

⑤ 《信息网络传播权保护条例》第16条规定：“服务对象接到网络服务提供者转送的通知书后，认为其提供的作品、表演、录音录像制品未侵犯他人权利的，可以向网络服务提供者提交书面说明，要求恢复被删除的作品、表演、录音录像制品，或者恢复与被断开的作品、表演、录音录像制品的链接。书面说明应当包含下列内容：（一）服务对象的姓名（名称）、联系方式和地址；（二）要求恢复的作品、表演、录音录像制品的名称和网络地址；（三）不构成侵权的初步证明材料。服务对象应当对书面说明的真实性负责。”该条例第17条规定：“网络服务提供者接到服务对象的书面说明后，应当立即恢复被删除的作品、表演、录音录像制品，或者可以恢复与被断开的作品、表演、录音录像制品的链接，同时将服务对象的书面说明转送权利人。权利人不得再通知网络服务提供者删除该作品、表演、录音录像制品，或者断开与该作品、表演、录音录像制品的链接。”

误删除信息而侵犯言论自由，或者是侵犯其合法的网络传播行为、网络销售行为等权利，具有十分重要的意义。正如杨立新教授认为的那样："在网络侵权责任的法律规定中设置了'通知—取下'规则，就必须配置'反通知—恢复'规则，否则就会造成网络关系中各方当事人的利益不平衡。"① 但是，我国《侵权责任法》第36条只规定了权利人可以发送通知的"通知—删除"规则，而没有规定相应的"反通知—恢复"的规则，这无疑是一种制度上的缺失。因此，笔者认为，人民法院在司法实践中，应当及时回应互联网快速发展的社会需求，与时俱进地创新裁判规则，保护APP空间的合法权益，在信息网络传播权纠纷之外的其他网络侵权纠纷中，创新"反通知—恢复"的规则，指引网络社会的有序发展，实现网络社会的规则之治。具体而言，APP平台等电子商务平台对于超出其审查能力的"通知"，应当增设"反通知—恢复"程序，即允许电子商务平台中被投诉的一方发表抗辩意见，并通过"反通知"程序将被删除的信息恢复发布。如果权利人仍然坚持被投诉人构成侵权，权利人应当通过向人民法院申请诉前行为保全、直接提起诉讼或请求行政机关处理等法定程序解决。

2. 刑事案件的实体规则创新

当前，APP刑事案件主要是以APP为对象、以APP为工具和以APP为空间这三种类型，以APP为起因的刑事案件数量极少。因此，本书主要探讨前三种类型APP刑事案件的裁判规则创新问题。

（1）以APP为对象的刑事案件裁判规则

其一，关于APP是否属于计算机信息系统的问题。APP属于计算机信息系统的有机组成部分，即便移动互联网终端中安装的APP本身没有存储数据，但其调用的后台服务器系统和数据库中必然存储相应的数据，因此，APP作为计算机信息系统的重要组成部分，应当被认定为计算机信息系统。

其二，关于APP是否可以构成侵入、非法控制计算机信息系统的程序、工具的问题。行为人利用"外挂"APP，实施侵入计算机信息系统，或者是对计算机信息系统实施非法控制，改变计算机信息系统本身设定

---

① 杨立新、李佳伦：《论网络侵权责任中的反通知及效果》，《法律科学（西北政法大学学报）》2012年第2期。

的运行规则和运行结果，属于侵入、非法控制计算机信息系统的行为，此类“外挂”APP，属于侵入、非法控制计算机信息系统的程序、工具。

其三，关于盗窃APP账户余额应当如何定罪的问题。行为人对计算机信息系统实施非法控制后，又进一步实施其他的危害行为，并且构成了刑法规定的盗窃罪等其他犯罪，人民法院应当根据案件具体情况，选择适用盗窃罪等相应的罪名。

（2）以APP为工具的刑事案件裁判规则

关于行为人利用具有“黑客”工具性质的APP实施犯罪的罪名问题，可以分为两种情况。

其一，行为人利用具有“黑客”工具性质的APP篡改账户金额，实际控制非法占有的财物，其行为符合盗窃罪秘密窃取财物的行为特征，应当以盗窃罪追究行为人的刑事责任。

其二，行为人虽利用具有“黑客”工具性质的APP篡改账户金额数据方法，但只有采用向被害人或被害单位投诉的方式，虚构账户充值未到账的假象，骗使被害人或被害单位“自愿”向行为人提供的账户充值金额，以此控制非法占有的财物，其行为符合诈骗罪欺骗获取财物的行为特征，应当以诈骗罪追究行为人的刑事责任。

（3）以APP为空间的刑事案件裁判规则

其一，关于微信群的群主与群成员是否构成传播淫秽物品罪的共同犯罪的问题。在微信群中，微信群主作为微信群的建立者或管理者，如果未履行群主管理义务，授权群成员传播淫秽视频的行为，群主与主要传播者构成传播淫秽物品罪的共同犯罪。但是，如果微信群主和淫秽信息的主要传播者在事先没有共同预谋的故意，并且淫秽信息的主要传播者在微信群内发布淫秽信息也不用取得群主的授权或许可，微信群主在发现淫秽信息后不加制止而是持有放任态度，那么，微信群主和主要传播者之间就不再是共同犯罪。在这种情况下，微信群主和主要传播者分别独立构成传播淫秽物品罪，但不构成共同犯罪。

其二，关于网络商品的销售者是否构成销售假冒注册商标的商品罪的问题。在APP平台中，相当一部分网络商品的销售者实现了“零库存”，直接在网上从“上家”进货再加价后销售给“下家”，而没有对网络商品是否是正品进行审查。审理APP平台中销售假冒注册商标的商品罪的案件，应当着重审查网络商品的销售者是否明知其销售的是假冒注册商标的商品，如果网络商品的销售者不知道其销售的是假冒注册商标的商品，则属于侵害商标专用权的民事侵权行为，不构成销售假冒注册商标的商品罪。

3. 行政案件的实体规则创新

从笔者收集APP案例的情况来看，目前我国APP行政案件的数量极少，并且有些APP行政案件目前还在审理过程中。因此，APP行政案件的裁判规则创新这一部分的内容，本书只能暂付阙如，留待今后再做进一步的研究。

（三）程序规则的创新

1. “在线纠纷解决机制”（ODR）的创新

互联网民事纠纷案件的一大特点在于，不论是网络交易行为还是网络侵权行为，在绝大部分网络纠纷中，双方当事人的住所地都不在同一城市，而且，绝大部分互联网民事纠纷案件的诉讼标的额很小，如果通过传统的民事诉讼、仲裁或者是替代性纠纷解决机制ADR（Alternative Dispute Resolution）来解决纠纷，一方当事人甚至双方当事人都会面临着差旅费、律师费、证据材料打印费等诉讼成本远远高于诉讼标的的困境。对此，一些国家和地区开始探索使用互联网平台来解决互联网民事纠纷，以达到“网上纠纷网上解决”的效果。[①] 这种使用互联网平台来化解互联网纠纷的机制被称为Online Dispute Resolution（英文缩写为ODR），我国一般将其翻译为“在线解决纠纷机制”。[②] 关于ODR的概念，目前学术界和实务界尚未形成一致意见，联合国国际贸易法仲裁委员会将ODR定义为，以诉讼以外的方式，依靠网络技术来完成主要纠纷解决程序的纠纷解决机制。[③] 与之不同的是，联合国国际贸易法委员会《跨境电子商务交易网上争议解决：程序规则草案》将ODR定义为“借助电子通信和其

① 参见Ethan Katsh and Janet Rifkin, *Online Dispute Resolution: Resolving Conflicts in Cyberspace*, San Francisco: Jossey - Bass Press, 2001，转引自郑世保《在线纠纷解决机制的困境和对策》，《法律科学（西北政法大学学报）》2013年第6期。

② 参见肖永平、谢新胜：《ODR：解决电子商务争议的新模式》，《中国法学》2003年第6期。

③ 参见郑世保：《ODR研究》，博士学位论文，西南政法大学，2010年，第18页。

他信息与通信技术解决争议的一种机制”。[①] ODR 的程序一般是：裁决者在网络上建立一个网站，申请人先把自己的“起诉书”通过网络“起诉”到该网站，网站把该“起诉书”通过网络“送达”给被申请人，被申请人通过网络提交“答辩状”。纠纷解决的其他程序如证据的提交、认证、质证、开庭、合议、判决书的送达等也依据网络信息技术主要在网上完成。[②]

阿里巴巴集团下属的淘宝网是我国 ODR 程序的先行先试者，《淘宝争议处理规范》于 2012 年 7 月 12 日开始施行。按照《淘宝争议处理规范》制定的规则，淘宝网的在线解决纠纷机制有四个基本条件：一是“淘宝网”平台上客户（卖方）购物款项不直接支付给网店（卖方），客户将其购物的交易款项暂存在支付宝平台上，由淘宝网控制；二是在线解决纠纷的对象是淘宝网平台上的客户与网店的交易纠纷；三是由网店和客户双方以外的第三方担任仲裁者；四是纠纷的胜诉方有权向淘宝网的客服申请强制执行交易款项。从五年多的实践来看，淘宝网的 ODR 程序较好地适应了互联网条件下的网络民事纠纷的特点，为淘宝网平台中网络民事纠纷的解决提供了一个便宜、高效、便民的解决机制。

当然，我国的 ODR 程序也有其局限性，这主要体现在以下几个方面。第一，ODR 获得的社会信任程度较低。ODR 不受国家司法权的主导，作为一种私人自治型的纠纷解决方式，必须依赖于网络纠纷双方的合议选择，因此，“ODR 作为一种新兴的纠纷解决方式，目前还很难获取当事人的信任。”[③] 第二，ODR 程序的承认和执行存在障碍。有学者认为，ODR 裁决书的执行方式分可以为三类：网络力量执行、社会力量执行和司法力量执行。[④] 有研究表明：“在美国，如果当事人同意接受在线

---

① 参见联合国国际贸易法委员会:《跨境电子商务交易网上争议解决：程序规则草案》(A/CN. 9/WG. III/WP. 127），http://daccess - dds - ny. un. org / doc / UNDOC / LTD / V14 /002 /76 / PDF / V1400276. pdf? OpenElement，转引自丁颖《网上法庭：电子商务小额纠纷解决的新思路——国外主要实践及中国相关制度构建》，《暨南学报(哲学社会科学版)》2015 年第 10 期。

② 参见 Sarah Rudolph Cole and Kristen M. Blankley，“Online Mediation：Where We Have Been，Where We Are Now，And Where We Should Be”，38 *U. Tol. L. Rev.* ，2006，转引自郑世保《在线纠纷解决机制的困境和对策》，《法律科学(西北政法大学学报)》2013 年第 6 期。

③ 刘哲玮:《国家介入：我国 ODR 建设的新思路》，《网络法律评论》2009 年第 00 期。

④ 参见郑世保:《在线纠纷解决机制的困境和对策》，《法律科学(西北政法大学学报)》2013 年第 6 期。

仲裁裁决的约束，法院通常会依据美国宪法中的完全诚信条款（the Full Faith and Credit Clause）执行该裁决。由于 ODR 只是 ADR 在网络环境下的一种发展，在线仲裁裁决在美国获得像一般仲裁裁决那样的执行力是不困难的。”[①] 我国仲裁程序以接受人民法院司法审查的代价，换来了仲裁结果具有强制执行力的效果，然而，ODR 程序目前不接受任何的司法审查，其裁决结果也就无法得到国家权力的认可，执行的效果必然大打折扣。第三，ODR 程序存在管辖权的困境。互联网是没有边界的，但互联网纠纷的案件管辖是确定的。但从 ODR 的实践情况来看，“ODR 管辖权本身却存在合法性、合意性、有效性、可执行力以及与诉讼关系不明确等诸多问题”[②]，由此导致了 ODR 程序的合法性危机。针对 ODR 程序存在的上述问题，有学者提出了“国家介入”的解决思路。该观点认为，我国的国情决定了 ODR 程序的发展瓶颈，“与国外 ODR 建设主要依靠市场和民间组织推动不同，我国目前必须在国家介入的情况下，方能确保 ODR 的健康发展。”[③]

2. “网上法庭”的创新

Ethan Katsh 曾经说过：“电子空间中缺乏规则和制度，因而更应该强调权威。”[④] 著名的 ODR 专家 Colin Rule 也指出：“很大程度上，政府是争议解决的理想主持者，因为政府具有强大的动力解决争议以维护社会平稳运转。政府是争议解决的适当主持者，还因为其对自己负责裁决的大多数事项的结果通常并无既得利益。”[⑤] 笔者认为，面对数量日益增长的 APP 案件等互联网领域的民事纠纷案件，法院有必要借鉴 ODR 的成功

---

① 参见 Article IV, Section 1 of the US. Constitution，转引自肖永平、谢新胜《ODR：解决电子商务争议的新模式》，《中国法学》2003 年第 6 期。

② 高兰英：《ODR 的管辖权问题探析》，《河北法学》2008 年第 10 期。

③ 刘哲玮：《国家介入：我国 ODR 建设的新思路》，《网络法律评论》2009 年第 00 期。

④ Ethan Katsh, "Dispute Resolution without Borders: Some Implications for the Emergence of Law in Cyber-space", First Monday (Online), vol. 11, (2006), http://www.firstmonday.org/issues/issue11_2/katsh/index.html，转引自刘哲玮：《国家介入：我国 ODR 建设的新思路》，《网络法律评论》2009 年第 00 期。

⑤ Colin Rule, *Online Dispute Resolution for Business: B2B, E-Commerce, Consumer, Employment, Insurance, and Other Commercial Conflicts*, San Francisco: Jossey-Bass Press, 2002, p. 174，转引自丁颖《网上法庭：电子商务小额纠纷解决的新思路——国外主要实践及中国相关制度构建》，《暨南学报（哲学社会科学版）》2015 年第 10 期。

经验，参照ODR程序审理APP案件等互联网民事纠纷案件，从而方便广大网民参加诉讼、降低网络案件诉讼成本、提高网络案件审判效率。

（1）我国“网上法庭”的探索

最高人民法院高度重视人民法院在线纠纷解决机制的建设工作，2016年6月28日，最高人民法院出台的《最高人民法院关于人民法院进一步深化多元化纠纷解决机制改革的意见》明确提出：“要根据‘互联网+’战略要求，创新在线纠纷解决方式，推动建立在线调解、在线立案、在线司法确认、在线审判、电子督促程序、电子送达等为一体的信息平台。”来自最高人民法院司法改革办公室的观点认为，以互联网思维与技术为基础重新构建一种新的在线纠纷解决机制，可以更加方便当事人诉讼、更好地实现正义以及更能适应时代的要求。① 为回应互联网案件审判的司法需求，我国多个地方法院正在积极探索人民法院的“网上法庭”在线纠纷解决机制。

浙江省是我国互联网电子商务最为发达的地区之一，其境内拥有阿里巴巴、支付宝、淘宝、天猫等众多的大型互联网电子商务企业，涉及互联网领域的电子商务纠纷较多。例如，杭州市余杭区人民法院是天猫公司的住所地，2014年审理互联网电子商务纠纷案件511件，2015年1—5月就已经收案514件。为满足互联网案件审判的司法需求，2015年，浙江省高级人民法院主导建设了浙江法院电子商务网上法庭，确定浙江省辖区内的三个基层法院和一个中级人民法院作为网上法庭的试点单位。其中，杭州市西湖区人民法院试点审理网络支付纠纷案件，杭州市滨江区人民法院试点审理著作权纠纷案件，杭州市余杭区人民法院试点审理网上交易纠纷案件，杭州市中级人民法院试点审理上述三个基层法院的上诉案件。②

为支撑互联网案件的网上审判，浙江法院建设了浙江法院电子商务网上法庭。浙江法院电子商务网上法庭的诉讼流程和传统的民事诉讼并无差异，它以网络服务平台为依托，把诉讼的每一个环节都搬到网络中，起诉、立案、举证、开庭、裁判都可在线上完成，网络诉讼的具体步骤

---

① 参见龙飞：《中国在线纠纷解决机制的发展现状及未来前景》，《法律适用》2016年第10期。

② 参见孟焕良：《利用“审务云”平台深化“浙江法院互联网+审判”，浙江法院电子商务网上法庭开庭》，《人民法院报》2015年5月31日第001版。

是：原告在浙江法院电子商务网上法庭网页界面点击“我要起诉”，注册账户登录以后在线提交起诉状、证据材料、授权委托手续，填写送达地址确认书等即可完成起诉程序并通过网上缴费。网上法庭自动提取电子商务平台的当事人身份信息、网上交易过程及各类表单数据，法院在线完成送达和开庭。对于裁判文书之外的诉讼法律文书，法院将以电子方式进行送达。①

值得关注的是，在我国“网上法庭”的探索过程中，APP 发挥了重要的网络诉讼功能。现在越来越多的法院以信息化平台助推司法公开，“通过手机短信、电话语音、微博、微信、手机 APP 等方式，当事人及诉讼代理人可以及时收到案件八大流程节点推送信息。”② 此外，浙江省温州市两级法院、江西省南昌市东湖区人民法院、河南省漯河市中级人民法院等法院利用 QQ 视频通信软件、电视电话会议系统等网络通信工具进行了“网上法庭”审判和调解的探索，③ 取得了便民利民、提高审判效率、节约司法资源的良好效果。

（2）关于促进我国“网上法庭”建设的建议

司法为民、公正司法是人民法院的工作主线。最高人民法院院长周强在《求是》杂志的撰文中指出：“人民法院坚持司法为民、公正司法，从根本上讲就是为了解决好人民群众最关心最直接最现实的利益问题。”④ 周强院长在《人民司法》的撰文中进一步强调：“践行司法为民，是人民法院在司法工作中贯彻党的根本宗旨的必然要求。”⑤ 笔者认为，人民法院促进“网上法庭”建设，实现“网上纠纷网上解决”“网上纠纷不落地”，是在 APP 案件等互联网民事纠纷案件审理中体现人民法院司法为民宗旨的重要方式，此举将有利于方便人民群众打官司、减轻人民群众诉

---

① 参见孟焕良、徐安：《杭州西湖：电商网上法庭与你“来来网网”》，《人民法院报》2015 年 9 月 7 日第 008 版。

② 龙飞：《中国在线纠纷解决机制的发展现状及未来前景》，《法律适用》2016 年第 10 期。

③ 参见胡荣恩、钟轩：《门口法庭、午间法庭、数字法庭、网上法庭，我市深入落实便民诉讼——“新型法庭”走出便民新路子》，《温州日报》2010 年 7 月 29 日第 004 版；张召国、姚晨奕、周胜明：《南昌东湖有个网络法庭》，《人民法院报》2008 年 5 月 11 日第 004 版；宋庆党、晁旭：《漯河“网上法庭”提速审判》，《人民法院报》2015 年 12 月 22 日第 002 版。

④ 周强：《坚持司法为民公正司法，努力维护社会公平正义——学习贯彻习近平总书记在中央政法工作会议上重要讲话精神》，《求是》2014 年第 5 期。

⑤ 周强：《牢牢把握司法为民公正司法的工作主线》，《人民司法·应用》2014 年第 9 期。

累、节约诉讼成本以及提高审判效率。对于促进我国“网上法庭”建设的问题，笔者提出如下建议。

第一，加强“网上法庭”和小额诉讼程序的融合。我国2012年修改的《民事诉讼法》在“简易程序”一章中增加规定了小额诉讼程序。[①] 从司法实践来看，相当一部分APP案件等互联网平台中的民事纠纷案件的标的额都不大，属于小额诉讼的范围，因此，我国在“网上法庭”的建设中，应当以互联网案件中的小额诉讼案件为重点，加强“网上法庭”和小额诉讼程序的融合，实现网络案件审理的繁简分流。

第二，加强《民事诉讼法》中“网络程序”专门规定的研究。在传统的民事诉讼中，案件庭审结束后需要当事人和其他诉讼参与人当场核对庭审笔录并签字确认。[②] 然而，“网上法庭”远程开庭审理案件的特点决定了当事人无法像传统的庭审活动中那样签名或盖章，虽然现在已有电子签名的技术，但电子签名需要一定的技术设施，绝大部分当事人并不具备电子签名的技术条件。当前，“网上法庭”解决当事人和其他诉讼参与人签名或盖章的办法，一般是“待庭审结束后，双方当事人点击确认即完成签署。”[③] 当事人点击电脑屏幕上的“确认”按钮对开庭笔录进行确认无疑既简便又经济，但实事求是地说，该种办法并不符合《民事诉讼法》中有关“签名或者盖章”的规定。类似的问题，还存在于证据原件的核对等情形。例如，在“网上法庭”审理网络案件的庭审中，如果一方当事人对对方当事人提交的证据真实性提出异议并要求核对原件，此类问题如何处理，对于“网上法庭”而言是一个挑战。笔者认为，我国的民事诉讼程序应当顺应互联网案件审理的社会需求，加强对于民事

---

① 《民事诉讼法》第162条规定：“基层人民法院和它派出的法庭审理符合本法第一百五十七条第一款规定的简单的民事案件，标的额为各省、自治区、直辖市上年度就业人员年平均工资百分之三十以下的，实行一审终审。”上述规定援引的《民事诉讼法》157条第一款的规定是：“基层人民法院和它派出的法庭审理事实清楚、权利义务关系明确、争议不大的简单的民事案件，适用本章规定。”

② 我国《民事诉讼法》第147条对此作了专门规定：“书记员应当将法庭审理的全部活动记入笔录，由审判人员和书记员签名。法庭笔录应当当庭宣读，也可以告知当事人和其他诉讼参与人当庭或者在五日内阅读。当事人和其他诉讼参与人认为对自己的陈述记录有遗漏或者差错的，有权申请补正。如果不予补正，应当将申请记录在案。法庭笔录由当事人和其他诉讼参与人签名或者盖章。拒绝签名盖章的，记明情况附卷。”

③ 孟焕良、徐安：《杭州西湖：电商网上法庭与你“来来网网”》，《人民法院报》2015年9月7日第008版。

诉讼中“网络程序”的研究，在《民事诉讼法》的普通程序和简易程序之外作出“网络程序”的专门规定，以适应网络审判方便、快捷、节约以及当事人不见面、不接触的新型司法需求。

第三，《中华人民共和国人民法院组织法》（以下简称《人民法院组织法》）应当为“网上法庭”的发展预留空间。我国现行《人民法院组织法》规定的审判组织都是现实社会中的实体机构①，而对于网络社会中的审判组织并未作出规定。笔者认为，《人民法院组织法》是人民法院的“总章程”，事关人民法院长远发展。当前，《人民法院组织法》的修改工作正在进行，我国修改后的《人民法院组织法》有必要考虑网络审判的发展需要，为“网上法庭”的机构设置预留空间。

三、审判机制创新：技术调查官制度的发展与完善

随着科学技术的快速发展，知识产权案件中涉及的专业技术问题日益复杂和广泛，成为知识产权审判的重点和难点。在技术类知识产权案件的审判中，准确理解技术原理并查明技术事实是依法公正高效审理案件的前提和基础。然而，知识产权法官受知识结构和专业背景的限制，往往难以凭借自身的科学知识查明涉案专业技术事实，为此，世界各国的知识产权审判都十分注重借助专业智力资源支持审判工作。按照全国人大常委会通过的《关于在北京、上海、广州设立知识产权法院的决定》，北京、上海和广州知识产权法院已经成立和运行，并且，北京、上海和广州知识产权法院均设立了技术调查官这一全新的审判职位。技术调查官制度符合我国知识产权审判的国情，有助于帮助法官理解专业技术原理，查明案件的专业技术事实，提高技术事实查明的科学性、专业性和中立性，不仅是知识产权法院的一项全新制度，而且对于全国法院的审理涉及 APP 领域等技术性较强审判工作，也有着重要的借鉴意义。

---

① 现行《人民法院组织法》第 19 条第二款规定：“基层人民法院可以设刑事审判庭、民事审判庭和经济审判庭，庭设庭长、副庭长。”第 20 条规定：“基层人民法院根据地区、人口和案件情况可以设立若干人民法庭。人民法庭是基层人民法院的组成部分，它的判决和裁定就是基层人民法院的判决和裁定。”第 24 条第二款规定：“中级人民法院设刑事审判庭、民事审判庭、经济审判庭，根据需要可以设其他审判庭。”第 27 条第二款规定：“高级人民法院设刑事审判庭、民事审判庭、经济审判庭，根据需要可以设其他审判庭。”

（一）技术事实查明的现有路径及其问题

我国的法官一般为法律专业背景，其科学知识只有高中物理和化学层次，普遍存在专业技术知识匮乏的问题。即便一些法院加大了专业复合型法官的选任力度，培养了一批有理工科专业背景的法官，但专业复合型法官也存在专业知识有限的问题，难以有效应对知识产权案件中众多科学技术领域的专业知识。我国《民事诉讼法》设定了专家鉴定、专家辅助人等专业技术事实查明的制度，但这些制度无法完全适应专业技术性较强的知识产权审判工作。近年来，各地法院在知识产权等类型案件的审判工作中，积极探索创新专家陪审员、专家证人、专家咨询、专家库等技术事实查明制度，以解决司法实务的困境，这些制度也存在一定的问题和瓶颈。

1. 专家鉴定制度

《民事诉讼法》第76条规定："当事人可以就查明事实的专门性问题向人民法院申请鉴定。当事人申请鉴定的，由双方当事人协商确定具备资格的鉴定人；协商不成的，由人民法院指定。当事人未申请鉴定，人民法院对专门性问题认为需要鉴定的，应当委托具备资格的鉴定人进行鉴定。"该项委托具备专业资格的鉴定人对专门性问题进行鉴定的制度，即是司法鉴定制度，也可称为专家鉴定制度。专家鉴定制度在普通民事案件中发挥着重要的作用，但在知识产权案件却存在较大的局限性。首先，知识产权案件中的专家鉴定主要解决的是专业技术事实的问题，本质上是一种"技术鉴定"，该项制度对于知识产权法官理解专业技术原理的帮助不大；其次，知识产权的侵权判定属于法律问题而不是专业技术问题，如侵害专利权纠纷中的"被控技术方案是否落入专利保护范围"，只能由人民法院在法律适用中作出判断，而不能委托鉴定机构作为技术事实予以审查，但在司法实践中，部分鉴定机构对知识产权案件的法律问题作出评判[①]，不仅僭越了人民法院的审判权，而且往往被一方当事人视为对其有利的重要证据和缠诉缠访的依据，致使人民法院的审判工作十分被动；最后，知识产权案件涉及的技术问题通常比较复杂，专家鉴

① 参见赵吉军、范杰：《目前专利诉讼中鉴定制度的缺陷及其完善》，载国家知识产权局条法司编《专利法研究（2004）》，知识产权出版社2005年版，第404—405页。

定的鉴定周期较长，会导致诉讼的拖延，严重的情况甚至会使权利人赢了官司却输了商机，而且专家鉴定的鉴定费用较高，这也增加了当事人的诉讼负担。

2. 专家辅助人制度

2012年新修订的《民事诉讼法》第79条规定："当事人可以申请人民法院通知有专门知识的人出庭，就鉴定人作出的鉴定意见或者专业问题提出意见。"该项专家辅助人制度的确立，有利于弥补当事人的专业知识的不足，增强庭审抗辩的对抗性，帮助法官理解专业技术原理和查明专业技术事实。但是，该项制度也可能会扩大当事人诉讼能力的差距，导致当事人诉讼能力的失衡。并且，专家辅助人由案件一方当事人聘请，其发表的意见难以保证中立性和客观性，当双方当事人各自聘请的专家辅助人的意见存在分歧甚至截然相反时，法官仍然难以辨别双方观点的真实性。由此可见，专家辅助人"这种'有专门知识的人'的功能和目的只是辅助当事人充分有效地完成诉讼活动，他并不具有法官的'专业助手'的功能。"①

3. 专家陪审员制度

《民事诉讼法》第39条第一款规定："人民法院审理第一审民事案件，由审判员、陪审员共同组成合议庭或者由审判员组成合议庭。"近年来，一些法院为弥补知识产权法官专业技术知识的缺陷，增强合议庭查明专业技术事实的司法能力，聘请了有关领域的技术专家作为人民陪审员参与技术类知识产权案件的审理。人民陪审员制度是我国司法民主的重要体现，与一般案件中人民陪审员的角色不同的是，专家陪审员不仅代表民意，而且还承载着司法专业化的重要职责。专家陪审员虽然是某一技术领域的专家，但一般对知识产权法律规定不甚了解，而且，专家陪审员也有可能带有一定的技术偏见，采用专家陪审员制度，容易使法官产生对专家陪审员意见的过度依赖，从而导致错误的法律判断。此外，专家陪审员制度的另一局限在于只有第一审民事案件可以由专家陪审员参加合议庭，该制度对第二审民事案件并不适用。

---

① 最高人民法院民事诉讼法修改研究小组编著:《〈中华人民共和国民事诉讼法〉修改条文理解与适用》,人民法院出版社2012年版,第198页。

4. 专家证人制度

专家证人制度是许多国家，尤其是强调对抗性庭审模式的英美法系国家重要的诉讼制度。在英美法系的发源地英国，“作为普通法一项古老的规则，如果诉讼中有某一事项需要特殊知识与能力，那么通过在该方面（通过研究或实践）有所特长的证人获得有关证据，此类证人就被称为‘专家证人’。”① 我国有法官认为：“在知识产权诉讼中，一些无须借助科学实验手段加以验证的技术事实争议，或者当事人对鉴定结论争议较大的案件，比较适宜推动专家证人出庭。”② 理论上，专家证人兼有对法庭负责和为申请其出庭的一方当事人服务的双重职责，但在实践中，被一方当事人精心挑选出庭的专家证人往往会成为当事人“雇佣的枪”，专家证人通过“射出专业知识的弹药来推销当事人的理由”③。

5. 专家咨询（专家库）制度

专家咨询制度是人民法院在知识产权审判工作中，向专家咨询专业技术问题，借助科学技术领域的专业力量，为知识产权案件中的专业技术问题提供智力支持的制度。为规范咨询专家的选择，增强咨询工作的权威性，2010 年 4 月，最高人民法院与中国科学技术协会签署了《知识产权司法保护合作备忘录》，聘请 11 名“两院”院士为特邀科学技术咨询专家；④ 上海、天津、福建、黑龙江和湖北等高级人民法院已经建立知识产权审判技术咨询专家库。专家咨询（专家库）制度尽管具有程序简便、成本较低等优势，但通过这种方式得到的专家咨询意见常常影响到法官的判断和案件的审理结果，当事人却无法对专家意见进行质证或反驳。有法官认为，专家咨询意见“实质上损害了当事人的诉权，破坏了审判公开的原则和审判程序的公正性。”⑤

通过前述分析可以发现，现有的知识产权审判中的技术事实查明制

---

① 齐树洁、程翔：《仲裁程序中的专家证人制度评述》，《仲裁研究》2007 年第 2 期。

② 宋健：《专家证人制度在知识产权诉讼中的运用及其完善》，《知识产权》2013 年第 4 期。

③ ［美］迈克尔·H. 格莱姆：《联邦证据法》，法律出版社 1999 年版，第 254 页，转引自最高人民法院民事诉讼法修改研究小组编著《〈中华人民共和国民事诉讼法〉修改条文理解与适用》，人民法院出版社 2012 年版，第 196 页。

④ 参见《最高人民法院、中国科协签署知识产权司法保护合作备忘录》，http://www.court.gov.cn/xwzx/fyxw/zgrmfyxw/201004/t20100419_4300.htm，2017 年 7 月 17 日。

⑤ 林广海、张学军：《完善我国司法鉴定法律制度之管见》，《科技与法律》2008 年第 3 期。

度主要有四个方面的问题：一是“中立性”，如专家辅助人和专家证人作为一方当事人申请出庭的人员，其专业意见的客观中立容易受到质疑；二是“公开性”，如专家陪审员的意见和专家咨询意见直接影响到法官的法律判断，但这些意见并不公开；三是“专业性”，我国司法鉴定机构的现状是良莠不齐，当事人申请出庭的专家辅助人或专家证人的专业水平有时不尽如人意，即便是专家陪审员也并非都是专业权威，这些都对专家意见的专业性提出了考验；四是“经济性”，一方面，专家鉴定的周期较长、费用较高，另一方面，部分知识产权案件涉及的专业技术原理或专业技术事实并不属于高新尖端技术，如果一律要求专家辅助人、专家证人出庭，显然增加了当事人的诉讼负担。当然，世界上没有十全十美的诉讼制度，现有的知识产权技术查明制度虽然不可避免地存在各自的缺陷，但仍然有其继续存在和完善的价值。

（二）技术调查官制度的域外经验

技术调查官制度是指具有专业科学技术背景的司法辅助人员，在审判中通过技术调查的方式，协助审判组织理解专业技术原理并查明专业技术事实的诉讼制度。日本、韩国和我国台湾地区建立的技术调查官制度，在一定程度上克服了现有技术事实查明制度存在的问题，且与强调“以事实为依据”和法院依职权查清客观真实的我国诉讼制度比较契合，值得我国借鉴和参考。归纳而言，域外国家和地区的技术调查官制度主要有以下几个方面的经验。

1. 职权行使的法定性

法律保障先行是域外设立技术调查官制度的通行做法，域外通过法院组织法或民事诉讼程序法的规定，明确了技术调查官行使职权的范围。例如，日本国会于 2004 年 6 月 11 日通过了《知识产权高等法院设置法》，并于2005 年4 月1 日起实施。按照该法规定的职权范围，技术调查官的职责主要是为审理专利案件的法官提供技术支持，负责解释专利权的保护范围、被控侵权产品或方法的技术方案以及专利权利要求和被控侵权产品的技术方案的比对，但不作法律评判。[①]为解决技术调查官在民

① 参见张玲：《日本知识产权司法改革及其借鉴》，《南开学报（哲学社会科学版）》2012 年第 5 期。

事诉讼中的法律地位的问题，日本《民事诉讼法》专门增加第92条之8条款，对知识产权案件的技术调查官事务作了明确规定，其中包括：经由审判长指令，技术调查官可以在辩论和举证程序中对当事人发问，或要求当事人提交证据；在证据调查期间，可以在证据调查程序中向当事人、证人或鉴定人直接提问；在和解程序中解释说明专业问题；向法官提供案件审理的参考意见。又如，按照韩国《技术审查官规则》的规定，韩国专利法院设技术审查官，参与案件所有的审理程序，在案件审理时经由审判长同意，可询问当事人相关技术问题，在辩论结束后须提出书面意见，但不参与案件的判决。① 再如，我国台湾地区于2007年3月28日公布了“智慧财产案件审理法”和“智慧财产法院组织法”，其中，“智慧财产法院组织法”第八章为“技术审查官之配置”，“智慧财产案件审理法”第15条第4项明确规定，技术审查官承法官之命，办理案件的技术判断、技术资料的搜集、分析，提供技术意见，并依法参与诉讼程序。② 以上设立技术调查官制度的域外经验表明：专门的法律授权是技术调查官制度建立和有效运行的根本保障，只有立法先行，技术调查官制度才于法有据，并且，在获得立法授权后，技术调查官才能有效履行职责。

2. 选任条件的专业性

域外技术调查官的选任有着严格的专业性要求，以此保障技术调查官行使职权的专业水平。日本的知识产权高等法院有10名调查官从特许厅临时调任，这些临时调查官具有在特许厅担任专利审查官10年至12年的工作经验，且在知识产权高等法院工作三年后，会再回到特许厅继续担任审查官。③ 韩国《技术审查官规则》第2条对于“技术审查官的资格”作了专门规定，其中包括：在韩国知识产权局担任审查官5年以上，任5级以上公务员5年以上且作为国家工作人员从事工业或科学技术工作7年以上等。④ 我国台湾地区智慧财产法院设立之初，9名技术审

① 参见熊诵梅：《韩国行政诉讼及专利诉讼制度之研究》，转引自魏忆龙《台湾设立智慧财产法院的评析——以泰国、日本、韩国为主的法制比较研究》，《法律适用》2008年第1期。

② 参见魏忆龙：《台湾设立智慧财产法院的评析——以泰国、日本、韩国为主的法制比较研究》，《法律适用》2008年第1期。

③ 参见文学：《东京知识产权高等法院掠影》，《中华商标》2005年第12期。

④ 参见强刚华：《试论中国知识产权法院技术调查官制度的建构》，《电子知识产权》2014年第10期。

查官均借调自台湾地区“经济部智慧财产局”，且都为资深专利审查委员，专业背景涉及科技、机械、生化和医药等科学技术领域。[①] 技术调查官的专业水准可以保证其在行使调查职权时享有足够的专业权威，防止当事人利用法官不熟悉专业技术而发表误导性的意见，也有利于帮助法官确定法庭调查的重点问题。

3. 诉讼身份的中立性

域外技术调查官既有法院聘用的常任的技术调查官，也有从知识产权局等专业机构借调的技术调查官，但无论何种形式，技术调查官均是以对法庭负责而不是为一方当事人服务，从而保证了专家身份的中立性。日本的知识产权高等法院 11 名调查官中，1 名专利律师为常任调查官，另外 10 名调查官从特许厅临时调任。[②] 并且，调查官是法院的专职工作人员，属于法院编制。[③] 韩国专利法院设立的技术审查官，绝大多数由韩国知识产权局派遣，也有韩国专利法院自行雇佣的。[④] 我国台湾地区“智慧财产法院借调法”第 3 条规定，担任技术审查官的人员必须是现任或曾任专利审查官或商标审查官且符合一定年限等条件，现任或曾任大学讲师、教授一定年限以上且有知识产权专门著作，以及其他专业水平较高的专业人员。[⑤] 值得一提的是，技术调查官身份的多元化对于技术调查的中立性有着重要的意义。例如，专利的授权和确权本由知识产权局（或专利局）作出，法院审理专利授权和确权案件，如果指派借调的专利审查员担任技术调查官，其身份的中立性就容易引起怀疑。在这种情况下，如果指派法院聘用的专业律师或大学教授等担任技术调查官，可以有效避免当事人的合理怀疑。

---

① 参见傅利英、张晓东:《台湾地区智慧财产法院制度及运作状况述评——兼评与大陆法院试行的“三审合一”模式的区别》,《科技与法律》2009 年第 5 期。

② 参见文学:《东京知识产权高等法院掠影》,《中华商标》2005 年第 12 期。

③ 参见[日]塚原朋一:《知財高裁元年—その1 年間の実績の回顧と今後の展望》,《金融・商事判例》No. 1236,2006 年 3 月增刊号,转引自张玲《日本知识产权司法改革及其借鉴》,《南开学报(哲学社会科学版)》2012 年第 5 期。

④ 参见邰中林:《境外知识产权专门法院制度对我国的启示与借鉴》,《法律适用》2010 年第11 期。

⑤ 参见傅利英、张晓东:《台湾地区智慧财产法院制度及运作状况述评——兼评与大陆法院试行的“三审合一”模式的区别》,《科技与法律》2009 年第 5 期。

4. 适用范围的广泛性

日本、韩国和我国台湾地区的知识产权法院均设有技术调查官，但技术调查官制度适用的法院不是仅仅局限于知识产权法院，其他法院审理知识产权案件，有些同样配备了技术调查官，或者是直接借用知识产权法院的技术调查官。有资料表明，在日本，知识产权高等法院和专利案件数量较多的东京地方法院、大阪地方法院都配有技术调查官，其中，东京地方法院有 7 名，大阪地方法院有 3 名。① 我国台湾地区于 2008 年 7 月 1 日设立智慧财产法院，当年下半年，智慧财产法院的技术审查官除协助该法院审理案件 136 件外，还支援各地普通法院审理知识产权案件 27 件。② 由此可见，技术调查官并非知识产权法院的专有制度，其他审理专利等技术类知识产权案件的法院，同样有配备技术调查官或临时借用技术调查官的现实需求。

5. 调查事实的技术性

日本的知识产权高等法院主要管辖因对特许厅裁决不服而请求撤销裁决的案件，以及有关发明专利权、实用新型专利权、计算机软件著作权以及半导体集成电路的电路配置利用权的上诉案件，并且明确将商标权、著作权（除计算机软件著作权以外）以及技术性不强的外观设计专利权的上诉案件交由全国 8 个高等法院管辖。③ 相应地，技术调查官所调查的事实，均是专业技术性较强的问题。韩国《技术审查官规则》第 4 条“技术审查官的职责”专门规定技术审查官的职责是：受院长指示，经常就案件技术、专业问题，提供咨询和建议；除商标案件外，受院长指示，查阅诉讼案件卷宗，认定技术证据，调查、认定事实；除商标案件外，受院长或审判长指示，在诉中、诉前程序中向诉讼参加人提问；

---

① 参见[日]中平健：《知財高裁における最近の審理と裁判例等について》，《判タ》2010 年第 61 卷第 16 号，转引自张玲《日本知识产权司法改革及其借鉴》，《南开学报（哲学社会科学版）》2012 年第 5 期。

② 参见范晓玲：《智慧财产诉讼新纪元：智财法院成立半年之观察》，转引自傅利英、张晓东《台湾地区智慧财产法院制度及运作状况述评——兼评与大陆法院试行的“三审合一”模式的区别》，《科技与法律》2009 年第 5 期。

③ 参见文学：《东京知识产权高等法院掠影》，《中华商标》2005 年第 12 期。

除商标案件外，受院长或审判长指示，在有关案件中就技术问题发表意见。[①] 根据上述规定，韩国专利法院在确定技术审查官的工作职责时，有意识地将商标等非技术类案件排除在外，以确保技术调查官能够集中精力和力量协助审理技术类的知识产权案件。

域外法院从实际情况出发，因地制宜地选择了不同的技术调查官的制度设计。通过分析与研究域外法院设立技术调查官的模式，从中总结出具有借鉴意义的成功经验，对于我国建构技术调查官制度具有重要的参考价值。

（三）我国技术调查官制度的建构

我国建构 APP 等技术类案件审判中的技术调查官制度，应当秉持法治思维，强化改革意识，坚持国情立场，选择合适路径，建立符合中国国情的技术调查官制度，并着重解决以下 9 个方面的问题。

1. 法律地位

建构技术调查官制度，首先要解决的是技术调查官在审判中的法律地位问题。《人民法院第四个五年改革纲要（2014—2018）》明确提出："推进法院人员分类管理制度改革，将法院人员分为法官、审判辅助人员和司法行政人员，实行分类管理。"[②] 按照新一轮司法改革的思路，行使审判权的法官和协助审判工作的审判辅助人员将作出明确的区分。从技术调查官的工作职责来看，其并不行使审判权，而是在诉讼活动中辅助法官理解技术原理并查明技术事实，因此，技术调查官的诉讼地位显然属于审判辅助人员。我国现行的三大诉讼法和人民法院组织法中均没有技术调查官的相关规定，这不利于技术调查官依法履职。要使技术调查官能够有效地参加诉讼活动、发挥技术专长的作用，必须有法律和司法解释的依法规范和保障。笔者认为，最高人民法院可以先行制定关于技术调查官的选任、管理和参加诉讼活动的相关规定，通过先行先试积累经验，待今后条件成熟时再通过修订三大诉讼法和人民法院组织法增加

---

① 参见张玉瑞、韩秀成：《我国知识产权司法体制改革报告》，《中国知识产权报》2006 年 8 月 23 日第 007 版。

② 《人民法院"四五改革纲要"核心内容发布》，http://news.xinhuanet.com/legal/2014－07/09/c_126730952.htm，2017 年 7 月 17 日。

技术调查官的专门法律规定。

2. 选任条件

专利、网络侵权等技术类案件比较集中的法院，可以采取聘用和借调相结合的方式选任本院的技术调查官。其他法院在审理疑难复杂的技术类案件时，可以请求上述法院的技术调查官支援。无论哪种情况，技术调查官均不得同时兼任法院之外的工作职务，以保证技术调查官的中立立场。考虑到专利等技术类知识产权案件不仅在技术上有较高的专业性，而且在法律上的专业性也较强，技术调查官应当是既精通某一领域科学技术又熟悉专利法等知识产权专门法规定的人员，这样可以避免因技术概念与法律概念含义不同而出现误导审判的现象。并且，技术调查官只有既精通技术又熟悉法律，才能较好地将技术语言“翻译”或“转化”成法言法语，为法官的法律判断提供有效支撑。笔者认为，我国技术调查官的选任可以考虑以下范围的人员：现任或曾任国家知识产权局、专利复审委员会或专利审查协作中心的审查员且经验丰富者；现任或曾任大专院校教授、科研机构研究员、高新科技企业科研人员或行业协会专业人员且经验丰富者；从事知识产权审判工作且经验丰富的法官或法官助理；资深的专利律师或专利代理人等。

3. 调查范围

域外法院配备的技术调查官的数量都比较有限，这一方面反映出技术调查官的人才难得，另一方面也说明域外法院注重将有限的司法资源投入到真正技术性较强的知识产权案件中去。例如，韩国《技术审查官规则》就明确规定，技术审查官调查的案件范围是“除商标案件外”的案件。[①] 与美国的联邦巡回上诉法院、德国的联邦专利法院、日本的知识产权高等法院等国家的知识产权法院不同，我国的知识产权法院不仅管辖有关专利、技术秘密、集成电路布图设计、植物新品种等专业技术性较强的第一审知识产权民事和行政案件，而且还管辖辖区范围内的第二审商标权、著作权、不正当竞争等知识产权民事和行政案件。此外，我国有权管辖专利等技术类知识产权案件的法院同样也管辖著作权、商标权和不正当竞争等一般知识产权案件。我国的技术类案件的数量较多，

---

① 参见张玉瑞、韩秀成：《我国知识产权司法体制改革报告》，《中国知识产权报》2006 年 8 月 23 日第 007 版。

技术调查官应当集中精力协助审理专利、计算机软件、技术秘密、集成电路布图设计、植物新品种、APP 空间的网络侵权等技术性强且复杂疑难的案件。当然，随着网络信息技术的飞速发展，网络著作权和网络不正当竞争案件中越来越多地涉及 P2P、云技术、聚合平台等最新颖、最前沿的网络信息技术，对于此类技术性较强的互联网案件，法院也有必要指派技术调查官协助案件审理。

4. 人员指派

法院指派技术调查官协助案件审理，可以分为法院依职权指派和法院依当事人申请指派两种情况。第一，法院依职权指派技术调查官的情况。合议庭在准备案件开庭时，如果认为案件涉及的专业技术事实比较复杂疑难，可以申请技术调查官协助案件审理。第二，法院依当事人申请指派技术调查官。当事人认为案件涉及的专业技术问题比较复杂疑难，可以在第一次开庭或证据交换前 15 天内，向法院申请指派技术调查官协助案件审理。当然，法院有权对当事人的申请进行审查，如果合议庭认为涉案技术问题的难度不高，可以不准许当事人的申请，如果合议庭认为涉案技术问题的难度较高，可以准许当事人的申请。如果法院配备的技术调查官的人数较多，可以设立专门的技术调查官管理室，对技术调查官实行统一管理，并根据合议庭的申请指派专业背景合适的技术调查官协助案件审理。至于技术类案件较多且配备有少量技术调查官的法院，可以由审判业务庭行使管理职能，由庭长根据合议庭的申请指派技术调查官。技术调查官接受案件指派后，合议庭应当将当事人提交的证据和相关诉讼材料移交给技术调查官进行庭前查阅。

5. 回避程序

为保证技术调查官身份的中立性以及履职能力的适应性，技术调查官可以主动申请回避，当事人也有权申请技术调查官回避。以日本为例，为保证调查官身份的中立性，日本专门规定了调查官的回避制度，《日本民事诉讼法》第 92 条之 9 规定：审判人员的回避制度同样适用于调查官，在当事人申请调查官回避期间，调查官不得协助案件审理。按照全国人大常委会《关于在北京、上海、广州设立知识产权法院的决定》，我国的知识产权法院管辖知识产权民事案件和行政案件，但部分地方法院实行的是知识产权“三合一”审判模式，即知识产权审判庭集中审理知识产权民事、行政和刑事三类案件。因此，我国的技术调查官在知识产权民事、行政和刑事诉讼中，应当相应地参照适用三大诉讼法关于审判人员回避的规定。并且，如果技术调查官的专业技术背景不适应调查案件争议的专业技术领域的问题，技术调查官本人和当事人也可以申请回避。

6. 工作职责

技术调查官的主要有以下六项工作职责。一是庭前准备工作。在开庭前查阅证据和诉讼材料，研究涉案专业技术问题，查阅相关专业技术资料，协助审判长确定庭审调查的技术事实的重点和庭审调查的方法，必要时就涉案技术原理或技术问题向合议庭进行介绍、说明或分析。二是庭审调查工作。经审判长指示或同意，向当事人、代理人、专家辅助人、证人、鉴定人等发问，向合议庭解释说明当事人、代理人、专家辅助人、证人、鉴定人等陈述的专业技术问题，必要时可以就有关专业技术问题进行当庭释明。三是勘验、取证和保全工作。协助合议庭完成技术勘验、涉及技术问题的调查取证和涉及技术问题的行为保全、证据保全工作。四是协助调解。配合法官开展调解工作，并在调解中解释说明专业问题。五是出具书面技术调查报告。在合议庭评议案件前就案件有关技术事实问题出具书面的技术调查报告。六是列席评议并发表意见。技术调查官应当列席合议庭和审判委员会关于案件实体审理问题的评议，经审判长或审判委员会委员指示，就案件涉及的专业技术事实问题发表意见，但技术调查官不享有案件审理的表决权。

7. 庭审说明

按照域外法院通行的庭审规则，技术调查官有权发问并对技术问题进行说明。技术调查官说明的内容可能会影响到当事人的权利，这就涉及技术调查官的庭审说明的法律效力以及当事人如何进行权利救济的问题。技术调查官并非法院依职权通知出庭的专家证人，而是辅助审判工作的法院工作人员，其庭审说明不属于我国诉讼法规定的证据范畴，显然不应作为证据使用并进行质证。我国台湾地区“智慧财产法院审理法”第 8 条第 1 款和“智慧财产案件审理细则”第 15 条规定，法官应给当事人辩论的机会，技术审查官在法庭上执行职务时，当事人无权对技术审查官发问，但对技术审查官所作的说明，仍有权向法庭陈述意见。[①] 该规定较好地解决了技术审查官的庭审说明的法律效力问题，值得我们借鉴和参考。也就是说，技术调查官的庭审陈述只能供合议庭参考，当事人不得对技术调查官发问，以维护技术调查官的履职权威，但当事人如果对技术调查官的庭审说明有异议，可以向法庭陈述意见。

8. 调查报告

技术调查官在庭审后向合议庭出具的技术调查报告，与技术调查官的庭审说明一样，也不应作为证据使用，不能成为案件裁判的依据，在法院的裁判文书中也不得应用。技术调查报告仅仅是法院审理案件的参考，但不可否认的是，技术调查报告可能会对法官的判断产生重大影响。这样一来，就存在技术调查报告是应当向各方当事人公开还是应当作为审判秘密存入案件卷宗副卷的问题。在日本，调查官的意见往往对案件的实体处理结果产生了重大影响，但当事人却对调查官的意见没有机会反驳，这一问题遭到了社会的诟病。[②] 笔者认为，我国建构技术调查官制度，既要借鉴域外的经验，也应吸取域外的教训，技术调查官出具的技术调查报告，既然会对案件审理结果产生影响，就应该给当事人反驳的机会。因此，技术调查报告应当属于司法公开的重要内容予以公开，当事人如有异议，可以在收到技术调查报告起 15 日内向法院提出书面反驳意见。这样既可以促使技术调查官提高出具技术调查报告的质量，也有利于充分保障各方当事人辩论的权利。

9. 任期制度

从日本、韩国和我国台湾地区设立技术调查官的经验来看，以上国家和地区均实行技术调查官的任期制。如果技术调查官长期在法院任职而与技术一线脱节，那么必将难以实现专业技术知识的更新，无法跟上科学技术快速发展的步伐。因此，任期制的优越性在于可以通过人员的更新，较好地保持技术调查官的专业水准。当然，如果任期过短，也会

---

① 参见傅利英、张晓东：《台湾地区智慧财产法院制度及运作状况述评——兼评与大陆法院试行的“三审合一”模式的区别》，《科技与法律》2009 年第 5 期。

② 参见［日］菱田雄郷：《知財高裁設置後における知的財産訴訟の理論的課題》，《ジュリスト》No. 1293，2005，转引自张玲《日本知识产权司法改革及其借鉴》，《南开学报（哲学社会科学版）》2012 年第 5 期。

影响技术调查官队伍的稳定性，并将消耗技术调查官更多的时间适应审判工作。考虑到我国的人民法院院长的任期为五年，笔者认为，我国技术调查官的任期也以五年为宜，这样一来，技术调查官的任命可以与法院院长的换届同步，有利于法院开展技术调查官的遴选和任命工作。

结　语

孙佑海教授在《互联网：人民法院工作面临的机遇和挑战》一文中指出："当我们逐渐熟悉甚至摸索到互联网的一些规律时，我们又发现，互联网带给我们的，不仅是严峻挑战，还是巨大的机遇。"① 移动互联网不只是互联网的延伸，而是一个全新的互联网时代。移动互联网技术的快速发展引发了经济社会的巨大变革，在APP空间催生了一系列的新型权利。互联网正处于从PC互联网到移动互联网的代际更迭时期，网络应用正在从网站主导向APP主导变迁，APP技术发展促进了从传统经济到分享经济的经济转型，互联网技术发展的过程是一个"网络赋权"的过程。APP空间催生了"默示许可权""应用名称权""移动支付权""移动打车权"等新型权利，对基本法律原则、具体法律规则和行政管理制度形成了冲击和突破。APP权利最终得以确立有两种途径：一是立法的确立方式；二是司法的确立方式。人民法院面对社会公众加强APP权利保护的迫切司法需求，应当发挥"司法反哺立法""实践反哺理论"的重要作用，在司法实践中"先行先试"，加强APP案件的司法应对，创新裁判思维，创新裁判规则，创新审判机制，积极保护APP平台中的新型网络权利。

① 孙佑海：《互联网：人民法院工作面临的机遇和挑战》，《法律适用》2014年第12期。

参考文献

一、中文著作

1. 北京市互联网信息办公室编：《国内外互联网立法研究》，中国社会科学出版社 2014 年版。
2. 陈锦川：《著作权审判原理解读与实务指导》，法律出版社 2014 年版。
3. 程燎原、王人博：《权利及其救济》，山东人民出版社 1998 年版。
4. 戴长林主编、最高人民法院刑事审判第三庭编著：《网络犯罪司法实务研究及相关司法解释理解与适用》，人民法院出版社 2014 年版。
5. 冯晓青：《知识产权法利益平衡理论》，中国政法大学出版社 2006 年版。
6. 郭春镇、张微微：《转型时期权利的法律保护研究———以未列举权利及其推定为例》，厦门大学出版社 2013 年版。
7. 郭道晖：《法的时代精神》，湖南出版社 1997 年版。
8. 何怀文：《著作权侵权的判定规则研究》，知识产权出版社 2012 年版。
9. 胡凌：《探寻网络法的政治经济起源》，上海财经大学出版社 2016 年版。
10. 胡云腾主编、最高人民法院研究室编著：《网络犯罪刑事诉讼程序意见暨相关司法解释理解与适用》，人民法院出版社 2014 年版。
11. 季境、张志超主编：《新型网络犯罪问题研究》，中国检察出版社 2012 年版。
12. 冀祥德主编：《司法制度新论》，社会科学文献出版社 2009 年版。
13. 冀祥德主编：《最新刑事诉讼法释评》，中国政法大学出版社 2012 年版。

14. 冀祥德：《控辩平等论》，法律出版社 2008 年版。
15. 江必新：《辩证司法观及其应用》，中国法制出版社 2014 年版。
16. 李明德：《美国知识产权法》（第二版），法律出版社 2014 年版。
17. 罗东川主编：《中国著作权案例精读》，商务印书馆 2016 年版。
18. 马化腾等：《互联网 +：国家战略行动路线图》，中信出版集团 2015 年版。
19. 马志刚：《中外互联网管理体制研究》，北京大学出版社 2014 年版。
20. 王健主编：《网络法的域外经验与中国路径》，中国法制出版社 2014 年版。
21. 王迁、王凌红：《知识产权间接侵权研究》，中国人民大学出版社 2008 年版。
22. 王迁：《网络版权法》，中国人民大学出版社 2008 年版。
23. 王迁：《网络环境中的著作权保护研究》，法律出版社 2011 年版。
24. 王迁：《知识产权法教程》，中国人民大学出版社 2007 年版。
25. 夏勇：《人权概念起源——权利的历史哲学》（修订版），中国政法大学出版社 2001 年版。
26. 谢晓尧：《在经验与制度之间：不正当竞争司法案例类型化研究》，法律出版社 2010 年版。
27. 徐亚文：《程序正义论》，山东人民出版社 2004 年版。
28. 姚建宗等：《新兴权利研究》，中国人民大学出版社 2011 年版。
29. 于志刚、郭旨龙：《信息时代犯罪定量标准的体系化构建》，中国法制出版社 2013 年版。
30. 于志刚、于冲：《网络犯罪的裁判经验与学理思辨》，中国法制出版社 2013 年版。
31. 于志刚、于冲：《网络犯罪的罪名体系与发展思路》，中国法制出版社 2013 年版。
32. 于志刚：《传统犯罪的网络异化研究》，中国检察出版社 2010 年版。
33. 于志刚主编:《共同犯罪的网络异化研究》，中国方正出版社 2010 年版。
34. 于志刚主编：《网络空间中知识产权的刑法保护》，中国政法大学出版社 2014 年版。

35. 张茂：《美国国际民事诉讼法》，中国政法大学出版社 1999 年版。
36. 张文显：《法哲学范畴研究》（修订版），中国政法大学出版社 2001 年版。
37. 赵秉志主编：《刑法修正案（七）专题研究》，北京师范大学出版社 2011 年版。
38. 赵秉志主编：《刑法修正案最新理解适用》，中国法制出版社 2009 年版。
39. 中国社会科学院语言研究所词典编辑室编：《现代汉语大词典》（第 5 版），商务印书馆 2005 年版。
40. 最高人民法院民事案件案由规定课题组编著：《最高人民法院民事案由规定理解与适用》（2011 年修订版），人民法院出版社 2011 年版。
41. 最高人民法院民事诉讼法修改研究小组编著：《〈中华人民共和国民事诉讼法〉修改条文理解与适用》，人民法院出版社 2012 年版。
42. 最高人民法院知识产权审判庭编：《最高人民法院知识产权审判案例指导》（第五辑），中国法制出版社 2013 年版。

二、中文论文

1. 曹威：《关于“微信”犯罪及“微信”服务侦查实战的思考》，《新疆警官高等专科学校学报》2014 年第 2 期。
2. 陈蕾：《微信犯罪的特点、成因及防控》，《江苏警官学院学报》2014 年第 1 期。
3. 陈龙飞、陈忠、王雁：《触摸正义：小额诉讼与 ODR 的融合与贯通——基于私力救济与公力救济互补的视角》，载贺荣主编《司法体制改革与民商事法律适用问题研究——全国法院第 26 届学术讨论会获奖论文集》，人民法院出版社 2015 年版。
4. 陈霞：《美国计算机用户界面外观设计保护的历史考察》，《人民司法·应用》2014 年第 7 期。
5. 刁芳远 ：《新型权利主张及其法定化的条件——以我国社会转型为背景》，《北京行政学院学报》2015 年第 3 期。
6. 丁杰：《“非公益必要不干扰”原则热的冷思考》，《天津法学》2015

年第 2 期。
7. 丁颖：《网上法庭：电子商务小额纠纷解决的新思路——国外主要实践及中国相关制度构建》，《暨南学报（哲学社会科学版）》2015 年第 10 期。
8. 杜民：《聚合类视频 APP 的著作权问题分析》，《法制博览》2015 年第 7 期。
9. 方旭辉：《ODR：解决版权纠纷的新模式》，《知识产权》2015 年第 10 期。
10. 冯刚：《涉及深度链接的侵害信息网络传播权纠纷问题研究》，《知识产权》2016 年第 8 期。
11. 冯晓青、邓永泽：《数字网络环境下著作权默示许可制度研究》，《南都学坛（人文社会科学学报）》2014 年第 5 期。
12. 冯晓青、孟雅丹：《手机游戏著作权保护研究》，《中国版权》2014 年第 6 期。
13. 冯晓青、王艳秋：《三星、苹果“世界专利审判”解析》，《中国审判》2012 年第 10 期。
14. 傅利英、张晓东：《台湾地区智慧财产法院制度及运作状况述评——兼评与大陆法院试行的“三审合一”模式的区别》，《科技与法律》2009 年第 5 期。
15. 高兰英：《ODR 的管辖权问题探析》，《河北法学》2008 年第 10 期。
16. 葛松琰：《司法判定与新型权利》，硕士学位论文，山东大学，2010 年。
17. 葛松琰：《新型权利的司法确立》，《山东行政学院学报》2015 年第 4 期。
18. 葛燕：《“专车”模式之喜与忧》，《浙江经济》2015 年第 6 期。
19. 龚雯：《APP：探索互联网医疗发展新路径》，《半月谈》2016 年第 7 期。
20. 郭珂琼：《论新兴权利与新兴媒介——微博的自由表达机制与舆论引导的制度构建》，《东南学术》2014 年第 3 期。
21. 何明升：《中国网络治理的定位及现实路径》，《中国社会科学》2016 年第 7 期。
22. 胡充寒：《我国知识产权诉前禁令制度的现实考察及正当性构建》，

《法学》2011 年第 10 期。
23. 胡凌:《网络技术呼唤立法思路更新》,《社会观察》2013 年第 2 期。
24. 黄太云:《〈刑法修正案(七)〉解读》,《人民检察》2009 年第 6 期。
25. 黄文艺:《权利本位论新解——以中西比较为视角》,《法律科学(西北政法大学学报)》2014 年第 5 期。
26. 蒋凡:《2011 年中国移动 APP 服务产业:开拓期的快速增长》,载官建文主编、唐胜宏副主编《中国移动互联网发展报告(2012)》,社会科学文献出版社 2012 年版。
27. 蒋惠岭:《顶层设计视角下的中国司法改革战略》,《行政管理改革》2015 年第 2 期。
28. 蒋凯元:《浅析大数据发展行动纲要出台背景及战略意义》,《信息系统工程》2015 年第 10 期。
29. 李捷:《论网络环境下的著作权默示许可制度》,《知识产权》2015 年第 5 期。
30. 李少平:《关于案例指导制度运行机制的几点思考》,《法律适用》2011 年第 10 期。
31. 李五平:《手机 App 应用平台下的著作权保护》,《法制博览》2014 年第 11 期。
32. 李颖:《移动互联网 APP 应用的发展与著作权保护》,《电子知识产权》2014 年第 12 期。
33. 李拥军:《论权利的生成》,《学术研究》2005 年第 8 期。
34. 李玉萍:《侵犯公民个人信息罪的实践与思考》,《法律适用》2016 年第 9 期。
35. 林广海、张学军:《完善我国司法鉴定法律制度之管见》,《科技与法律》2008 年第 3 期。
36. 刘迪:《刍议电子商务平台服务提供者专利间接侵权中“通知—删除”规则的完善》,《电子知识产权》2015 年第 6 期。
37. 刘岭:《热播网剧遭遇侵权国内首例手机聚合类视频 APP 侵权成立被判赔》,《电子知识产权》2014 年第 3 期。
38. 刘巧婧:《手机应用商店侵害隐私权法律责任研究》,硕士学位论文,西南大学,2013 年。

39. 刘小平：《新兴权利的证成及其基础——以“安宁死亡权”为个例的分析》，《学习与探索》2015 年第 4 期。
40. 刘哲玮：《国家介入：我国 ODR 建设的新思路》，《网络法律评论》2009 年第 00 期。
41. 龙飞：《中国在线纠纷解决机制的发展现状及未来前景》，《法律适用》2016 年第 10 期。
42. 吕辉：《论日本行为保全制度及其启示》，《湖北社会科学》2013 年第 2 期。
43. 马化腾：《移动互联网的 10 个关键点》，载朱克力主编《供给侧改革引领“十三五”》，中信出版社 2016 年版。
44. 马晓明：《网络视频深度链接侵权定性再探讨》，《中国版权》2015 年第 4 期。
45. 牛萌：《“正反通知 + 删除”制度的建构》，《中国版权》2014 年第 4 期。
46. 潘伟：《关于知识产权诉前行为保全的法律思考》，《法律适用》2004 年第 4 期。
47. 齐树洁、程翔：《仲裁程序中的专家证人制度评述》，《仲裁研究》2007 年第 2 期。
48. 钱大军、尹奎杰、朱振：《权利应当如何证明：权利的证明方式》，《法制与社会发展》2007 年第 1 期。
49. 强刚华：《试论中国知识产权法院技术调查官制度的建构》，《电子知识产权》2014 年第 10 期。
50. 沈冲、孙靖：《苹果应用程序商店的法律责任　兼评苹果公司 App Store 被诉侵权案》，《电子知识产权》2013 年第 Z1 期。
51. 石必胜：《互联网竞争的非公益必要不干扰原则　兼评百度诉 360 插标和修改搜索提示词不正当竞争纠纷案》，《电子知识产权》2014 年第 4 期。
52. 寿步：《首例微信公众账号仿冒纠纷案述评》，《中国律师》2015 年第 11 期。
53. 司晓、范露琼：《知识产权领域“通知—删除”规则滥用的法律规制》，《电子知识产权》2015 年第 2 期。

54. 宋健：《专家证人制度在知识产权诉讼中的运用及其完善》，《知识产权》2013 年第 4 期。
55. 宋鱼水、杜长辉、冯刚、蒋利玮：《知识产权行为保全制度研究》，《知识产权》2014 年第 11 期。
56. 孙佑海：《互联网：人民法院工作面临的机遇和挑战》，《法律适用》2014 年第 12 期。
57. 唐清利：《“专车”类共享经济的规制路径》，《中国法学》2015 年第 4 期。
58. 陶凯元：《充分发挥司法保护知识产权的主导作用》，《求是》2016 年第 1 期。
59. 田海峰、邓溪海：《论“专车第一案”中的法律问题及反思》，《东南大学学报（哲学社会科学版）》2015 年 S2 期。
60. 田小军：《纷争中的手游知识产权保护》，《中国版权》2014 年第 5 期。
61. 童海超：《网络赋权下的知识产权的保护》，《民生周刊》2015 年第 22 期。
62. 王迪、王汉生：《移动互联网的崛起与社会变迁》，《中国社会科学》2016 年第 7 期。
63. 王鸿：《关于知识产权保护诉前临时禁令制度的思考》，《中国发明与专利》2014 年第 2 期。
64. 王迁：《“今日头条”著作权侵权问题研究》，《中国版权》2014 年第 4 期。
65. 王艳芳：《〈关于审理侵害信息网络传播权民事纠纷案件适用法律若干问题的规定〉的理解和适用》，《人民司法·应用》2013 年第 9 期。
66. 王映：《中国移动互联网基础设施发展状况与趋势》，载官建文主编、唐胜宏副主编《中国移动互联网发展报告（2014）》，社会科学文献出版社 2014 年版。
67. 魏忆龙：《台湾设立智慧财产法院的评析——以泰国、日本、韩国为主的法制比较研究》，《法律适用》2008 年第 1 期。
68. 魏治勋：《新兴权利研究述评——以 2012～2013 年 CSSCI 期刊相关论文为分析对象》，《理论探索》2014 年第 9 期。

69. 文学：《东京知识产权高等法院掠影》，《中华商标》2005 年第 12 期。
70. 吴汉东、吴一兴：《安全软件警示内容的商业言论规制　兼评“非公益必要不干扰原则”》，《电子知识产权》2015 年第 3 期。
71. 吴汉东：《论网络服务提供者的著作权侵权责任》，《中国法学》2011 年第 2 期。
72. 郃中林：《境外知识产权专门法院制度对我国的启示与借鉴》，《法律适用》2010 年第 11 期。
73. 肖永平、谢新胜：《ODR：解决电子商务争议的新模式》，《中国法学》2003 年第 6 期。
74. 谢晖：《论新型权利生成的习惯基础》，《法商研究》2015 年第 1 期。
75. 谢新胜：《在线争议解决机制（ODR）初探》，《网络法律评论》2003 年第 00 期。
76. 辛宇罡、高健、霍彦：《微信犯罪及其防范——基于公安工作视角》，《郑州轻工业学院学报（社会科学版）》2015 年第 3 期。
77. 信息社会 50 人论坛：《从“网约车新政”透视转型期政府治理理念转变之必要性——“专车新政与共享经济发展”研讨会纪实》，《电子政务》2015 年第 11 期。
78. 熊琦：《互联网产业驱动下的著作权规则变革》，《中国法学》2013 年第 6 期。
79. 熊文聪：《避风港中的通知与反通知规则——中美比较研究》，《比较法研究》2014 年第 4 期。
80. 徐钝、郑记：《新兴权利救济：司法能动立场的证成与运作》，《理论与探索》2010 年第 6 期。
81. 薛军：《质疑“非公益必要不干扰原则”》，《电子知识产权》2015 年第 Z1 期。
82. 闫斌、王君：《论山寨 APP 程序的危害及法律应对》，《经济与社会发展》2015 年第 3 期。
83. 杨立新、李佳伦：《论网络侵权责任中的反通知及效果》，《法律科学（西北政法大学学报）》2012 年第 2 期。
84. 杨立新：《非传统销售方式购买商品的消费者反悔权及其适用》，《法学》2014 年第 2 期。

85. 杨延昭:《与微信平台有关的著作权问题研究》,《知识产权》2015 年第 8 期。
86. 姚建宗:《新兴权利论纲》,《法制与社会发展 》2010 年第 2 期。
87. 姚建宗、方芳:《新兴权利研究的几个问题》,《苏州大学学报(哲学社会科学版)》2015 年第 3 期。
88. 尹建国:《我国网络信息的政府治理机制研究》,《中国法学》2015 年第 1 期。
89. 于志刚、陈强:《网络空间中的帮助违法行为及其入罪化》,《北京人民警察学院学报》2008 年第 5 期。
90. 喻海松:《网络犯罪的立法扩张与司法适用》,《法律适用》2016 年第 9 期。
91. 张玲:《日本知识产权司法改革及其借鉴》,《南开学报(哲学社会科学版)》2012 年第 5 期。
92. 张钦坤、孟洁:《搜索类新闻聚合 APP 的侵权认定分析》,《知识产权》2014 年第 7 期。
93. 张钦坤:《反不正当竞争法一般条款适用的逻辑分析——以新型互联网不正当竞争案件为例》,《知识产权》2015 年第 3 期。
94. 张钦坤:《中国互联网不正当竞争案件发展实证分析》,《电子知识产权》2014 年第 10 期。
95. 张天上:《论新兴权利的司法生成》,载郑正来主编《法律与中国——法学理论前沿论坛》(第六卷),中国政法大学出版社 2007 年版。
96. 张蔚、孙方涛:《苹果与三星专利战中的 GUI 设计》,《电子知识产权》2012 年第 9 期。
97. 张文显、姚建宗:《权利时代的理论景象》,《法制与社会发展》2005 年第 5 期。
98. 张效羽:《互联网分享经济对行政法规制的挑战与应对》,《环球法律评论》2016 年第 5 期。
99. 张艳红:《今日头条 APP 版权纠纷》,《电子知识产权》2015 年第 1 期。
100. 郑鹏基:《网络交易争端解决机制研究》,博士学位论文,华东政法学院,2005 年。

101. 郑世保:《ODR 裁决书强制执行机制研究》,《法学评论》2014 年第 3 期。
102. 郑世保:《ODR 研究》,博士学位论文,西南政法大学,2010 年。
103. 郑世保:《在线纠纷解决机制的困境和对策》,《法律科学(西北政法大学学报)》2013 年第 6 期。
104. 周翠:《行为保全问题研究——对〈民事诉讼法〉第 100—105 条的解释》,《法律科学(西北政法大学学报)》2015 年第 4 期。
105. 周汉华、苏苗罕:《我国信息化法律法规建设六十年》,《电子政务》2009 年第 10 期。
106. 周汉华:《论互联网法》,《中国法学》2015 年第 3 期。
107. 周强:《牢牢把握司法为民公正司法的工作主线》,《人民司法·应用》2014 年第 9 期 。
108. 周强:《竖持司法为民公正司法　努力维护社会公平正义——学习贯彻习近平总书记在中央政法工作会议上重要讲话精神》,《求是》2014 年第 5 期。
109. 祝建军:《电子商务交易平台服务商侵犯专利权的责任认定》,《人民司法·案例》2013 年第 16 期。
110. 邹国勇、李俊夫:《欧盟消费者在线争议解决机制的新发展——2013 年〈欧盟消费者在线争议解决条例〉述评》,《国际法研究》2015 年第 3 期。

三、中文报纸

1. 范传贵:《郑州检察机关一年办理利用“微信”犯罪案件 47 件,利用社交工具犯罪案件多发需重视》,《法制日报》2014 年 2 月 11 日第 08 版。
2. 高敏、余法、孟焕良:《庭上不见原被告　视频里头来交锋——浙江首个电子商务网上法庭击槌》,《浙江法制报》2015 年 6 月 3 日第 002 版。
3. 胡荣恩、钟轩:《门口法庭、午间法庭、数字法庭、网上法庭,我市深入落实便民诉讼——“新型法庭”走出便民新路子》,《温州日报》2010 年 7 月 29 日第 004 版。

4. 胡云腾：《关于案例指导制度的几个问题》，《光明日报》2014 年 1 月 29 日第 16 版。
5. 黄武双：《如何平衡作者和作品传播者利益——以 App Store 案件为例》，《上海法治报》2012 年 11 月 14 日第 B06 版。
6. 江必新：《大数据时代背景下人民法院司法统计的科学发展》，《人民法院报》2013 年 8 月 16 日第 004 版。
7. 李明德：《“互联网 +”带来版权保护新挑战》，《中国知识产权报》2015 年 8 月 14 日第 008 版。
8. 李秋霞：《微信群里发布淫秽视频的定罪分析——浙江瑞安法院判决阮紫阳、张峰传播淫秽物品案》，《人民法院报》2015 年 11 月 5 日第 006 版。
9. 林子英、崔树磊：《“盗链”类视频聚合平台直接侵犯著作权》，《中国知识产权报》2016 年 7 月 8 日第 10 版。
10. 刘仁：《打好整治 APP 侵权盗版攻坚战》，《中国知识产权报》2015 年 8 月 21 日第 009 版。
11. 刘阳子：《世纪大战　谁是赢家？——苹果、三星专利战争深度解读之三》，《中国知识产权报》2013 年 1 月 9 日第 005 版。
12. 刘志月：《腾讯指网易涉嫌侵犯网络著作权　法院组织听审会》，《法制日报》2014 年 12 月 9 日第 008 版。
13. 卢杰：《强大定位功能为虚拟交友现实犯罪提供便利，基层办案人员称：微信犯罪多为性侵年轻女性》，《法制日报》2013 年 4 月 2 日第 005 版。
14. 马超：《42 岁农妇冒充少女微信诈骗 17 人，警方调查仅 3 人承认，14 人矢口否认，微信犯罪受骗者为何多忍气吞声》，《法制日报》2014 年 2 月 24 日第 004 版。
15. 孟焕良、徐安：《杭州西湖：电商网上法庭与你“来来网网”》，《人民法院报》2015 年 9 月 7 日第 008 版。
16. 孟焕良：《利用“审务云”平台深化“浙江法院互联网 + 审判”，浙江法院电子商务网上法庭开庭》，《人民法院报》2015 年 5 月 31 日第 001 版。
17. 石必胜：《互联网竞争应遵循非公益必要不干扰原则——百度诉 360

不正当竞争纠纷案评析》，《人民法院报》2014 年 6 月 11 日第 005 版。
18. 宋庆党、晁旭：《漯河“网上法庭”提速审判》，《人民法院报》2015 年 12 月 22 日第 002 版。
19. 孙佑海：《整治电信诈骗要解决“四难”问题》，《经济日报》2016 年 9 月 17 日第 04 版。
20. 王江桥、梁琨：《移动应用商店关键词搜索的商标侵权与不正当竞争——浙江高院判决万得信息公司诉核新同花顺公司侵害商标权及不正当竞争纠纷案》，《人民法院报》2016 年 4 月 7 日第 6 版。
21. 王丽丽：《移动医疗是否涉及非法行医》，《检察日报》2013 年 9 月 15 日第 01 版。
22. 许家华：《浅议微信犯罪的特点与防控》，《广西法治日报》2012 年 5 月 29 日第 005 版。
23. 杨轶然：《人民法院报评出 2015 年度人民法院十大民事行政案件》，《人民法院报》2016 年 1 月 7 日第 02 版。
24. 余小林：《手机应用商店如何控制法律风险？——App Store“侵权门”的警示》，《中国电信业》2011 年第 9 期。
25. 园田吉隆：《苹果三星日本专利之争的启示》，《中国知识产权报》2013 年 8 月 28 日第 005 版。
26. 曾亮亮、姜韩：《苹果公司要为 App Store 侵权承担责任》，《经济参考报》2012 年 11 月 13 日第 008 版。
27. 张玲玲：《如何判断 APP 名称是否属于商标性使用——评李叶飞、韩燕明诉新浪公司侵犯注册商标专用权纠纷案》，《中国知识产权报》2015 年 11 月 11 日第 008 版。
28. 张玉瑞、韩秀成：《我国知识产权司法体制改革报告》，《中国知识产权报》2006 年 8 月 23 日第 007 版。
29. 张召国、姚晨奕、周胜明：《南昌东湖有个网络法庭》，《人民法院报》2008 年 5 月 11 日第 004 版。
30. 赵刚：《跨端导入第一案的竞争法分析》，《人民法院报》2014 年 8 月 4 日第 006 版。
31. 钟莉、刘建新、徐翠、童海超：《发挥司法保护主导作用 完善知识产权审判工作——湖北省高院关于司法与行政“双轨制”保护知识产权状况的调研报告》，《人民法院报》2011年6月2日第008版。
32. 周霞：《APP成数据泄露新主体 个人信息亟需立法保护》，《通信信息报》2015年6月3日第B16版。
33. 祝文明、石月炜：《360 VS 江民：打响GUI专利保护“第一枪”》，《中国知识产权报》2016年9月28日第009版。
34. 《剑网2015专项行动正式启动 严查网络音乐、云存储、应用APP等侵权盗版》，《人民日报》2015年6月11日第06版。
35. 《最高人民法院公布七起通过网络实施的侵犯妇女未成年人等犯罪典型案例》，《人民法院报》2014年10月22日第03版。

四、外文译著

1. 《马克思恩格斯选集》（第三卷），人民出版社1995年版。
2. ［美］E·博登海默：《法理学——法哲学及其方法》，邓正来等译，华夏出版社1987年版。
3. ［美］保罗·戈斯汀：《著作权之道：从古登堡到数字点播机》，金海军译，北京大学出版社2008年版。
4. ［美］霍华德·加德纳、［美］凯蒂·戴维斯：《APP一代：网络化科学的新时代》，李一飞、金阳译，电子工业出版社2015年版。
5. ［美］威廉·M. 兰德斯、理查德·A. 波斯纳：《知识产权法的经济结构》，金海军译，北京大学出版社2005年版。
6. ［美］迈克尔·H. 格莱姆：《联邦证据法》，法律出版社1999年版。
7. ［美］罗伯特·P. 墨杰斯等：《新技术时代的知识产权法》，齐筠等译，中国政法大学出版社2003年版。
8. ［美］约纳森·罗森诺：《网络法——关于因特网的法律》，张皋彤等译，中国政法大学出版社2003年版。
9. ［英］梅因：《古代法》，沈景一译，商务印书馆1959年版。
10. ［英］洛克：《政府论（下篇）》，叶启芳、瞿菊农译，商务印书馆1997年版。
11. ［英］Leif Wenar著，瞿郑龙、张梦婉译：《权利（Rights）》，《研究

生法学》2013 年第 2 期。
12. ［法］卢梭：《社会契约论》，何兆武译，商务印书馆 2003 年版。
13. ［德］康德：《法的形而上学原理——权利的科学》，沈叔平译，商务印书馆 1991 年版。
14. 中央网络安全和信息化领导小组办公室、国家互联网信息办公室政策法规局编：《外国网络法选编》（第一辑），中国法制出版社 2015 年版。
15. 中央网络安全和信息化领导小组办公室、国家互联网信息办公室政策法规局编：《外国网络法选编》（第二辑），中国法制出版社 2016 年版。
16. 中央网络安全和信息化领导小组办公室、国家互联网信息办公室政策法规局编：《外国网络法选编》（第三辑），中国法制出版社 2016 年版。

五、研究报告

1. 工业和信息化部电信研究院政策与经济研究所、腾讯互联网与社会研究院：《中国互联网法律与政策研究报告（2013）》，电子工业出版社 2014 年版。
2. 官建文主编、唐胜宏副主编：《中国移动互联网发展报告（2012）》，社会科学文献出版社 2012 年版。
3. 官建文主编、唐胜宏副主编：《中国移动互联网发展报告（2013）》，社会科学文献出版社 2013 年版。
4. 官建文主编、唐胜宏副主编：《中国移动互联网发展报告（2014）》，社会科学文献出版社 2014 年版。
5. 官建文主编，唐胜宏、许丹丹副主编：《中国移动互联网发展报告（2015）》，社会科学文献出版社 2015 年版。
6. 官建文主编，唐胜宏、许丹丹副主编：《中国移动互联网发展报告（2016）》，社会科学文献出版社 2016 年版。
7. 余清楚主编、唐胜宏副主编：《中国移动互联网发展报告（2017）》，社会科学文献出版社 2017 年版。

8. 中国互联网络信息中心（CNNIC）：《第 30 次中国互联网络发展状况统计报告》。
9. 中国互联网络信息中心（CNNIC）：《第 31 次中国互联网络发展状况统计报告》。
10. 中国互联网络信息中心（CNNIC）：《第 32 次中国互联网络发展状况统计报告》。
11. 中国互联网络信息中心（CNNIC）：《第 33 次中国互联网络发展状况统计报告》。
12. 中国互联网络信息中心（CNNIC）：《第 34 次中国互联网络发展状况统计报告》。
13. 中国互联网络信息中心（CNNIC）：《第 35 次中国互联网络发展状况统计报告》。
14. 中国互联网络信息中心（CNNIC）：《第 36 次中国互联网络发展状况统计报告》。
15. 中国互联网络信息中心（CNNIC）：《第 37 次中国互联网络发展状况统计报告》。
16. 中国互联网络信息中心（CNNIC）：《第 38 次中国互联网络发展状况统计报告》。
17. 中国互联网络信息中心（CNNIC）：《2012 年中国网民信息安全状况研究报告》。

六、电子文献

1. Adia 编译：《达美航空遭起诉 手机 APP 被控侵犯客户隐私权》，http：//news. carnoc. com/list/239/239117. html，2017 年 7 月 17 日。
2. 蔡雄山、曹建峰、孙那、李正：《分享经济的春天？——欧盟发布分享经济指南》，http：//tencentresearch. com/4658，2017 年 7 月 17 日。
3. 陈凌浩：《法治视野下的专车服务研究与治理》，http：//www. xzbu. com/3/view－7370245. htm，2017 年 7 月 17 日。
4. 陈枝辉：《专车第一案：法律撞上市场　法院应该怎么判?》，http：//www. 360doc. com/content/16/0507/10/943329_ 556962378. shtml，2017 年 7

月 17 日。
5. David Kravets：《网约车与出租车是否应一视同仁，波斯纳法官妙“比”下判》，李慧编译，http：//www. 360doc. com/content/16/1013/04/22741532_ 598006143. shtml，2017 年 7 月 17 日。
6. 范明志：《关于信息技术对法治现代化影响的再反思——从霍金的劝告谈起》，http：//mp. weixin. qq. com/s？src = 3&timestamp = 1480988381&ver = 1&signature = YfqpF7OS3RGsQTgvmsfgLogttEE0KOuLucOVl7IPeGv3Ofg Rmf-Hm4AylMMydAv6qwewprG0w6AOoDFppICoMEjox6spXjo - ZFlNHI * j4DLd BvZbW4l9WL2TQztl6xUTuYw93rN7SaIqHk * Cu10c6DKZ6D TZBmbERkqz-CUSMaBT8 =，2017 年 7 月 17 日。
7. 范明志：《“互联网 + 法律”的内在机理与发展趋势》，http：//www. sohu. com/a/53781568_ 268525，2017 年 7 月 17 日。
8. 范蓉：《腾讯涉足移动医疗，但没有那么可怕》，http：//it. sohu. com/20160318/n440914214. shtml，2017 年 7 月 17 日。
9. 高鑫：《首例图形用户界面外观设计专利侵权案开庭》，http：//news. xinhuanet. com/legal/2016 - 09/22/c_ 129294172. htm，2017 年 7 月 17 日。
10. 贾竹：《王迁：电商知产保护应增设“反通知”程序》，http：//www. toutiao. com/i6277043488299155969/，2017 年 7 月 17 日。
11. 李丹丹：《国家网信办将出台 App 管理办法》，http：//tech. sina. com. cn/i/2014 - 10 - 26/doc - iawrnsxp3372095. shtml，2017 年 7 月 17 日。
12. 李亚坤：《用户诉苹果预装软件不可删案再开庭 此前一审败诉》，ht-tp：//gd. sina. com. cn/news/sz/2015 - 06 - 25 /detail - ifxehfqi8279212. shtml，2017 年 7 月 17 日。
13. 林丽鹂、刘洪超、柴秋实、杨旭：《“微信购物”不受消法保护？相关方面做出回应》，http：//news. sohu. com/20160801/n461933722. shtml，2017 年 7 月 17 日。
14. 刘婧：《陶凯元：充分发挥司法保护知识产权主导作用》，http：//www. court. gov. cn/zixun - xiangqing - 23241. html，2017 年 7 月 17 日。
15. 刘洋、柳雁军、田小军：《平台经济兴起，从美国最新判例看如何为平台责任减负》，http：//www. tisi. org/4710，2017 年 7 月 17 日。

16. Satan James：《法官说法：侵权类案件中，居间 APP 平台应如何承担法律责任？》，http：//blog. sina. com. cn/s/blog_ 70a21b920102wjre. html，2017 年 7 月 17 日。
17. 孙超逸：《“人人快递”命悬一线?》，http：//www. chinadaily. com. cn/dfpd/dfcmhlw/2014 - 06 - 19/content_ 11860307. html，2017 年 7 月 17 日。
18. 孙颖：《北京网信办整治 APP 市场四大乱象　翻墙等现象被点名》，http：//www. takefoto. cn/viewnews - 236436. html，2017 年 7 月 17 日。
19. 石亚淙：《网络时代的刑法面孔——“网络犯罪的刑事立法与刑事司法前沿问题”学术研讨会综述》，http：//www. iolaw. org. cn/showNews. aspx? id = 51791，2017 年 7 月 17 日。
20. 腾讯数码：《苹果公司认为它们改变了“App”的定义》，http：//digi. tech. qq. com/a/20131206/015855. htm，2017 年 7 月 17 日。
21. 腾讯：《2015 年微信知识产权保护白皮书》，http：//www. 360doc. com/content/16/0229/01/22712168_ 538156480. shtml，2017 年 7 月 17 日。
22. Talking Data：《2014 年中国移动互联网现状：当移动互联网遇到大数据》，https：//wenku. baidu. com/view/aabd4454a5e9856a561260f0. html，2017 年 7 月 17 日。
23. 王传涛：《评论：肯德基诉微信账号具有法治价值》，http：//tech. sina. com. cn/i/2015 - 06 - 04/doc - icrvvqrf4098884. shtml，2017 年 7 月 17 日。
24. 王纳：《深圳女子状告苹果：iPhone 预装软件删不掉》，http：//tech. 163. com/14/0715/14/A170ELAK000915BE. html，2017 年 7 月 17 日。
25. 熊琦：《首个影视聚合平台侵权案 法律界定的示范效应》，http：//www. sohu. com/a/60475453_ 115415，2017 年 7 月 17 日。
26. 徐岚：《自由快递员有风险，人人快递多地被叫停》，http：//tech. sina. com. cn/i/2014 - 04 - 03/10479296053. shtml，2017 年 7 月 17 日。
27. 尧舜禹：《最高法院听证苹果公司申诉 App Store 盗版案——App Store 在中国的审核标准可能会改变》，http：//www. chinavalue. net/Story/

2015 - 8 - 6/734755. html，2017 年 7 月 17 日。
28. 周霞：《APP 成数据泄露新主体 个人信息亟需立法保护》，http：//tech. sina. com. cn/i/2015 - 06 - 04/doc - icrvvpkk7903865. shtml，2017 年 7 月 17 日。
29. 周文林：《新闻观察：移动打车市场将走向何方》，http：//news. 163. com/14/0728/09/A27SRNU500014JB5. html，2017 年 7 月 17 日。
30. 周文林：《移动医疗：2016 年发展趋势看点》，http：//news. xinhuanet. com/fortune/2016 - 01/22/c_ 1117865065. htm，2017 年 7 月 17 日。
31. 中华人民共和国工业和信息化部信息通信管理局：《意见征集：〈移动智能终端应用软件（APP）预装和分发管理暂行规定〉》，http：//www. miit. gov. cn/n1146285/n1146352/n3054355/n3057709/n3057720/c4431949/content. html，2017 年 7 月 17 日。
32. 邹良城：《侵权 3. 0 时代的互联网产业法律问题研究报告——视频聚合行为的侵权认定和法律规则》，http：//www. tisi. org/4611，2017 年 7 月 17 日。
33.《1 分钱的微信红包，竟然在厦门引发一场刑案……》，http：//xm. house. qq. com/a/20160314/013321_ all. htm#page1，2017 年 7 月 17 日。
34.《2015（第二届）移动医疗健康峰会邀请函》，http：//www. bioon. com/z/2015mHealth/Introduction. shtml，2017 年 7 月 17 日。
35.《2016 微信用户数量统计》，http：//m. didown. com/news/29040. html，2017 年 7 月 17 日。
36.《300 多 app 感染恶意程序　病毒制造者身份已被锁定》，http：//news. sohu. com/20150921/n421643635. shtml，2017 年 7 月 17 日。
37.《315 曝光 APP 泄露个人信息　电话邦加密技术确保信息安全》，http：//www. csdn. net/article/a/2016 - 03 - 18/15836524，2017 年 7 月 17 日。
38.《360 打响中国 GUI 专利司法保护第一枪》，http：//www. sohu. com/a/71529738_ 114891，2017 年 7 月 17 日。
39.《50 多家移动客户端、APP 应用商店于 26 日签署〈北京市移动互联网应用程序公众信息服务自律公约〉》，http：//www. soft6. com/news/

201411/27/247841. html，2017 年 7 月 17 日。
40.《APP 被监管！网信办发布“移动互联网管理规定”8 月 1 日起施行》，http：//www. v4. cc/News－1585169. html，2017 年 7 月 17 日。
41.《北京市移动互联网应用程序公众信息服务自律公约全文》，http：//ishare. iask. sina. com. cn/f/1qn2LOf7oYTd. html，2017 年 7 月 17 日。
42.《波斯纳法官关于网约车案件的判决全文》，盛金艳、孔菲、戴梦迪译，http：//www. 360doc. com/content/16/1018/19/10988502_ 599414461. shtml，2017 年 7 月 17 日。
43.《创造性运用大数据提高政法工作智能化水平》，http：//news. xinhuanet. com/politics/2016－10/22/c_ 129333029. htm，2017 年 7 月 17 日。
44.《出租车改革方案出台 明确网络约车合法地位》，http：//news. xinhuanet. com/yuqing/2016－08/02/c_ 129198692. htm，2017 年 7 月 17 日。
45.《大唐旗下公司被曝强制预装 APP 涉嫌非法经营》，http：//tech. 163. com/14/0315/23/ 9NDOGABJ000915BF. html，2017 年 7 月 17 日。
46.《“分享经济”，分享什么》，http：//news. 163. com/16/0317/10/BIBPU2EQ00014AED. html，2017 年 7 月 17 日。
47.《广电总局公布首批非法视频 APP 名单 风云直播等 81 个软件上榜》，http：//www. 3h3. com/info/37367_ all. html，2017 年 7 月 17 日。
48.《互联网专车第一案宣判，监管部门处罚决定被撤销（判决全文）》，http：//www. sohu. com/a/123144603_ 355771，2017 年 7 月 17 日。
49.《警惕！国庆节又出现新型“换二维码案”》，http：//www. toutiao. com/i6336801082357842434/，2017 年 7 月 17 日。
50.《肯德基状告十个微信公众号名誉侵权 一审获赔 60 万元》，http：//finance. sina. com. cn/sf/news/ 2016－02－05/143619879. html，2017 年 7 月 17 日。
51.《库克称苹果或将允许 iOS 用户删除部分预装应用》，http：//news. sohu. com/20150916/n421252677. shtml，2017 年 7 月 17 日。
52.《马云：〈科技创新在未来社会治理中的作用〉演讲内容》，http：//

www.360doc.com/content/16/1024/09/7544182_600909362.shtml，2017年7月17日。

53.《美国FDA管制移动医疗App被疑限制市场创新》，http://www.21ic.com/news/med/201206/126958.htm，2017年7月17日。

54.《苹果预装app不能卸　妹子起诉：应重新设计iOS》，http://news.mydrivers.com/1/436/436052.htm，2017年7月17日。

55.《苹果三星专利案再次打响　输得起却不想输的战役》，http://digi.163.com/16/1011/14/C33PMCST001687H3.html，2017年7月17日。

56.《全国首例GUI外观设计专利侵权案迎来新进展》，http://www.v4.cc/News-1453103.html，2017年7月17日。

57.《全国首例视频聚合盗链不正当竞争案 上海知产法院作出终审判决》，http://shfy.chinacourt.org/article/detail/2016/05/id/1863099.shtml，2017年7月17日。

58.《“全国专车第一案”再次延期宣判 已延期两次》，http://sd.people.com.cn/n/2015/1218/c166192-27345904.html，2017年7月17日。

59.《人民法院“四五改革纲要”核心内容发布》，http://news.xinhuanet.com/legal/2014-07/09/c_126730952.htm，2017年7月17日。

60.《三星被判赔苹果1.2亿美元　法院裁定解锁专利属苹果》，http://finance.sina.com.cn/chanjing/gsnews/2016-10-09/doc-ifxwrhpn9419003.shtml，2017年7月17日。

61.《三星在美被判侵犯苹果6项专利　韩美判决差异巨大》，http://business.sohu.com/20120827/n351570556.shtml，2017年7月17日。

62.《私家车用作“（网约）专车”所涉及的几个重要法律问题详解》，http://finance.sina.com.cn/sf/news/2016-06-30/114735445.html，2017年7月17日。

63.《腾讯借道App进入医疗服务市场　搅动行业格局》，http://www.yywsb.com/jd/jd_list_sub.asp?id=1099085，2017年7月17日。

64.《网信办发布APP管理规定：认证用户真实身份》，http://www.china.com.cn/guoqing/2016-06/29/content_38770901.htm，

2017 年 7 月 17 日。
65.《网约车新政最快 5 月份出台 对私家车提出限制》，http：//news. xinhuanet. com/politics/2016 - 04/20/c _ 128911908. htm，2017 年 7 月 17 日。
66.《网约车司机纳入出租车行业管理》，http：//news. 163. com/16/0930/03/ C26ATK6100014SEH. html，2017 年 7 月 17 日。
67.《习近平：让民众每个司法案件中都感受到公平正义》，http：//www. chinanews. com/gn/2013/01 -07/4467191. shtml，2017 年 7 月 17 日。
68.《习近平在第二届世界互联网大会开幕式上的讲话》，http：//news. xinhuanet. com/politics/2015 -12/16/c_ 1117481089. htm，2017 年 7 月 17 日。
69.《央视指苹果版权审查双重标准》，http：//roll. sohu. com/20120427/n341799282. shtml，2017 年 9 月 12 日。
70.《移动 APP 侵权盗版愈演愈烈，怎么破?》，http：//tech. qq. com/a/20151026/038294. htm，2017 年 7 月 17 日。
71.《移动打车用户规模超 2 亿，网约车习惯渐趋成熟》，http：//finance. eastmoney. com/news/1348，20151231581158794. html，2017 年 7 月 17 日。
72.《移动互联网与 PC 互联网是两个很不一样的世界!》，http：//www. chinairn. com/news/20150417/105733294. shtml，2017 年 7 月 17 日。
73.《预装软件人人恨：这次中国成了维权先锋》，http：//tech. sina. com. cn/t/2015 - 07 - 06/doc - ifxesssr5439503. shtml，2017 年 7 月 17 日。
74.《严打网络传销不手软，腾讯配合工商部门封停“云在指尖”等相关账号》，http：//news. qq. com/a/20161012/040348. htm，2017 年 7 月 17 日。
75.《央视曝光苹果手机能记录用户行踪，关掉定位功能也没用》，新浪网，http：//news. sina. com. cn/s/2014 -07 -12/013230507430. shtml，2017 年 7 月 17 日。
76.《又有人告苹果！ “为为网”诉苹果商标侵权已立案》，http：//

mt. sohu. com/20160104/n433399223. shtml，2017 年 7 月 17 日。
77.《〈中国网民权益保护调查报告 2016〉：54% 的网民认为个人信息泄露严重》，http：//www. isc. org. cn/zxzx/xhdt/listinfo－33759. html，2017 年 7 月 17 日。
78.《中国互联网状况（白皮书）》（2010 年 6 月），https：//wenku. baidu. com/view/57be915689eb172dec63b723. html，2017 年 7 月 17 日。
79.《中国作家维权联盟：苹果公司涉嫌侵犯知识产权》，http：//finance. sina. com. cn/hy/20120705/110912486853. shtml，2017 年 7 月 17 日。
80.《中国移动互联网蓝皮书》，http：//vdisk. weibo. com/s/sRCXj0we8EJ，2017 年 7 月 17 日。
81.《最高法院驳回苹果公司再审申请　中文在线最终胜诉》，http：//mt. sohu. com/20160301/n438995712. shtml，2017 年 7 月 17 日。
82.《最高人民法院发布加强案例指导工作情况》，http：//www. court. gov. cn/zixun－xiangqing－14623. html，2017 年 9 月 12 日。
83.《最高人民法院院长周强：法院建设要有互联网思维》，http：//news. xinhuanet. com/zgjx/2014－05/26/c_ 133361301. htm，2017 年 7 月 17 日。
84.《最高人民法院、中国科协签署知识产权司法保护合作备忘录》，http：//www. court. gov. cn/xwzx/fyxw/zgrmfyxw/201004/t20100419_ 4300. htm，2017 年 7 月 17 日。

索　引

A

APP 权利　9，10，14，18，19

C

裁判规则　19，20，21，22，25，36，106，186，188，190，191，192，197，199，200，201，202，205，209，231

H

互联网思维　196，214
合理使用权　10，21，43，63，64，179，185，191

M

默示许可权　10，21，36，43，45，46，80，178，190，192，198，231

P

平台经济　8，9，39，205，206

S

司法保护　18，19，20，21，22，23，24，25，55，98，101，105，118，183，184，194，197
司法理念　22，197，200
审判机制　22，23，197，217，231

T

图形用户界面权　10，21，43，60

W

网络赋权　9，17，18，21，22，34，35，37，197，198，200，231
网络权利　13，14，19，20，23，34，36，37，136，192，197，198，200，231
网购反悔权　10，21，43，64，65

X

新型权利　9，10，11，12，13，14，15，

16，18，19，20，21，24，25，26，43，50，55，99，136，137，178，180，181，190，193，197，198，200，231
信息保护权 10，21，43，66，67
行踪保密权 10，21，43，61，62
信息网络传播权 9，10，13，14，21，23，24，36，43，44，45，64，67，68，69，70，71，74，75，78，81，82，83，84，85，86，87，119，121，123，161，162，178，179，184，188，198，201，203，204，207，209

Y

应用选择权 10，21，36，43，46，49，198
应用名称权 10，21，36，43，49，92，198，231
移动支付权 10，21，36，43，51，52，198，231
移动打车权 10，21，43，53，55，59，136，191，198，231
移动医疗权 10，21，37，43，55，57，58，59，198
移动快递权 10，21，43，58，59

第六批《中国社会科学博士后文库》专家推荐表1

推荐专家姓名	孙佑海	行政职务	天津大学法学院院长、最高人民法院原一级高级法官
研究专长	环境法、网络法	电话	—
工作单位	天津大学法学院	邮编	—
推荐成果名称	网络赋权：移动互联网应用平台中新型权利的司法保护研究		
成果作者姓名	童海超		

海超的大学本科是计算机网络专业，后来攻读法学，现在在湖北省高级人民法院从事知识产权审判工作，对网络法的研究兴趣尤其浓厚。考虑到海超的专业知识背景和从事审判工作的领域，当他就博士后出站报告选题征求我的意见时，我当即为他确定了 APP 平台中新型权利司法保护的研究方向。

这个选题的“难度系数”是比较高的。APP 平台中新型权利司法保护是一个由新兴网络技术催生的前沿法律问题，目前国内法学理论界和司法实务界还没有系统性的研究。这个选题涉及的法律问题也相当庞杂，涉及民法、刑法、行政法、知识产权法以及诉讼法等多个学科的知识，这对于作者的知识储备来说是一个巨大的挑战。海超十分珍惜博士后研究工作的机会，撰写的出站报告反复修改，下了苦功夫，在博士后出站评审时受到了评委们的充分肯定和一致好评，最终以 5 票全优的成绩评为优秀。

在我看来，书稿有以下几个方面的特点：一是指导思想正确。本书稿以党的十八大，十八届三中全会、四中全会、五中全会精神为指导思想，以最高人民法院周强院长“法院建设要有互联网思维”的要求为出发点，开展了深入扎实的系统研究。二是实证研究丰富。作者从司法实务的问题和司法实践的需求出发，研究中国问题，做中国文章，收集并引用了大量APP领域最新的典型案例，从案例中总结出问题以及解决问题的方案。三是实用性较强。本书稿经过研究和探索，在APP民事侵权纠纷的司法判定、APP犯罪的刑法规制等方面提出了不少真知灼见，不仅对于APP案件的审判实践有着重要的参考价值，而且还在新型网络权利的司法保护等方面丰富了网络法学的基础理论，可以说，本书稿是一部互联网司法领域的拓新之作。海超的博士后出站报告选题是为其“量身定制”的，令我感到欣慰的是，他没有辜负我的期望，基本达到了“把好题目做成好文章”的预定目标。海超是一个勤奋好学、尊敬师长的同志，曾经向我请教工作经验，我把我的人生经验总结为“勤奋、用心、合作、底线”传授给他，后来我发现，海超将这八个字作为了他的微信个性签名。

这本书稿即将成为海超的首部个人专著，我作为他的老师，由衷地感到高兴！我希望海超以此为起点，勤奋学习，努力工作，作为一名博士后法官，更加高标准地要求自己，紧紧围绕“努力让人民群众在每一个司法案件中都感受到公平正义”的目标，按照最高人民法院“司法为民、公正司法”的要求，不忘初心，继续前进，为我国的法治建设做出新的贡献。

当然，本书所提出的一些网络赋权的新观点，所提炼出来的一些互联网条件下的新型权利，能否真正站得住脚，还需要经过实践的检验，历史的检验，还需要在理论探索的长河中继续进行痛苦的打磨。

签字：

2016年12月23日

说明：该推荐表由具有正高职称的同行专家填写。一旦推荐书稿入选《博士后文库》，推荐专家姓名及推荐意见将印入著作。

第六批《中国社会科学博士后文库》专家推荐表2

推荐专家姓名	徐亚文	行政职务	教授
研究专长	法学理论	电话	—
工作单位	武汉大学法学院	邮编	—
推荐成果名称	网络赋权：移动互联网应用平台中新型权利的司法保护研究		
成果作者姓名	童海超		

《网络赋权：移动互联网应用平台中新型权利的司法保护研究》这本书稿，是一部开拓权利保障研究新领域的著作，本书稿有以下特点：

一是选题新颖前沿。21世纪的中国人面临着一个全新的时代——移动互联网的时代。移动互联网应用程序，也就是人们通常简称的APP。已经全面融入社会经济生活的各个方面，带来了一场深刻的社会变革。如本书稿所述，APP有着“非法兴起”的特点，APP迅猛发展引发的新权利、新义务和新纠纷，对原有的法律原则、管理秩序和裁判规则形成了巨大冲击甚至带来了颠覆性的影响。本书稿的选题很好地契合了移动互联网时代的主题，达到了博士后研究课题新颖、前沿的要求，有一定的前瞻性。

二是观点推陈出新。本书稿不仅总结出互联网技术发展带给人民群众新型网络权利的客观规律，而且以“人民主权”作为理论基础，经过高度的概括提炼，创立了“网络赋权”这一全新的学术概念，进而作出论断：“互联网+”的本质是给人民群众增加了新的权利，互联网的发展是一个“网络赋权”的过程。“网络赋权”概念的提出，丰富和发展了我国权利保障的理论研究，也是本书稿的一大亮点。

三是论证系统全面。本书稿从民事、刑事和行政三大诉讼领域中APP案件的审判实践出发，研究了人民法院审理APP案件的司法理念创新、裁判规则创新和审判机制创新的问题。面对APP平台中纷繁复杂的现象和乱象，本书稿归纳概括出十几种类型的“APP权利”，其中包括默示许可权、应用选择权、应用名称权、图形用户界面权等“线上权利”，移动支付权、移动打车权、移动医疗权、移动快递权等“线下权利”，拓展了司法保护网络权利的研究领域。本书稿还有许多精辟独到的见解，例如，作者将APP刑事案件划分为以APP为对象的犯罪、以APP为工具的犯罪、以APP为空间的犯罪和以APP为起因的犯罪四种类型，这些尝试和探索对于互联网司法实践具有一定的参考和借鉴意义。

本书稿具有重要的理论价值和现实意义，达到了公开出版的水平。作为一部开拓性的创新之作，本书稿必定存在不少研究不够深入的地方和不足之处。这有待作者根据APP发展进程作出更加深入的研究，也有待读者去鉴别和评判。

签字：

2017年1月18日

说明：该推荐表由具有正高职称的同行专家填写。一旦推荐书稿入选《博士后文库》，推荐专家姓名及推荐意见将印入著作。